广播电影电视部统编教材

电视摄像

任金州 高波 著

中国广播电视出版社

图书在版编目（CIP）数据

电视摄像/任金州、高波著．—北京：中国广播电视
出版社，1997.8
广播电影电视部统编教材
ISBN 7-5043-3096-5

Ⅰ．电… Ⅱ．①任… ②高… Ⅲ．电视摄影-教材
Ⅳ．TB878

中国版本图书馆 CIP 数据核字（97）第 17304 号

电 视 摄 像

作　　　者：	任金州　高波
责任编辑：	王本玉
监　　印：	陈晓华
责任校对：	张莲芳
出版发行：	中国广播电视出版社
电　　话：	86093580　86093583
社　　址：	北京市西城区真武庙二条9号　（邮政编码　100045）
经　　销：	全国各地新华书店
印　　刷：	北京海淀安华印刷厂
装　　订：	涿州市西何各庄新华装订厂
开　　本：	850毫米×1168毫米　1/32
字　　数：	254（千字）
印　　张：	12.375
版　　次：	1997年8月第1版　2005年1月第13次印刷
书　　号：	ISBN 7-5043-3096-5/G·1160
定　　价：	24.00元

（版权所有　翻印必究·印装有误　负责调换）

序

电视作为20世纪影响人类生活最为重要的发明之一,已经成为当今社会、政治、经济和文化生活中的重要组成部分。它以超出人们想象的发展势头,渗透到人们生活的各个领域,不断地改变着人们的生活,改变着人们认识世界的方式,以及人们对世界的认识。可以说,电视已成为20世纪最重要的标志。

当我们即将告别20世纪跨入21世纪的大门时,看到了这样一组数字和事实:

1987年,我国拥有电视台366座,电视机社会拥有量为1.1亿台;

1992年,电视台发展到近600座,电视机社会拥有量为2.2亿台;

1996年底,经初步统计全国电视台已近900座,电视机社会拥有量为3亿台。

10年中,全国电视台数量由300座发展到900座;电视机社会拥有量由1亿台发展到3亿台。这种跳跃式的飞速发展,无论从电视机数量增加的绝对值,还是发展变化的百分比来说,均是同时期的世界之最。

与此同时,作为全国专门面向电视界培养高层次电视专业人才的北京广播学院电视系做了几件事情:

1987年,我们组织了20位骨干教师将多年教学实践中探索积累的教材和科研成果整理加工,撰写出《电视节目制作丛书》全套18本,共320万字,开始了电视节目制作基础理论建设的奠基工程。

1992年,我们再次组织了电视系30余位教师结合80年代末、90年代初我国电视事业发展状况,编著了《中国应用电视学》,全书230万字,初步构建了中国电视学的应用理论框架。

1997年,经过长达三年的酝酿、策划和准备,一部全套20余本总计约600万字,以电视专业本科生和研究生为主要读者对象的《电视学系列教程》即将出版发行,电视高等教育的教材建设将更加完善和科学。

以上几套教材的先后问世,不仅使电视教育有了自己系统的专业教科书,而且使电视理论建设跃上了一个新台阶,实现了一个带有历史性的三级跳。

在此基础上,针对电视节目制作专业大、中专学生特定层次教学的需要,广播电影电视部教育司组织有关部门与我们共同策划和组织了这套广播电影电视部统编教材。电视系的10位教师和3名研究生参与了电视系列部分的编撰写作。

这套电视系列统编教材共有10本,分别为:《电视概论》、《电视新闻》、《电视专题》、《电视摄像》、《电视照明》、《电视画面编辑》、《电视采访与写作》、《电视音乐音响》、《电视节目制作技术》、《广播电视概论》。

我们编辑出版的这套教材,是在总结前三套教科书编著的成功经验的基础上,积淀十年来电视理论方面的研究成果,以电视节目制作专业大、中专学生为主要对象,从电视事业发展的实际出发,坚持理论联系实际,对鲜活而生动的节目制作专业知识作系统科学的阐述,注重电视理论界比较成熟和比较趋于一致的认识、概念和定义的表述,使这套教材具有较强的针对性、理论性和实用性,成为广电部系统电视专业大中专学生的规范化教材,同时,对于电视台在岗的电视节目制作者及自学成才者有着一定的指导性和参考价值。

今日中国的电视以她匆急而又奋进的脚步发展变化着,每天都有新的节目和栏目出现,每天都有新的成员加入电视制作这支庞大而充满朝气的队伍中来。我们希望通过我们的努力使电视的理论研究能够紧紧跟上电视实践发展的需要,进而对电视实践有着建设性的指导意义和作用。我们也希望通过我们的努力,让步入电视制作领域的新人能有系统的科学的实用的教科书,使他们一开始就能够站在前人的肩膀上进行创造性的工作,少走弯路,尽快成才。

需要说明的是,由于电视的丰富性和复杂性,特别是我们对电视理论的理解和把握还有待于进一步提高和深入,加之时间紧、水平有限,书中难免会有一些疏漏和不准确不到位之处,我们热诚期待电视工作者和同志们的指正,以利于在再版这套书时能够及时更正。

最后,感谢对此套统编教材给予支持和指导的广电部教育司的同志们,感谢中国广播电视出版社第三编辑部的同志们的支持和合作。

任金州

1997 年 7 月 15 日

目 录

- 第一章 电视画面 ……………………………… (1)
  - 第一节 电视摄像机与电视画面 …………… (2)
  - 第二节 电视画面的特性 …………………… (7)
  - 第三节 电视画面的造型特点 ……………… (25)
  - 第四节 电视画面的取材要求 ……………… (30)
- 第二章 电视摄像的造型元素 ………………… (34)
  - 第一节 电视景别 …………………………… (36)
  - 第二节 拍摄角度 …………………………… (52)
  - 第三节 运动 ………………………………… (62)
  - 第四节 构图 ………………………………… (71)
- 第三章 固定画面 ……………………………… (107)
  - 第一节 固定画面的概念及特点 …………… (108)
  - 第二节 固定画面的功用及局限 …………… (113)
  - 第三节 固定画面的拍摄要求 ……………… (124)
- 第四章 运动摄像 ……………………………… (132)
  - 第一节 推摄 ………………………………… (135)
  - 第二节 拉摄 ………………………………… (145)
  - 第三节 摇摄 ………………………………… (153)
  - 第四节 移摄 ………………………………… (165)
  - 第五节 跟摄 ………………………………… (171)
  - 第六节 升降拍摄 …………………………… (177)

第七节　综合运动摄像 …………………………………（182）
第五章　光学镜头及其运用 ………………………………（190）
　　第一节　镜头的光学特性 …………………………………（190）
　　第二节　长焦距镜头 ………………………………………（194）
　　第三节　广角镜头 …………………………………………（213）
　　第四节　变焦距镜头 ………………………………………（225）
　　第五节　特殊效果镜简介 …………………………………（242）
第六章　光线与色彩的画面表现 …………………………（247）
　　第一节　电视用光概述 ……………………………………（248）
　　第二节　自然光的画面表现 ………………………………（267）
　　第三节　人工光的画面表现 ………………………………（292）
　　第四节　色彩的感情倾向 …………………………………（309）
　　第五节　色彩的画面表现 …………………………………（316）
第七章　电视场面调度 ……………………………………（326）
　　第一节　场面调度的源流 …………………………………（327）
　　第二节　电视场面调度 ……………………………………（329）
　　第三节　电视场面调度例说 ………………………………（341）
第八章　电视摄像师的基本素质要求 ……………………（369）
　　第一节　电视摄像的不同类型 ……………………………（369）
　　第二节　电视摄像师的基本素质要求 ……………………（373）

第一章 电视画面

本章内容提要

★摄像师摄录电视画面最基本的工具是摄像机,要了解摄像机的组成、分类和技术特点,并了解和理解电视画面的定义及其在电视节目中的地位和作用。

★电视画面既是视、听同步的,又是时、空一体的。电视画面具有空间特性和时间特性。

★虽然电视也属于平面造型艺术的范畴之列,但电视画面的造型又有其区别于其它造型艺术的特点,可以从表现具象、表现运动、运动表现三个方面加以认识。

如果说电视摄像是一项技术工种,那么其"产品"就是电视画面;如果说电视摄像是一种艺术创作,毫无疑问,其"作品"还是电视画面。简言之,电视摄像师从事的是以摄像机、磁带等物质为基础进行画面(含声音)的摄录工作。摄像师在磁带上"记录"下来的画面资料也称画面素材,是一切电视节目的"原材料"。作为电视画面的原创者和记录人,摄像师的工作与摄像机结下了不解之缘,无怪乎有人戏称他们是"扛摄像机的人"。就让我们从摄像机和电视画面开始,投入到有关电视摄像的充满美好前景的学习中来。

第一节 电视摄像机与电视画面

现代电子摄录设备是电视摄像工作不可或缺的物质基础。摄像机是每个摄像工作者的工具和武器,"工欲善其事,必先利其器",它不仅是电视节目制作过程中最主要、最基本的设备,也是决定电视节目技术质量的前提和关键。摄像机利用摄像器材的光-电转换原理和电视技术中的电子扫描方法,将镜头所摄取的光信号转换为相对应的电信号,这些电信号经过一系列的编码处理后,合成为标准的彩色视频信号。

当摄像机获取的彩色视频信号送至录像机的视频输入端,那么这些图像就以磁信号的形式记录于录像磁带上。如果通过视频电缆将这些彩色视频信号直接传至电视监视器,或将其通过彩色电视发射系统发射出去并被一定距离内的电视机接收,那么,我们就能看到摄像机镜头所摄取的图像——电视画面。

一、摄像机的组成与分类

摄像机的技术进展,经历了真空管、晶体管和集成电路、微电子固体摄像器件等几个阶段。但不管型号如何,装备怎样,电视摄像机的基本结构和基本原理是相同的。

通常,摄像机是由光学系统、光-电转换系统、图像信号处理系统、自动控制系统等组成。摄像机的光学系统是由变焦距镜头、色温滤色片、红绿蓝分光系统等组成,可以得到成像于各自对应的摄像器材靶面上的红(R)、绿(G)、蓝(B)三幅基色光像。摄像机光-电转换系统的作用是将成像于靶面上的光像转换成电信号,然后经图像信号处理系统放大、校正和处理,并同时完成信号编码工作,最终形成彩色全电视信号输出。在摄像机开拍前和拍摄的过程中,需要做很多调整工作。为了操作方便和使用灵活,一般的摄像机上还有自动或电动控制装置,即自动控制系统,诸如自动白平衡调整、自动黑平衡调整、自动光圈、自动变焦距、自动增益控制、自动聚焦等装置。除上述几个主要工作系统以外,摄像机还有一些附属部件,主要有寻像器、彩条信号发生器、交直流电源等。

由于摄像机品种较多、生产厂家各异,因此分类方法也不一样。有时候同一类摄像机,会出现许多不同的名称。随着科技的不断发展、元器件的不断更新换代,摄像机的种类和用途也越来越多。以下简略介绍摄像机的几种主要分类情况。

根据质量性能和各自用途的不同,摄像机可分为广播级、专业级和家用级三类。广播级摄像机的各项技术指标为最优,图像质量最好,适合各级电视台在演播室和现场节目制作的场合下使用,但其价格也最高、体积大、重量重。专业级摄像机价格适中、小巧轻便,与广播级在指标上不一定有明显差距,主要是所采用的元器件质量等级不同。它适合于新闻采集等机动灵活的摄像工作。而家用级摄像机则属经济、小巧、操作简便的摄录一体机,主要供家庭生活摄像和一般工业、交通、商业等单位监视用。

根据摄像机所使用的场合,可分为演播室拍摄用座机和室外拍摄用便携式机两类。室内座机一般体积大,使用交流220V电压;便携机则轻便许多,工作时交、直流两用。

根据摄像机所用的光-电转换器件,摄像机又大致可分为传统的电真空器件(光电导摄像管)摄像机和新型的电荷耦合器件(CCD)摄像机两大类。

二、摄像机的技术特点

与机械时代的产物——电影摄影机不同,摄像机是属于电子时代的高科技的结晶。由于大规模集成电路技术和微处理技术的发展,目前摄像机的模拟量自动控制技术得到了很大的改进,摄像饥的质量还将会有更进一步的提高。我们说摄像机的技术特点主要表现在以下几个方面。

(1) 由于摄像机是能够完成"光-电-光"图像转换过程的高科技电子设备,因此其"摄像作品"是能够"立等可见"的。与照片摄影和电影摄影相比,电视摄像省去了冲洗、拷贝等传统图像处理工序,大大减少了后期制作时间和工作量。早已普遍实现的现场(运动会、晚会等)直播正是建立在电视摄像的先进技术基础之上。同时,作为电子产品的摄像机也还有其相对的技术局限性。比如摄像机无法离开"电源"而工作,许多电子元件的质量原因导致对工作环境的一定要求等。

(2) 摄像机具备的色温滤色装置和黑、白平衡调整系统,对操作和摄录工作产生一些相关要求。由于摄像机是根据光线色温 3200K 来规范基本光谱特性和标准工作状态的，因此当摄像机在不同色温的照明条件下拍摄同一物体，就会发生偏色现象。所以，通常都在镜头与分色棱镜之间安装了数个滤色片，利用其光谱响应特性来补偿因色温不同而引起的光谱特性变化。比如 5600K 的滤色片呈橙色，用以降低蓝光的透过率，从而保持总的光谱特性不变，使其色温恢复到 3200K。与此相联系，摄像机在光源色温 3200K 的基准之下，为保证正确的色彩还原，其输出的红（R）、绿（G）、蓝（B）三路电信号应相等，即白平衡。因此每当光源色温发生了变化，都必须进行机内白平衡调整（分自动、手动两种）。黑平衡调整也很重要，如果红、绿、蓝三基色视频信号的黑电平不一致，也会出现黑非纯黑、偏向某色的情况，必须加以调整取得黑平衡。色温预置和黑、白平衡调整是摄像机操作的重要工作环节。

(3) 电视摄像的宽容度通常为 1:32，即相对规定了摄像机所能正确反映景物的最高亮度与最低亮度之间的范围比例。摄像机由于光电靶面按比例正确记录景物亮度范围的局限性，对照明处理和曝光控制提出了严格的要求。在电影中黑白胶片宽容度为 1:128，彩色片为 1:64，都大大高于电视。电视摄像的宽容度值是电视造型艺术中的最低值，再小于 1:32 就将无法再现自然界景物的真实感觉，所以在目前的情况下电视荧屏的影调层次远不如电影银幕效果好。对于过亮或过暗的景物，以及被摄景物亮度间距过大等情况，用摄像机直接表现会有一定的难度。

三、电视画面及其地位和作用

电视画面是指由电子摄录系统拍摄和制作的，由电视屏幕显现的图像。就电视摄像而言，电视画面是摄像机从开机到关机不间断地拍摄所记录下来的一个片断，又称电视镜头。电视画面具有时、空两个层面上的意义。如果把时间凝定，那么电视画面就可定格为"画幅"，电视画面正是从一定数量的画幅以每秒 25 帧的连续运动中体现出来的。

电视画面是电视造型语言的基本因素，是组成电视节目的基本单位，是电视摄像的成果体现。

从本体意义上讲，电视画面是视听一体的。画面及附载其上的同期声、现场环境音响等，特别是在新闻纪实性节目的拍摄过程中，是不可分割的共同体。在电视技术日臻完善，用摄像机记录画面形象并同时录下现场声已是轻而易举的今天，将画面与声音割裂开来认识的观念已经落后了。

我们说在电视艺术诸表现元素中，画面是第一位、是最基本的。作为一部完整意义上的电视片，全片可以没有音乐、音响、文字和语言，甚至无色彩，但却一时一刻不能没有画面。正像绘画不能没有线条和色彩，音乐不能没有音符和旋律，电视节目离开了画面也就不复存在了。

电视画面是电视片结构、连接的载体和主干，它既是表现的内容，同时也是表现的形式。虽然有的电视片的内部结构的主要线索可能是语言和文字，但都必须依附和构架在电视画面基础之上，在与画面的对位中完成连接、结构整体以表现主题的目的。

每个电视画面都具有其自身的表现意义，构成特定的画面语汇，但电视画面自身意义的表现不是孤立的、静止的，它必须体现在画面之间的运动联系和相互关系之中。因此，具体到每个特定画面，除其个体表现意义外，还必须具有承上启下的作用，能够从画面之间关系的变化、组合中产生出大于画面简单相加的整体意义。而且，某些画面意义的深化和强化，要依赖于相关画面的铺垫，依赖于画面之间的相互联系和意义关系。

电视画面的摄录系统、编码方式和传播渠道是建立在高度发展的光学、电子学等科技成果的基础之上，电视画面的信息传输体现了多种传播媒介和传播方式的兼容及优化。电视画面变语言、文字、图片的"线性"信息传输为"信息场"传输，能够提供视听完整、全方位、多角度的直观信息，大大增强了传输内容的丰富性和客观性。由于现场编辑设备和微波线路、卫星传播等技术的不断完善，电视画面在直观性、综合性的优势上，又不断展现出直播性、同时性的特长，具备了创造新的视听方式的潜能。

第二节 电视画面的特性

电视画面既是视、听同步的，又是时、空一体的。电视画面不仅能再现客观现实的空间感和立体感，而且还能够再现物体运动的速度感和节奏感，它不仅是空间艺术，同时也是时间艺术。丧失了时间的连续性、离开了运动的特点和对空间的"虚拟"再现，电视画面就失去了存在的意义。

一、电视画面的空间特性

电视画面在现今技术基础和物质材料的限定下，无论采用多机位拍摄，怎样用多信息渠道传送，仍需呈现在一个明显的有边缘的平面上，一种立式横向的矩形框架结构的电视屏幕上。无论其立体感何其逼真，事实上它仍然是各个平面的连续展示，我们无法在荧屏的侧后方目睹画面物像的侧后面。因此，屏幕显示、平面造型、框架结构这三个方面构成了电视画面特定的空间形态和特性。现阶段，电视画面的造型表现和视觉美感均在这个大前提下发挥自己的优势和特长。

1. 屏幕显示

当我们打开电视机，用放大镜近距离仔细观察电视屏幕时，就会发现上面分布着一排排等距离的以红、绿、蓝三色为一组的光点或光栅，这些光点被称为"像素"。电视画面正是由这些像素所显现和组成的。目前我国通行的电视技术标准为 625 行，每行 800 多个像素，每帧画幅共约 52 万个像素。这些像素是构成电视画面的最小单位，单位面积上分解出的像素越多，那么显示出的画面就越清晰，越接近于真实。电视画面正是附着于电视屏幕上的，由光、色显现的活动的可视图像。

各种平面造型艺术所依附的不同物质载体决定了作品呈现的造型效果和视觉感受。在调动人的视觉感官形成视觉形象上与电视近似的电影画面，是不同亮度景物摄录在胶片感光乳剂上形成潜影，经过显影、定影、翻正等冲洗工序形成拷贝，再通过放映机将拷贝上的影象投放在银幕上还原出摄影机所记录的图像。

而电视画面是电视摄像机将不同亮度的景物转为不同强度的电信号，经电路处理记录于磁带上，通过放像机（或通过电视台微波发射机）将电信号传输到电视接收机，再由电子显像管将电信号转换成光信号，这些不同亮度的光信号就在荧光屏上由像素还原成摄像机所记录的图像。

电影画面是反光体，而电视画面是发光体，这两种画面的物质载体、呈现方式不同，因此各自表现出不同的特长和局限。屏幕显示特性使电视画面具有以下几个特点。

（1）电视画面色彩夸张：电视画面是不同强度的电子束撞击屏幕上的发光体产生出不同亮度、不同色彩的光点直接作用于人眼，所以在色彩表现上色彩亮度偏高。在特定光线条件下，现实中一些色彩并不很明亮的物体通过屏幕显示而显得较为鲜亮，特别是色光三原色——红、绿、蓝更加明显。这同时导致电视画面在表现色调层次丰富的景物时不能充分表现出细微的色彩变化，色调中间层次减少，造成色彩表现上一定程度的失真。

正常人眼可以辨别出的同一色相的光度变化有 600 种之多。在电影银幕上能将同一色相的光度变化表现出 100 多个层次，而在电视屏幕上同一色相的光度变化仅有 30 多个层次。屏幕显示的局限性使电视画面在还原景物色彩层次上更加困难，特别是景物周围光线亮度过高或过低时，色彩失真现象更加严重。

（2）电视画面无纯黑部分：电视屏幕在接通电源后有个

基本亮度，主要是由电路本身的杂波信号影响所致，构成了无节目信号时的最低亮度。因此，当画面表现的是夜景效果时，画面上大面积亮度较低，甚至低于无节目信号时的基本亮度。由于杂波信号的影响，使画面中应暗的部分暗不下来，应表现为黑色的夜幕在画面中呈现的是黑灰色。而在这一点上，电影拷贝上黑的部分密度极高，放映机投射光不能通过，在银幕上该部分就没有反光形成黑色。所以电影画面能表现出较为纯正的黑色画面效果，夜景表现比电视更加逼真，并且在技术上容易处理。

电视画面中屏幕显示无纯黑部分的局限，在表现暗色调和黑色调时就要调动明暗对比的方法用明来衬暗。在表现夜景效果时，为了追求逼真的画面效果，与其说要处理好暗的画面部分，不如说要处理好画面中亮的部分。

（3）电视画面有强光漫射现象：电视画面上极明亮景物和极暗景物交界处，景物亮度间距悬殊的交界处，由于强光向弱光处漫射，会出现一种强光漫射现象，使电视画面很难表现极明亮物体，特别是发光物体的轮廓线。比如，在室内自然光条件下拍摄室内窗口处周围的景物，由于窗户外阳光照射亮度较大，窗户内无光线直接照射亮度较低，形成较大的亮度间距，在窗框周围就会出现明显的光漫射现象，使窗框线条不清晰，在夜间拍摄路灯及其它发光体时这种现象更为明显。

（4）电视信号与屏幕上光点亮度消失不同步：电视画面某一点亮度较高时，此点在荧光屏上受电子束冲击也强烈，当电子束突然消失时被撞击的光点亮度不会立即消失，在屏幕迟滞一会儿才逐渐转暗消失。如果在一个极亮光点位置上紧跟着一个较暗的景物，就会出现从上一个画面上留下残像的现象。在夜间拍摄发光体（如路灯、车灯、火堆等）如果摄像机拍摄时运动过快，也会造成强光在画面中的位移产生彗尾现象，以上两种现象都会直接影响画面的造型效果。

屏幕显示的种种局限性是目前电视技术发展还不十分完善的表现。如何针对电视技术特性扬长避短，充分发挥其造型表现上的优势，避开技术表现上的局限性，是每一个电视摄制人员应注意的问题。

2．平面造型

电视画面依附于立式横向的矩形电视屏幕之上，这决定了电视画面的造型形式属于平面造型艺术。

平面造型艺术的主要特点是要在两度空间的平面上再现或表现三度空间的现实生活，造型形象主要是诉诸于视觉的。电视画面与其它平面造型艺术完全一样，主要是通过可视的形象直接作用于人的视网膜锥体细胞，通过视觉神经通道刺激大脑皮层的视觉神经区域，完成视觉信息传递，使人们得到一种印象、感受、刺激，以调动人们的生活经验和思维联想来再现生活、传达思想感情，让人们感受它的艺术魅力。

平面造型是电视造型艺术的一个特性，同时也是一个局限。电视造型的一切表现手段都要受到这个因素的影响和制约，电视艺术所表现的一切有形形象都要通过这个特定的窗口呈现给电视观众。电视画面表现形象的空间只具有长宽两个方面的延伸，而现实空间是一个长、宽、深三个方面延伸的立体空间。用只有二度空间的平面来表现具有三度空间的

11

客观景象，无疑是一个矛盾，一种冲突。然而，任何一种艺术的生命力就在于它能够用各种方法和手段克服自身的局限顽强地表现自己。现代科技给我们提供的用平面空间表现立体空间的表现手段和方法是多种多样的。电视造型艺术更是集纳其它平面造型艺术的手法之长，充分利用现代科技的成果，挖掘人类现阶段对空间认识的最大潜力，在平面造型艺术门类中独树一帜。

（1）利用人眼的视觉经验在平面上创造出具有纵深感的立体空间：人们对立体空间的感知是建立在对物体近大远小、影调近浓远淡、线条近疏远密的感知上的。在电视画面中表现立体空间也是利用人眼对空间的这些感知特性，首先处理好被摄物体在画面上的位置，通过物体在画面上所占面积比例的大小来表现纵向空间中物体的前后和远近方位；其次处理好各种物体朝地平线中心点汇聚的透视线条，这些线条是引导观众视线向纵深方向流动的最明显、最有力的"向导"（见图1-1）；再次是处理好景物的影调和色调层次，以及景物间的疏密程度创造视幻觉空间。从某种意义上讲，观众对电视画面上景物的前后方位和纵深空间是靠视觉经验及

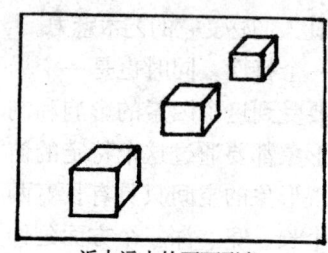
近大远小的画面形象

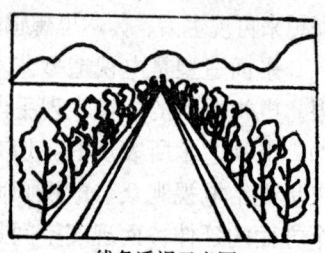
线条透视示意图

图1-1

视幻觉"经验"得到的。对被摄体在画面平面空间上不同位置的组合和排列，不同形式的映衬和对比形成了电视画面表现立体空间的基本章法。这些章法和规律与绘画和图片摄影的构图规律是一致的。

（2）利用画面中运动的物体显现画面空间的深度和立体感：表现运动是电视画面造型的重要特性之一。任何运动物体在画面上的运动都具有一定的方向和角度，都会显现由于自身运动所暗示出来的运动轨迹。只要运动物体不是与画面的四周框架成平行运动而是向画面纵深运动或从纵深向画框近端运动时，它的运动方向就清晰地显示了画面长宽以外的第三度空间——纵

图1-2　人物运动轨迹和运动方向显示纵深空间

深空间（见图1-2）。观众对该运动体观看时，其视线也会随着物体向纵深空间流动，感觉到画面内纵深空间的存在。另一方面运动物体向画面纵深的运动本身也造成了一种连续的近大远小的梯度变化。这种变化也强化了人们对画面纵向空间的感受。利用画面中运动的物体表现画面空间的纵深感和立体感，是电视画面发挥自身表现优势区别于其它平面造型艺术的重要特点，也是电视节目场面调度的重要表现手段。

（3）利用摄像机的运动，突破画面的平面造型局限：运动表现是电视画面造型的又一重要特性。电视画面除了表现运动的物体形成画面内部的运动外，还可以通过摄像机的运动形成画面外部的运动。摄像机向画面纵深方向推进时，画

面近距离的景物不断从画框两边划出，使观众的视点随着摄像机的运动不断向画面纵深方向移去，画面的纵深空间在摄像机所形成的视点前移中被强烈地感知到了。如果说利用画面内运动物体表现纵深空间多少还是依靠人眼对空间感知的视觉经验和视幻觉的话，那么，利用摄像机的运动表现纵深空间则完全是依靠人眼对空间的直接感知了。

运动摄像不仅通过运动在画平面上直接表现了纵向空间，而且摄像机的运动使画面景别和角度不断变化，使画面表现的背景空间不断变化，在一个镜头中出现对空间表现的多侧面、多层次画面，由此进一步打破了画面的单一平面结构，使电视画面在屏幕上展现的是一个多平面、多层次、富有纵深感的立体空间。

以上所提到的在一个二度平面空间中再现现实生活中三度立体空间的种种方法，归结到一点，就是要消除人们在观看电视节目时对屏幕画面的平面感受。要通过我们的摄像工作建立一个具有立体空间感的画面效果，使观众对电视画面的视听感受不再限于一个简单的平面，而是一个能够透视外部世界的"窗口"。由这个平面造型而"创造"的窗口所看到的，不再是一幅幅平面图画，而是与客观世界同一的现实。

3. 框架结构

电视屏幕的外部形状是一个具有明显边缘的平面体，其四周边缘的两条水平线长于两条垂直线，抽象地看就像一个倒放的长方体、一个立式横向的矩形框架，我们称之为框架结构。

框架结构是电视屏幕造型形式对电视画面的又一种规

范,它与平面造型共同制约着电视画面的外在形式,每一个具体的电视画面都是在一定大小的框架内完成画面造型的。没有框架,电视画面也就没有其表现的区域,没有与其它事物界限上的区别。可以说电视画面从问世那天起,框架就与其相伴而生了。框架作为一种客观形式对电视画面的规范,是电视画面存在的先决条件,它使电视画面的造型形式有了一个统一的基底,它为这种造型提供了一个表现客观世界的空间,它决定了电视画面的呈现方式,同时也决定了观众对电视画面的审美方式。

框架对于电视画面来说不仅是一种存在形式,在电视画面造型过程中还起着界定、平衡、间隔、创造比例等直接影响画面内容和观众心理的作用,概括介绍如下:

(1) 通过框架对被摄景物作不同范围的截取,构成不同的视觉样式,形成电视景别。景别反映了被摄主体在画面中呈现的范围。通过不同景别的调度,一方面可以在画面中突出某些细节,另一方面又能去掉不需要表现的景物,将有价值的形象保留在画内,并使留在框架内的景物具有某种表现意义。景别的变化对电视观众来说就是观众与被摄物体视距或视点的变化,它不仅直接左右着观众对被摄景物的观看范围,而且还具有明显的移情作用(景别的作用将在下章详细讨论)。

(2) 框架构成了被摄景物在画面中的相对位置及景物与框架之间的不同格局。换句话说,电视画面内景物的位置是在与框架四边的对比中界定的。在电视画面中,具体到一个人或一个物体在画平面上的位置,不是由他们所在的真实环境中的位置所决定的,而是由画面框架与他们的组合关系所决定的,也就是摄像师在摄像机取景框里将他处理在什么位置上这一运用框架的结果所决定的(见图1-3)。

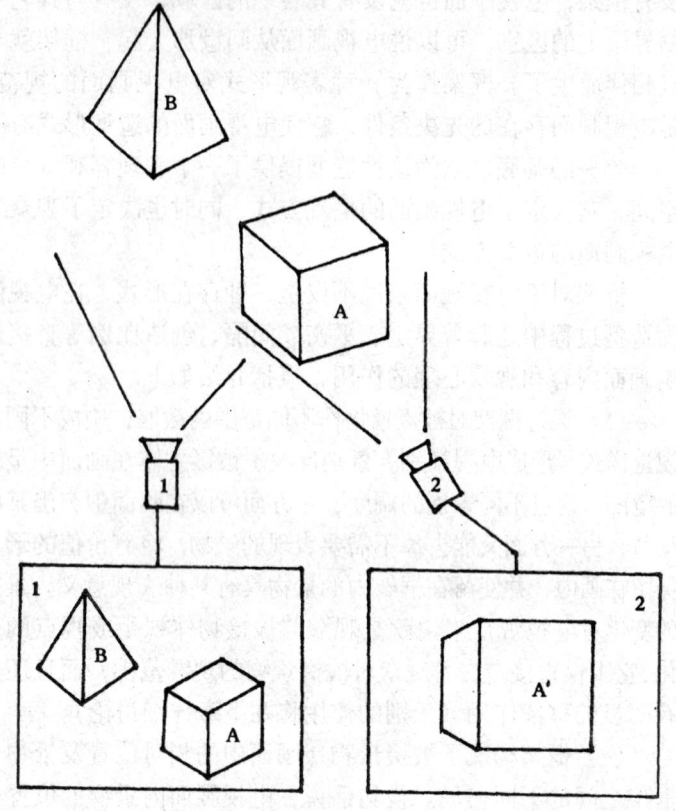

图1-3 机位1与机位2和被摄主体A、B形成不同框架关系:画面1中是B左A右,画面2中A在前B在后,B被A遮挡而消失

(3) 框架为电视画面提供了一个稳定的基底,观众的视知觉活动是参照这一框架进行的,所谓画面内物体是否平衡都是在与框架的对比中形成的。"银幕的框架是由两条垂直线条和两条水平线组成的,镜头中出现的一切垂直线和水平线条都以这四轮线为基准。斜线之所以看来是斜的,正由于画面的边缘是垂直的和水平的直线,因为任何歪斜的东西都必须有一个可以比较的标准,才能看出它是向哪个方向歪斜"(鲁道夫·爱因汉姆《电影作为艺术》)。对框架作不同倾斜度的处理,可以使现实中垂直的物体在画面中倾斜或者使现实中倾斜的物体在画面中直立,呈现平衡、稳定或者不平衡、不稳定的态势(见图1-4)。

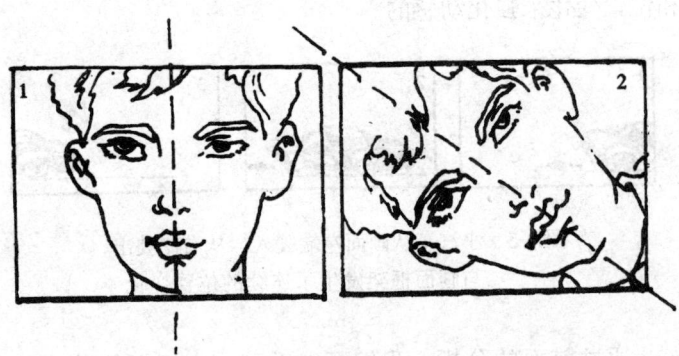

图1-4 同一被摄主体,画面1中人物面部中轴线与
画面竖边平行;画面2中面部中轴线与画面
对角线相叠,看起来发生了"倾斜"

(4) 当对电视画面周围的四边抽象认识时,这四个边

17

就成了四条直线、四个标志杆。它们在特定的条件下可以与画面内物体产生某种吸引力或排斥力,形成画内物体相对运动或相对静止的趋势。

在电视片中我们常见到这类画面:一个运动物体从画面上划过。这个运动是怎样感知的呢?视觉经验告诉我们:"眼睛能见到运动的先决条件是两种系统互相发生位移"(鲁道夫·阿恩海姆《艺术和视知觉》)。这个运动物体的动感是在物体从画框一边移向另一边的位移中感知的,而与物体形成位移对比因素的正是画面两边的框架线(见图1-5)。

许多电视画面通过人物或活动物体在画面中迅速地出画入画来加强动感,就是利用框架与活动物体之间的动静对比和位置变化来强化动感的。

  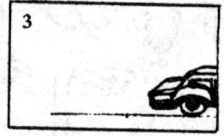

图1-5 小汽车从画面左端驶入,从右侧驶出,
　　　与画面框架发生了连续的位置变化

通过前面的分析,我们可以看到,由于框架结构的存在,电视画面框架与画内被摄景物具有明显的、多样的,有时甚至是微妙的对应关系,它影响着观众对框架内景物的感知和审定,并随着两者对应关系的变化而不断地改变着观众的视觉心理。这个现象说明了一个被摄入画面的景物是不能

不考虑它与画面框架的对应关系孤立地被观看的。任何一个电视画面其画内景物与画面边沿的框架始终处于一种相互影响、相互作用的关系中。它对电视画面的创作者和观赏者都起着作用。它要求创作者在这个边比不变的矩形结构中表现出丰富多彩的造型结果；它迫使和引导电视观众通过这个矩形结构去看他们既熟悉又陌生的世界———一个被创作者加工了的具有某种假定性和表现性的世界。

在电视画面造型中，对框架结构的认识有两种不同的美学态度，表现出两种不同的创作方法。

一种认识是把框架内的空间看成一个独立的天地。框架是画面内部和画面外部之间不可逾越的明确界线。这种认识注重框架内形象元素的完整、严谨、统一、和谐，以及形象之间秩序的有条不紊。在这种美学思想指导下，电视画面内主体形象清楚明确，画面有严格的结构中心；画面内的主要形象元素之间相互呼应，与画面表达的主要意思有直接的必然联系；它还强调各形象元素间以框架为天平，在视觉上或心理感觉上处于总体平衡的状态，不考虑画外空间对画内空间的影响。

总之，这种美学思想把框架所圈入的空间看成是一个自我封闭的体系，着眼于框架内形象的经营和布局。框架内形象间的组合排列关系，也往往停留在"一物一喻"或"某物某喻"的线性分析上，重视设计者给什么画面刺激物，观众就产生某种既定的感受。观众的思维和联想，对画面意义的引申和展开都由于框架的存在而与外部世界脱离，成为一个相对封闭的独立的整体。我们把这种认识指导下的画面创作过程称为封闭式构图。封闭式构图符合我国传统的审美习惯，有着广泛的群众基础。

对框架的另一种认识是不再把框架看成一个与外界起隔离作用的界限，而是看作一个在我们生活中常见的向外眺望的窗口。这个窗口内（框架内）的景物是整个客观世界的有机成分，是一个与客观世界相互联系的共同处在一个运动中的局部，框架内外的联系是必然的、无条件的。基于这种美学思想下的画面构图重视画内画外的联系，创造"象外之象"，注重画内形象向画外空间的冲击效果；注意运用不完整、不均衡构图调动观众对完整形象的联想、补充和想象；画面内形象元素呈现出丰富多样的多中心辐射结构，并注重调动声音对画外空间的表现作用。

这种美学思想及画面构图特征与封闭式构图的不同，集中在注重框架内外空间事物的联系这一点上，它的思维方式和结构方式是开放的。开放式构图除强调画面内外的结合，注重向画外空间的拓展外，还注意调动观众的想象力，调动观众参与画面造型的创作过程，追求更高层次的心理平衡和美感形式，变观众对电视节目被动接受方式为调动各自的生活底蕴去积极思考和发现的主动参与方式。开放式构图作为一种艺术现象的产生和发展得益于电视技术发展进步，它对电视画面造型提出了更高的要求。开放式构图的出现，主要的和直接的原因是电视工作者在电视画面造型方面的不断探索，对旧框架结构意识的大胆挑战，对传统美学思想进行创造性思考和变革所作出的一系列努力。当然，开放式构图和封闭式构图作为电视画面造型创作中的两种不同美学思想，在画面表现上都有其各自的优势和不足。对电视画面框架结构的这两种美学认识，在电视艺术发展中将不断发展各自的优势、完善各自的体系。在具体的电视节目中，这两种创作方法有时是相互交叉、相互渗透的，许多电视节目是两种方法兼而有之的混合体。

二、电视画面的时间特性

电视画面不仅占有一定的空间，呈现出一定的空间形态；同时，它还要占有一定的时间，并呈现出一定的时间形态。电视画面的时间和空间是结合在一起的。

匈牙利电影理论家贝拉·巴拉兹将电影的时间分为三个涵义："首先是放映时间（影片延续时间），其次是剧情的展示时间（影片故事的叙述时间）和观看时间（观众本能地产生的印象的延续时间）。"从这种认识出发，电视画面的时间也具有三层涵义：即一个电视画面（镜头）实际占有的时间；这个画面所表现的时间；观众在观看时主观感觉的时间。例如：一个长度为五秒钟的杯子落地的慢动作画面。它放映时间为五秒钟，它表现的时间是不到一秒钟的瞬间，而观众看这个画面觉得时间很长，好像杯子在空中落了好一会儿才着地破碎。由此，我们可以看出电视画面不仅有再现时间的功能，而且有创造时间的功能，它能对时间进行扩展和压缩。通过蒙太奇组接所创造出来的电视时间和电视空间在时空表现上更是具有无限的自由度，使电视艺术同电影艺术一样成为"时空艺术"。由于电视画面的蒙太奇组接所创造出的电视时空不在本书的内容之列，我们将要讨论的是单一电视画面（即一个电视镜头）所具有的时间特性，主要表现为单向性、连续性和同时性。

1. 单向性

电视画面的空间表现是三向度的（高、宽、深），而时间表现却只有一个向度（向一个方向运动）。电视画面传递视觉信息可以在三个方向上多层次、多元化地展开，而电视画面通过时间形成视觉信息传递的完整造型却只能是单向的，如同客观现实世界中时间只是不断向前运动而从不倒退一样。

因此，从拍摄角度上讲，客观世界时间流程的一去不复返的运动规律，决定电视新闻类节目和众多纪实类节目在记录表现上的一次性。这类节目不是对虚构的事件或扮演的生活的记录，而是对现实生活真实客观的记录，这种现场纪实性的创作方法要求摄像师在按下摄像机开关时，所有的形象记录和造型表现都要一次完成。不能采用故事影片或电视剧那种导演摆布、演员扮演、组织重演等创作手法。因此，这种时间表现上的单向性和造型表现的一次性，形成了电视新闻纪实类节目与绘画和文学等创作的不同创作方式，给电视摄像记者提出了更高的要求。

2. 连续性

电视画面以每秒25帧静态画幅的速度连续不断地变换画面内容，利用人眼视觉暂留现象使画面更真实地描绘运动。客观事物运动的连续性要求电视画面记录表现的连续性。

因此，电视画面在造型过程中不是跳跃的、无序的，而是连续的、有秩序的。画面在空间上对造型元素的经营是通过在乎面框架内不同位置的安排来体现的，而画面在时间上的造型表现是通过画幅先后排列的秩序安排来体现的，并由此形成了电视画面语言传情表意的内在规律。电视画面在时间上是单方向运动并连续不断的，这种时间形态的顺序性与现实时间的顺序性是对应的，它符合人们生活中对事物的认知规律和习惯。这也决定了观众对电视画面观看的一次过特征，从某种程度上说，观众看电视画面是处于被动的位置上的。

需要指出的是，电视画面时间上的连续性和节目结构的顺序式是两个概念。前者是画面的构成方式，后者是节目的构成方式。故事可以倒叙，事件可以穿插，但不论其节目结构怎样复杂、叙述如何跳跃，具体到每一个画面，所有的造型形象都只能是在播放过程中连续顺序展开的。

3. 同时性

现代的电视制作、传播系统，可以消除电视画面现场信息传播的延时障碍，使得电视画面的摄录、传播与收视达到以前难以实现的同时性。作为电子时代的现代传播媒介，电视不仅改变了人们获取信息的方式，而且建立在高科技基础之上的同时性特性还在不断开拓新的视听方式。

电视画面与电影画面相比，具有同时性这一本体性的巨大优势，也就是说电视画面消弭了电影画面从拍摄到放映的目前尚无法克服的延时性（如冲洗、剪辑等所占用的时间），观众能够从电视画面中与现实生活同步地看到正在发生、正在进行的生活本身。电视画面具有在时间上将生活中事件的存在方式及运动状态及时同步地传播到观众眼前的独特本质，这是以往任何传播媒介所不能实现的。

事实上同时性是电视画面"与生俱来"的特性之一。这也是由电视画面得以产生的物质基础和技术特点所决定的。比如将摄像机输出的彩色视频信号经视频电缆直输进电视监视器，就可以从监视器中即刻观察到摄像机所摄取的景物，形成一个闭路电视系统，例如生活中的工业生产、商业监视系统便是如此。

如果摄像机输出的视频信号由电视发射系统发射出去，即可形成电视台现场实况直播的工作方式。而这种工作方式已经普遍运用到大型运动会、大型庆典晚会等活动的电视转播中。对电视画面同时性特性的开掘和发挥，也给现场摄像者提出了新的课题和新的考验。当电视工作者开始用现代思维来开拓电子技术的潜力时，电视画面的创新便进入到新的境界。比如当人们在电视屏幕上同时从空中、地面、主席台、人群中等各种最佳角度观看奥运会开幕式的进程时，即便是现场观众也难以这种视野和视觉方式感受盛况的规模和各种细节，而这正是电视画面赋予人们的崭新的视听方式。

日本电视学者藤竹晓在《电视的冲击》一书中曾极富想象力地提出"现场直播战争"的设想。在1991年的海湾战争中，藤竹晓的设想成为了现实，而这种现实正基于电视画面的同时性特性之上。在海湾战争中虽然伊拉克、科威特境内的国际电信线路全遭切断，但美国有线电视新闻网（CNN）的记者靠手提式卫星信号发射器将在战场上所拍到的电视画面直接送上卫星，绕过半个地球进入 CNN 设在美国本土的总部并传输出去，使各国的电视观众同步收视到了海湾战况。我们有理由相信，随着电子科技的日新月异，电视画面的神奇魅力必将得到更加独特、更加充分地展示。

第三节　电视画面的造型特点

任何一种造型艺术都有其造型表现的优势与不足，并形成该造型艺术区别于其它造型艺术的不同点。充分认识电视画面的造型特点是摄像人员发挥优势、避让不足、更好地完成造型表现的重要前提。

下面我们从三个主要方面对电视画面的造型特点加以具体分析。

一、表现具象

电视画面在屏幕上表现的形象是具体的、可视的，它不同于文学作品或音乐作品是通过抽象的文字符号或音乐旋律来调动人们的想象以塑造艺术形象，而是通过直观的画面形象作为传递信息的中介和符码来叙述情节、阐述主题、表达思想。

再现和表现具象事物并调动人们的视觉感知是电视画面传递信息的一大优势。生活中，人们主要靠视觉、触觉接受外界信息，尤以视觉最为有效。经过试验证明，用不同的方法识别一个简单物品所需的时间大不一样（见第 26 页表）。

听语言描述	2.8秒	看彩色照片	0.9秒
看文字描述	2.1秒	看活动画面	0.6秒
看黑白照片	1.2秒	看实物	0.4秒

由此可见，人们通过看活动画面对一具体形象的识别速度仅次于看实物，而快于听语言描述和看文字描述。在单位时间内通过可视的具体形象传递信息，可获得最大的信息量。我们常有这种感觉，看两个小时的科教片所获得的信息要大于看两个小时的同类科普书籍。

电视画面可以更为准确、细致、全面地再现或表现人物的神态、情绪、动作以及景物的形状、色彩变化等用语言文字不容易精确描述的形象。观众看电视可以依靠视觉直接建立印象，不同于看文学作品时必须借助于想象才能对描述的事物建立印象。画面上呈现的是什么物体，就是什么物体，不会因人们各自经验、水平等方面的差异出现对同一个描述的不同理解。即便是表现幻想和想象，电视画面中也只能而且必须依附于一定的对应可视形象，而不能虚无飘渺，无所依凭。电视画面对具象事物的无间隔表现这一特性，减少了形象信息传递过程中的中间环节，使观众能与被表现的事物更直接地接触，容易产生身临其境的现场感，使电视成为老少皆宜、雅俗共赏的艺术形式。

电视作为视听艺术重视具体形象对人们视觉感官的刺激和调动，重视通过形象塑造达到对观众情绪的激发。不论拍摄什么题材或体裁的电视片或电视节目，提炼形象，在屏幕上表现好形象是电视工作者的重要任务。我们应当善于通过形象画面表达思想、传递感情，用形象来说话，用画面语言来结构电视片或电视节目，发挥电视画面表现具象的优势。

二、表现运动

"如果一部影片要发挥电影的特长，它就必须经常造成它正在描绘运动的幻觉"（斯坦利·梭罗门《电影的观念》）。记录运动、表现运动是电影的重要造型特性，也是电视的重要造型特性。电影电视画面不同于绘画、雕塑和图片等造型艺术的最大区别，就在于它不仅直接表现运动主体富有变化的运动姿态，而且能够表现主体运动的速度、节奏以至运动的全过程，它具有"传统造型艺术不可能达到的再现运动的完整的幻觉的能力"（查希里扬语）。

同样，电视画面对运动的记录表现功能，使电视和运动须臾不可分离。电视画面再现的是运动的形象，表现的是形象的运动，通过电视特技手段和特殊拍摄方法，甚至在人眼视觉范围内不存在运动的地方也引起了运动：一朵花蕾在瞬间怒放，一粒黄豆在三五秒内"扭动"身躯破土而出，一些生活中被看作是静止的物体，在屏幕上变成生机勃勃的富有变化的不断运动的物体。可以说，电视画面存在于运动之中。

电视画面表现运动的造型特性使绘画、图片摄影等造型艺术的构图规律在这里得到了突破性的发展。例如在表现主体时，电视画面可以通过被摄主体与周围环境的动静对比来突出主体，即使要表现的主体在画面中只是一个点，只要它与周围物体的运动方向、速度不一致，这个点（被摄主体）照样可以从纷乱的环境中被突现出来，而不必仅仅依靠传统的构图法则让这个主体在画面占有很大的空间，或处于醒目的位置上，或依靠其它陪体构成与之相呼应的格局来烘托，表现运动是电视造型的灵魂。

电视画面离不开各种不同的动体，离不开各种动体的运动情势、运动轨迹和运动过程。电视画面可以说是一个展现运动之美的全景式舞台。电视画面不但能够传达出现实生活中最富有美学价值的人的运动美感，而且能够展现出生活中各种运动过程的完整性和丰富性。

三、运动表现

电视画面不仅能够表现运动的物体，而且可以在运动中表现物体，这句话不是同义语的反复，而是电视画面造型表现的又一个新特点。

电视摄像机通过各种方式的运动摄像造成了画面框架的运动，这种运动从视觉上看是画框与整个被摄入画内的空间发生了位移，画面内的景物由于画框的运动而处在运动中。本来不动的楼房在画面中移动了（摇摄或移摄的结果）；开始在画面中很小的物体逐渐变得越来越大（推摄的结果）；开始在画面中很大的物体逐渐变得越来越小（拉摄的结果）。摄像机的运动使画面内不动的物体产生了运动，使运动的物体更富有动感。

不定点的运动摄像使摄像机得到解放。在一个镜头中通过景别的变化，摄像角度的变化不断地改变着观众的视点，改变着画面的内容。这种对被摄景物多景别、多角度、多层次连续不断地表现，使观众的感知和认识更加连贯、完整、细致和全面。有时摄像机以剧中人物的视线方向为拍摄方向，将观众的视点带到剧中人物的视点上，表现出一种"主观"视向，让观众在与剧中人物视线合一的基础上去感受剧中人物特定的心态。此时，摄像机已不再是被动地客观地摄录人物和事件了，而变得主动、活跃富有生命力了。

我们说摄像机的运动是摄像工作者发挥创造性的重要手段，由摄像机运动的轨迹、速度、方向等所体现出的运动表现是电视画面造型的重要方式和重要特点。通过摄像机的运动表现使画面内部语言更为丰富，这种画面结构的多元性和多义性加大了单一画面的表现容量，极大地扩充了运动画面的表现含义。由镜头的综合运动所形成的一个电视镜头中多景别、多角度的多构图画面，展现出流动的、富于变化的、本身又具有节奏和特定韵律的表现形式。从观赏角度看，观众的视点不断地随着镜头的运动而转移，虽然画面景别、角度、运动节奏等因素发生了改变，但画面对时空的表现并未中断，而是连贯的、完整的，尤其是在纪实性节目中保留了事件发展的时间进程，保证了现场拍摄的空间完整和连贯，具有很强的临场感和真实感。运动表现的画面拍摄是较为复杂的，需要考虑和注意的环节也比较多。在实际拍摄中，画面外部的变化应与画面内部的变化结合起来，特别是摄制人员的场面调度与相互配合尤其重要，越是复杂多变的场景，高质高效的调度与配合就显得更加重要。

第四节　电视画面的取材要求

电视画面既包涵一定的空间构成,也包涵一定的时间构成;电视画面既是一种技术产品,也可以说是一种艺术作品。因此,当摄像工作者拿起摄像机摄录电视画面的时候,他应该做到全面而熟练地掌握电视摄像机的各种技术性能,利用丰富多样的各种造型手段,拍摄出技术上合格,艺术上到位而又具备充足的信息量的电视画面。

什么样的画面才算是合格的呢?达到怎样的取材要求才称得上是优秀的电视画面呢?这并不是三言两语就可以条分缕析地说清说透的。摄像无定法,画面亦无定规。电视节目种类繁多,对摄像工作的要求各异,电视画面的取材要求很难有什么言之凿凿的规范。对摄像工作者而言,根据节目的主题及创作要求,根据工作环境和现场情况的不同,择善而从、择优而"摄",是一种基本的取材方式。本节将要讨论的电视画面的取材要求问题,只是从一般意义上出发对画面取材加以宏观观照,从画面质量和观众收视的角度略作分析和说明。

其一,电视画面的时空信息应清晰准确,简明集中。

电视画面由于平面框架规范和时间限制,一个画面、一个镜头在短时间内就会在屏幕上消失,加之画幅较小,观众不可能像看美术作品和摄影照片那样长时间地反复欣赏。因此,每个画面的中心内容和形象主体必须醒目和突出,画面造型表现及结构安排应力求简洁、明确,以便观众在一次过的画面中看清形象、看懂内容。这就要求摄像者纯熟地配置好画面中前景后景、主体陪体的相对位置，在视觉表现中掌握好化繁为简、以简御繁的功夫，而不能以杂乱、繁复的充斥"视觉噪音"的画面来影响和干扰观众的视听感受。

其二，电视画面的光色还原要力求真实、准确（特殊的艺术性创作除外，如有意识偏色等）。

现阶段电视摄像装备除了具有很多技术优势以外，也不可避免地带来一些技术上的局限性。如果在摄像机的操作和拍摄过程中处理不当，就很容易造成画面光色还原的偏误，给观众的视觉接收产生不真实的感觉。因为摄像机不具备人眼的视觉适应性，它机构本能地记录下光线的色温变化情况和物体偏色情况，将会造成难以弥补的失误。比如白平衡调节不当，就会使画面偏蓝或偏红。因此，当光源色温发生变化或混合色温光源等情况下，要特别注意色温调控和摄像机的相应操作。再比如自动光圈优点较多，但它也会造成不良的效果：如果拍摄人物谈话场面时着浅色衣装者忽然入画，摄像机的电信号反馈立即令电机转动、缩小光圈，反映在画面上就会出现突然一暗，仿佛画面中环境亮度陡然暗了下来，影响了画面的艺术效果。

其三，镜头运动时力求稳定、流畅、到位。

电视画面由于有了时间构成，因此摄像师可以运用空间和运动在时间中的变化和延展，利用运动造型技巧来直接表现主体及主体的运动。但是，这绝不能成为画面胡晃滥动的理由。除一些拥挤、紧急等特殊情况下，所摄取的画面应该力求消除不必要的晃动。在推、拉、摇、移等运动摄像的时候,也必须在技巧运动结束之后准确、流畅地找准落幅,任何落幅之后的修正都会非常明显地在画面中表现出来。这些问题一旦出现,将破坏观众的观看情绪,影响画面的内容表达。"稳"和"准"虽然是对电视画面运动表现的起码要求,但在实践中却常常被忽视。我们的摄像工作者应该从初学摄像就澄清观念,加强基本功训练,最大限度地借用三脚架等支撑物的优势,一丝不苟地完成每一个镜头的运动造型和画面表现。

其四,注意同期声的采录。

把声音与画面割裂的落后观念已经过时,但如何发挥画面同期声的作用和效果仍是值得研究的课题。通常认为同期声包括人物现场声、环境音响、现场音响等多种声音和动作效果。生活中的形象是包涵着声音的,同期声能够起到传递和增加画面信息量、烘托气氛、表现环境特点等重要作用,是电视摄像中需要认真处理的工作环节。尤其是在新闻纪实性节目中,如果在摄录电视画面时隔绝了同期声,那只能是不完整、不真实的画面记录。对新闻纪实类节目来说,同期声是重要的、极富表现力的创作手段之一。要成为优秀的摄像工作者,就必须了解和掌握录音技术和声音处理手法的基本内容,不仅做好一名画面的合格摄录人员,而且必须是合格的声音采录者。

所以,当我们设计和拍摄一个画面时,特别是在结构一部电视片和电视节目时,不能不考虑声音这个重要元素。只有将画面和声音,作为一个有机的整体来看待时,电视画面才具有它真正的全部价值。前苏联文豪高尔基有句名言说:

"语言不是蜜,但可以粘住一切东西。"同样,同期声也能够帮助摄制人员在拍摄过程中"粘住一切东西",成为画面造型表现的有力补充。

本章思考与练习题

1. 摄像机有哪几个主要的技术特点?
2. 电视画面在电视节目中有着怎样的地位和作用?
3. 怎样认识电视画面的空间特性和时间特性?
4. 电视画面有哪些造型特点?
5. 对电视画面的取材有哪些基本要求?

第二章 电视摄像的造型元素

本章内容提要

★景别是电视画面的重要造型元素之一。不同的景别带来了视点、视野、视距的变化，景别的变化是实现造型意图、形成节奏变化、控制信息容量的重要因素。不同的景别，其功用和表现力各有侧重。

★画面造型的新颖很大程度上取决于拍摄角度的独特。作为重要的造型元素之一，拍摄角度可以从几何角度和心理角度加以区分。不同的拍摄角度，直接决定了画面主体的轮廓线形和造型构架，决定了画面形象的光影结构、位置关系和感情倾向。

★电视画面的造型表现一方面受到表现运动的内容制约，一方面也产生了运动表现的形式特点。运动，使得电视画面成为一种动态构成，电视摄像成为一种动态造型艺术。

★构图是将各种造型元素加以组织以构成画面表现形式的过程。构图的首要任务是突出主体形象，根据内容和主题的需求处理好主体与陪体、背景、环境等的关系，选取尽可能完美的形式与内容高度统一的电视画面。

电视是通过具体直观的画面形象来表现内容、传递信息和反映主题的，这些形象来源于自然世界和现实生活，需要电视摄像工作者根据所反映的内容和主题采取相应的艺术手法加以创造性的发现和摄录。那么，怎样才能从镜头中记录下源于生活而又高于生活的生动、新颖、感人的电视画面，怎样运用电视摄像的技术优势和表现特长去获取既有独特形式又能表现主题的电视画面，是值得认真思索的课题。其中很重要的一条就是必须具备画面思维和造型意识，在熟练地掌握电视摄像的造型元素的基础上推陈出新，求取符合电视造型特点和艺术要求的电视画面。

电视画面的表现元素是多种多样的，电视摄像的造型手段是丰富多彩的。通常情况下，我们认为电视摄像的造型元素主要包括电视画面景别、画面构图形式元素（线条、形状、光线、色彩、影调等）、拍摄角度、画面（内、外）运动和画面长度等，它们的统一运用、共同组构而形成电视画面的特定语汇，构架和完善了电视画面自身系统的规律性和艺术性。只有真正认识并正确运用电视摄像的造型元素，才能完成符合电视艺术特色和要求的画面造型表现。

需要特别指出的是，电视摄像的造型元素是一个有机的、统一的整体，在画面造型的创作过程中，共同完成画面构图、内容表达和信息传播的任务。它们并不是相互割裂、互不相关的。在实际拍摄中，为了获取最佳的画面就必须对各造型元素加以整体的统筹安排和考虑，而不能顾此失彼。比如说一个理想的拍摄角度就意味着合理和适当的景别选择，而摄像机的运动正联系着拍摄角度和画面景别的不断变化等。一个优秀的电视摄像者，必须是出色的画面造型家，能够选择最佳的造型组织来完成最佳的内容表达。在这里只是为了清晰地表述内容和简洁地说明问题，我们把这些造型元素分而析之，在相对独立的单元中加以阐释。

第一节 电视景别

说起画面景别，人们就会想到远景、全景、中景、近景、特写等专用名词，还可能知晓它们分别意味着画面中景物的范围和主体的大小。但是，对于电视摄像工作者来说，这种表面化的理解是远远不够的。在实际操作中，摄像人员可以根据所表现的内容、目的和不同需要来确定被摄体的画面取舍与范围，排除一切多余的、次要的、繁冗的部分，而保留那些本质的、重要的、能够引起观众充分注意的画面内容。从某种意义上讲，景别的选择就是摄像者画面叙述方式和故事结构方式的选择，是摄像者创作思维活动的最直接的表现。不同的景别，往往表现着不同的视野、空间范围、视觉韵律和节奏。图 2-1 表现的是一个人物在不同景别中所呈现的形象范围。

景别，是指被摄主体和画面形象在电视屏幕框架结构中所呈现出的大小和范围。决定一个画面景别大小的因素有两个方面：一是摄像机和被摄体之间的实际距离，二是摄像机所使用镜头的焦距长短。在拍摄角度不变的前提下，拍摄距离的改变可使画面形象的大小产生改变，距离缩近则图像变大景别变小，距离拉远则图像缩小景别变大。另一方面，在

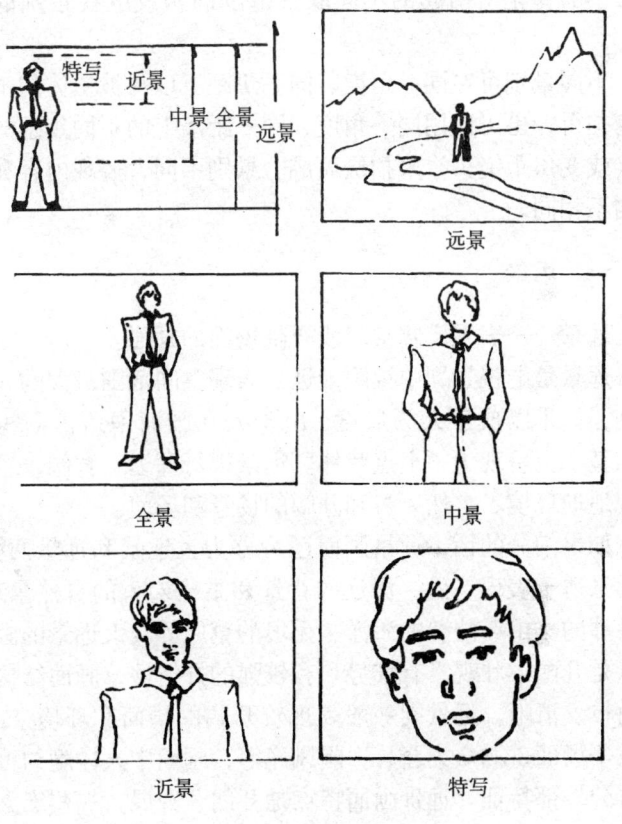

图 2-1

摄像机与被摄主体之间距离不变情况下,变换摄像机镜头焦距也可以实现画面景别的变化,通常是镜头焦距越长,画面景别越小;镜头焦距越短,画面景别越大。这种由画面上景物大小的变化所引起的不同取景范围即构成电视景别的变化。

不同景别可在同一角度、同一焦距下以与被摄体的不同距离拍得,也可以用同一角度、同一距离上的不同焦距的镜头(或变焦距镜头)来拍摄而成。景别不同,表现内容和功用均不相同。

一、远景

远景——表现广阔空间或开阔场面的画面。

远景是电视景别中视距最远、表现空间范围最大的一种景别。如果以成年人为尺度,由于人在画面中所占面积很小,基本上呈现为一个点状体。远景视野深远、宽阔,主要表现地理环境、自然风貌和开阔的场景和场面。

如果细分的话,远景画面还可分为大远景和远景两类。大远景适于表现辽阔、深远的背景和渺茫宏大的自然景观,像莽莽的群山、浩瀚的海洋、无垠的草原等。大远景的画面特点是开阔、壮观、有气势和有较强的抒情性,画面结构通常简单、清晰。远景则一般表现较开阔的场面和环境空间,如战争场面、群众集会、田园风光等,画面中人体隐约可辨但难分外部特征。远景画面特点是开朗、舒展,一些宏大形体的轮廓线能够在画面中表现清楚(见图2-2)。

远景画面注重对景物和事件的宏观表现,力求在一个画面内尽可能多地提供景物和事件的空间、规模、气势、场面等方面的整体视觉信息。提供广阔的视觉空间和表现景物的宏观形象是远景画面的重要任务,讲究"远取其势"。例如

1. 草原蒙古包 2. 群山落日 3. 跨海大桥
4. 湖上渔船 5. 万里长城 6. 雪原骑兵

图 2-2 远景图例

《望长城》中表现长城蜿蜒于崇山峻岭之间及广阔无垠的大漠之上的大量远景画面，给观众以浩大、壮观、雄伟的视觉冲击和画面感受。在电视片中常以远景镜头作为开篇或结尾画面，或作为过渡镜头。

大远景和远景的画面构图一般不用前景，而注重通过深远的景物和开阔的视野将观众的视线引向远方，体现在文字表述上其意可理解为"远眺"、"眺望"等，拍摄远景时，要注意调动多种手段来表现空间深度和立体效果。所以，远景拍摄尽量不用顺光，而选择侧光或侧逆光以形成画面层次，显示空气透视效果，并注意画面远处的景物线条透视和影调明暗，避免画面的平板一块，单调乏味。

另外，由于电视屏幕较小，远景的表现力在屏幕上有所损失。这就要求摄像者处理远景画面时删繁就简，目的性要强，同时画面时间长度要足够充分，拍摄时摄像机的运动也不宜太快。

二、全景

全景——表现人物全身形象或某一具体场景全貌的画面。

全景主要用来表现被摄对象的全貌或被摄人体的全身，同时保留一定范围的环境和活动空间。全景画面与远景相比，有明显的内容中心和结构主体，重视特定范围内某一具体对象的视觉轮廓形状和视觉中心地位。

全景画面将被摄事物或场景的全貌收进画框，使观众对所表现的事物、场景有一个完整地观照。观众对整体形象的感知和把握是直接的、无间隔的，其表现效果比剪辑合成的完整形象更真实、更客观。因此，在纪实性节目中，由于全景画面具有无间隔地直接再现被摄体和场景全貌的特点，使其充当了介绍、记录和表现的重要角色。

同时，全景画面能够完整地表现人物的形体动作，可以通过对人物形体动作的表现来反映人物内心情感和心理状态；可以通过特定环境和特定场景表现特定人物。人是电视艺术表现的中心，完整地表现人物的形体动作即人物性格、情绪和心理活动的外化形式是全景画面的功用之一。大景别（远景）中人物所占比例过小，小景别（近景）中难以反映人物的活动空间和全身动作，而全景将被摄人物全身收入画框并留有一定环境空间，框架线条平静笔直，人体运动活跃多变，二者形成很好的烘托和映衬关系。

全景将被摄主体人物及其所处的环境空间在一个画面中同时进行表现，可以通过典型环境和特定场景表现特定的人物。环境对人物是有说明、解释、烘托、陪衬的作用。全景画面还具有某种"定位"作用，即确定被摄人物或物体在实际空间中方位的作用。例如在一组人物的近景之前或之后，加进一个所有人物均在画面中的全景镜头，将会使他们之间的空间关系具体方位一目了然（见图2-3）。

一般说来，全景画面是集纳构图造型元素最多的景别，因此拍摄时应注意各元素之间的调配关系，以防喧宾夺主。全景往往是一个场面中的总角度，制约着该场面镜头切换中的光线、影调、人物运动及位置。拍摄全景时，不仅要注意空间深度的表达和主体轮廓线条、形状的特征化反映，还应着重于环境的渲染和烘托，表现出被摄体的一般性质及其空间位置，表现出周围环境与被摄主体的相互关系。拍摄全景时，摄像人员应善于选择适当的前景来帮衬内容表达并加强纵深感，选择与主体不同色调的背景来衬托主体、突出主体；

1. 牧马人 2. 古城门楼 3. 赛艇运动员
4. 情侣 5. 开车人 6. 墙上的世界地图

图 2-3 全景图例

此外，该场景其它小景别画面的色调和影调应以全景画面为基础，并注意所有画面总体光效的一致和轴线关系的一致。

三、中景

中景——表现成年人膝盖以上部分或场景局部的画面。

较之全景而言，中景画面中人物整体形象和环境空间降至次要位置，它更重视具体动作和情节。中景使观众看到人物膝部以上的形体动作和情绪交流，有利于交待人与人、人与物之间的关系。中景画面中人物的视线、人物的动作线、人和人及人与物之间的关系线等，都反映出较强的画面结构线和人物交流区域。

中景画面对于人的手臂活动可以实现一种较完美的表现。作为人物上半身动势最为活跃和明显的手臂活动，中景画面可以将其完整而突出地呈现出来。中景使被摄体外沿轮廓局部出画、分切，破坏了该物体完整形态和力的分布，而其内部结构线则相对清晰起来成为画面结构的主要线条。比如表现一棵参天巨树，当画面以全景推向中景，树木的外形逐渐被"排挤"出画外，树木内部那苍劲挺秀的枝干则逐渐成为富有力度和变化的结构主线。可见，中景画面削弱了外沿轮廓线的表现因素，加强和突出了物体内部结构线的表现因素（见图2-4）。

在有情节的场景中，中景画面常被作为叙事性的描写。因为中景既给人物以形体动作和情绪交流的活动空间，又不与周围气氛、环境脱节，可以揭示人物的情绪、身份、相互关系及动作目的。当中景表现人物间的交谈时，画面的结构

1. 黑板前的教师 2. 餐厅中的情侣 3. 木屋一侧
4. 飞机前部及舷梯 5. 乐队指挥 6. 世界地图一角

图 2-4 中景图例

中心不是人物间的空间位置,而是人物视线的相交点和情绪上的交流线;当表现人与物的关系时,画面以人与物的连接线为结构线。

在拍摄中景画面时，必须注意抓取具有本质特征的现象、表情和动作，使人物和镜头富于变化。特别是当所表现的人物上半身或人物之间情绪的交流、联系处于运动状态中时，这种情节中心点的不断转换要求画面构图随其变化而变化，要始终将情节的中心点处理在画面的结构中心位置。这就对拍摄者提出了更高的要求，不仅要求对中景画面所表现的基本空间有一个准确地把握，而且还必须能够随时审视被摄人物的动作变化和情节中心点的变化，把握好这些无形的线条所组成的结构关系。当中景画面的拍摄对象是物体时，就需要摄像人员把握住物体内部最富表现力的结构线，如何用画面表现出一个最能反映物体总体特征的局部，对摄像者来说就不仅是一个电视画面构图的能力问题，更重要的是对生活对事物的观察和认识能力问题。

四、近景

近景——表现成年人胸部以上部分或物体局部的画面。

与中景相比，近景画面表现的空间范围进一步缩小，画面内容更趋单一，环境和背景的作用进一步降低，吸引观众注意力的是画面中占主导地位的人物形象或被摄主体。近景常被用来细致地表现人物的面部神态和情绪，因此，近景是将人物或被摄主体推向观众眼前的一种景别（见图2-5）。

人物处于近景画面时，眼睛成为重要的形象元素，因此电视剧拍摄中对主要演员的近景镜头一般给以眼神光处理。近景画面中被摄人物面部肌肉的颤动、目光的流转、眉毛的挑皱等都能给观众留下深刻的印象，人物内心波动所反映到脸上的微妙变化已无任何藏隐之处，不仅人眼成为心灵之窗最传神的地方，而且观众与被摄人物之间的心理距离也缩小了，人物的表情变化给观众的视觉刺激远大于大景别画面。所以，我们说近景是表现人物面部神态和情绪、刻画人物性格的主要景别。近景画面拉近了被摄人物与观众的距离，容易产生一种交流感。用视觉交流带动观众与被摄人物的交流并缩小与画中人的心理距离，是电视画面吸引观众并将观众带进特定情节或现场的一种有效手段。如世界各国大多数电视新闻节目或专题节目的播音员或主持人多是以近景的景别样式出现在观众面前的。

  近景画面由于其画面空间的近距离和画面范围的指向性，可以被充分利用来表现人物或物体富有意义的局部。观众在电视画面的有限空间中通过大景别画面看不清楚的局部动作和细节，能够在近景画面中得到视觉满足。比如看一个杂技演员倒立反身以双腿过头的动作夹起一叠瓷碗时，人们的注意力自然会移到脚尖处。用全景显然难以将最富意义的脚夹瓷碗的动作表现出来，而近景画面则将画框接近动作区域，非常突出地表现了脚尖的腾挪周转和夹起瓷碗的完整过程。这种以景别的变化接近被摄体富有意义的局部，正是电视画面表现的特长。

  在各类电视节目中近景使用较多，观众对近景画面的观察更为细致，这除了近景所具有的独特表现功能外，主要也是由于电视节目小屏幕播放的特性所决定的。所以，在拍摄近景画面时，要充分注意到画面中形象的真实性、生动性和情节的客观性、科学性。近景拍摄由于受景深限制，对聚焦

1. 哭泣的少女 2. 猛虎 3. 新闻播音员 4. 工作中的摄像师
5. 交谈中的一男一女 6. 钢琴家表演

图 2-5 近景图例

的要求尤为严格,当被摄主体运动时更是如此。由于近景画面中地平线已基本消失,空间透视的差别很难看出,观众有与画中人物同处一个空间之感，摄像人员应利用这一特点充分调动观众的参与感和现场感。近景画面中主体周围环境的特征已不明显，背景的作用大大降低，画面应力求简洁，色调统一，避免杂乱背景喧宾夺主，特别要注意避开背景中那些明亮夺目易分散观众注意力的物体，让主体人物始终处于画面结构的主导位置。此外，近景画面人物表情暴露无遗，一丝一毫的"出戏"都将破坏观众的理解和接受，直接影响对人物形象的塑造。尤其是新闻人物的现场紧张感和不自然神情要随时注意，可停机等待或多拍一段画面以便后期编辑。

五、特写

特写——表现成年人肩部以上的头像或某些被摄对象细部的画面。

特写画面的画框较近景进一步接近被摄体，常用来从细微之处揭示被摄对象的内部特征及本质内容。特写画面内容单一，可起到放大形象、强化内容、突出细节等作用，会给观众带来一种预期和探索用意的意味。因此贝拉·巴拉兹说特写镜头"不仅是人脸空间上和我们距离缩短了，而且它可以超越空间，进入另一个领域，精神领域或叫心灵领域"，它"作用于我们的心灵，而不是我们的眼睛"（见图2-6）。

特写画面通过描绘事物最有价值的细部，排除一切多余形象，从而强化了观众对所表现的形象的认识，并达到透视事物深层内涵、揭示事物本质的目的。比如一只握成拳头的手以充满画面的形式出现在电视屏幕上时，它已不是一只简

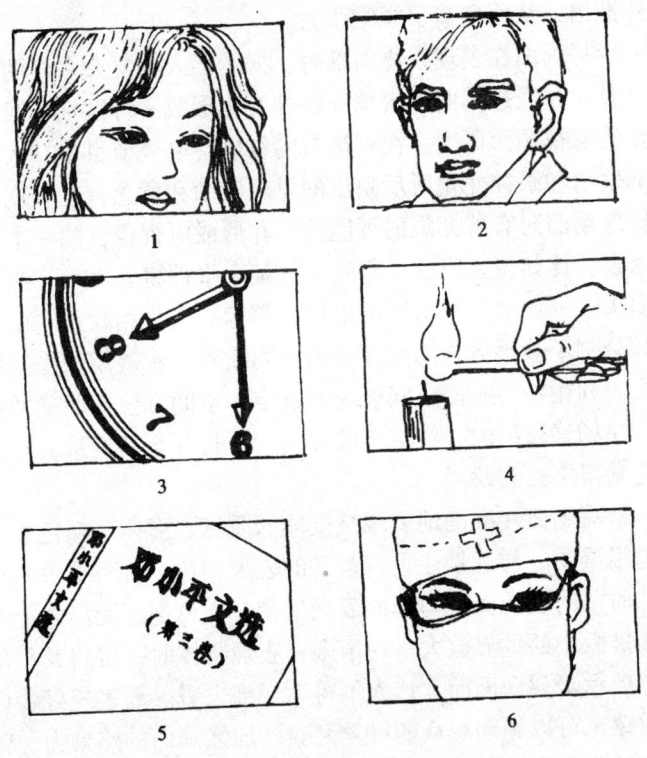

1. 沉思的少女 2. 男人头像 3. 钟表特写
4. 点蜡烛   5. 书名特写 6. 医生

图 2-6 特写图例

单的手，而似乎象征着一种力量，或寓意着某种权力、代表了某个方面、反映出某种情绪等。在造型上特写画面内的形象呈现出一种突破画框向外扩张的趋势，仿佛将画内情绪向画外推出，从而创造了视觉张力。

特写画面在表现人物面部时，揭示出人物复杂多样的心灵世界，并通过其面部表情和眼神变化形成一种区别于戏剧舞台的电视场面调度。在有情节的叙事性电视节目中，人物面部表情和眼神变化所反映出的思想活动和意念，在表现某些特殊场面时有着无限的可能性，并形成电视语言的一个戏剧因素。比如说，眨一下眼睛——某个事件将要发生，皱了皱眉头——面对意外情况的出现；等等。与之相联系，由于特写分割了被摄体与周围环境的空间联系，常被用于作转场镜头。利用特写画面空间表现不确定和空间方位不明确的特点，在场景转换时，将镜头画幅由特写打开至新场景，观众不会觉得突然和跳跃。

特写画面在准确地表现被摄体的质感、形体、颜色等方面也很重要。与远景注重"量"的表现相比，特写更讲究物体"质"的表现。特写画面表现景物时，可把近距离才能看清的极微小的世界放大呈现出来；表现物体时，可将其全部细节展示于观众面前，让人不得不仔细去看。而表现好物体的质感，可以调动观众的触觉经验，加强画面的感染力。就拿人的皮肤来说，老人与孩子、男人与女人、体力劳动者与脑力劳动者等，他们之间的皮肤质感亦不相同，不同质感的皮肤是对人物年龄、性别、职业的一种形象、外化的表现。因而有人称特写是表现皮肤的景别，如果更确切地说，特写是表现质地的景别。

总之，特写画面在电视节目中如同诗歌中的"诗眼"，音乐中的"重音符"，语言文字中的"惊叹号"，由于其空间关系的独立性，可以很自然地成为画面语言连接的纽带和重心，是节目编摄者需着重注意、着力表现的一个景别。

在拍摄特写画面时，构图力求饱满，对形象的处理宁大点而别不足，空间范围宁小点而勿空旷，使特写成为剔除一切多余形象的"特别写照"。还要严格控制好画面的曝光量，对过暗或过亮的物体不能依赖摄像机的自动光圈系统，而应用手动光圈将曝光量调到最合适的位置。因为画面曝光的过度或不足都会直接影响物体质感的细腻表现和画面色彩的饱和度。失去质感的特写是没有艺术力量的特写。此外，当面对一些空间复杂的景物或场面时，也不宜孤立地使用特写镜头，应避免由于特写表现空间的不明确性使观众对物体所处环境茫然不知，出现空间混乱感。

六、电视景别的作用

（1）景别的变化带来的是视点的变化，它能通过摄像造型达到满足观众从不同视距、不同视角全面观看被摄体的心理要求。

观众在看电视时与电视机屏幕的距离是相对稳定不变的，画面景别的变化使画面形象时而呈现全貌，时而展示细部；时而居远渺小如点，时而临近占满画框；从视感知上使观众或远或近地观看一个物体成为可能。电视景别的变化，适应和满足了人们的审美心理要求。

（2）景别的变化是实现造型意图、形成节奏变化的因素之一：在电视画面的造型表现和画面镜头中，不同景别体现出不同的造型意图，不同景别之间的组接则形成了视觉节奏的变化。观众不仅在画面时空和视距的变化中感受到了摄像者的画面思维,而且也以景别跳度、视点跳度的大小、缓急中具体地感受到整个电视片或电视节目的节奏变化。比如远景画面接大全景画面,再接全景画面,节奏抒情、舒缓;两极景别的镜头组接如全景接特写,节奏跳跃、急切。

(3)景别的变化使画面被摄主体的范围变化具有更加明确的指向性,从而形成画面内容表达、主题诉求和信息传递的不同侧重和各自意蕴。

不同景别的画面包括不同的表现时空和内容,实际上是摄制人员在不断地规范和限制着被摄主体的被认识范围,决定了观众视觉接受画面信息的取舍藏露,由此引导观众去注意和观看被摄主体的不同方面,使画面对事物的表现和叙述有了层次、重点和顺序。对画面景别的调度,实质上是对观众所能看到的画面表现时空的调度。运用不同景别有效地支配观众的视听注意力并赋予被摄主体以恰如其分的表现意义是电视编摄人员的重要创造活动。因此,我们说一个电视节目中景别运用是否得当和有效,是检验创作者思路清晰与否、表现意图明确与否的重要尺度和标志。

第二节 拍摄角度

在电视摄像艺术中,拍摄角度是十分独特而又非常重要的造型元素。摄像者对他所面对的大千世界不断做着选择的工作,他所选择的电视画面反映了摄像人员的主观意图和创作风格,反映出摄像人员的艺术鉴赏水平和画面取材能力。

其中，对摄像机拍摄角度的选择有着至关重要的作用。

摄像者对拍摄角度的选择，实际上就是对其"作品"——电视画面的选择和确定。拍摄角度的不同，直接决定了画面上形象主体的轮廓和线形构架，决定了画面的光影结构、位置关系和感情倾向。可以说，摄像者在拍摄角度的选择中溶入了对画面形式的创造和想象，溶入了对画面形象的情感和立意。

摄像机活跃的拍摄角度，创造了十分丰富多变的画面形式，改变了人们眼中的惯见世象。对同一被摄对象来说，不同方向、不同角度的造型表现将会得到不同的视觉形象和画面结构。而且，这种变化不是杂乱无章的，是有一定规律可以探循的。我们研究拍摄角度的造型作用，目的在于了解并掌握由摄像机拍摄角度变化而带来的形象变化和画面结构变化的一般规律，并由此有预见性的想象和完成它对电视画面的影响和表现，从而更为积极地发挥出摄像者的艺术创造潜力。

拍摄角度可以从两个方面来理解：一种是指摄像机与被摄主体所构成的几何角度，一种是指摄像机与被摄主体所构成的心理角度。摄像机拍摄的几何角度包括垂直平面角度（摄像高度）和水平平面角度（摄像方向）两个内容。摄像机拍摄的心理角度可分为客观性角度和主观性角度。

一、摄像高度

摄像高度是指摄像机镜头与被摄主体在垂直平面上的相对位置或说相对高度。这种高度的相对变化形成了三种不同的情况：当摄像机镜头与被摄主体高度持平时，称为平角或平摄；当摄像机高于被摄主体向下拍摄，称为俯角或俯摄；当镜头低于被摄对象向上拍摄时，称为仰角或仰摄(见图2-7)。

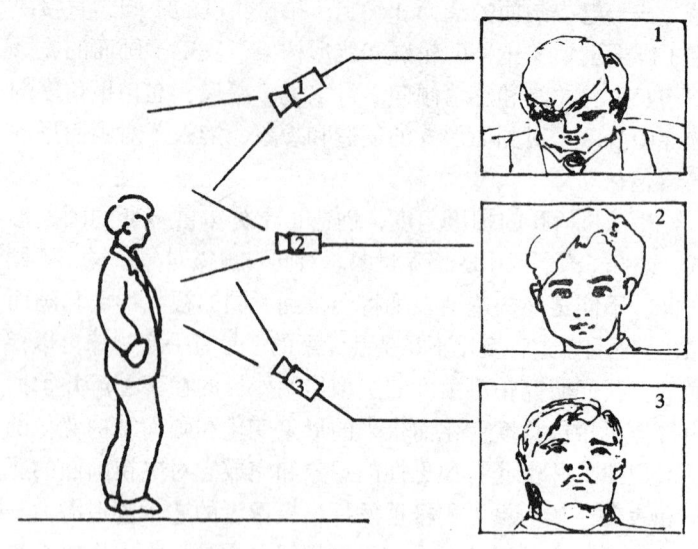

1. 俯角　　2. 平角　　3.仰角

图2-7　摄像高度

这三种摄像高度具有各自不同的造型效果和感情色彩。
1. 平角（平摄）

平角拍摄时由于镜头与被摄对象在同一水平线上，其视觉效果与日常生活中人们观察事物的正常情况相似，被摄对象不易变形，使人感到平等、客观、公正、冷静、亲切。

平角拍摄的不偏不倚使得画面结构稳固、安定，形象主体平凡、和谐,是新闻摄像通常选用的拍摄高度。

处理平摄画面时,地平线是重要的考虑因素,一般情况下避免地平线平均分割画框的构图,否则中间等分的地平线上会压缩远近景物,显得呆板、单调,犹如一根挂满远近景物的"晾衣绳"。

摄像者在新闻纪实性节目的画面记录过程中常常需要肩扛摄像机拍摄,这时画面的视点代表记者的视点,即为平角拍摄。当平角拍摄与移动摄像结合运用时,会使观众产生一种身临其境的感觉。

在用长焦距镜头进行平角拍摄时,可以把纵向运动的物体较长时间保留在画面中,同时又能够因地平面上物距的压缩而使画面形象饱满,甚至可使画面产生能为观众所接受的某些夸张效果,如拥挤、堵塞等。比如摄像人员在马路转角处以长焦镜头平角调拍夕阳下骑自行车的下班人流,就能造成人头攒动、川流不息的画面效果。

2．俯角(俯摄)

俯角拍摄是一种自上往下、由高向低的俯视效果。这时摄像机镜头高于被摄主体水平线。

俯角拍摄使画面中地平线上升至画面上端或从上端出画,使地平面上的景物平展开来,有利于表现地平面景物的层次、数量、地理位置以及盛大的场面,给人以深远辽阔的感受。一般来说,俯角拍摄具有如实交待环境位置、数量分布、远近距离的特点,画面往往严谨、实在。

俯角拍摄在表现人物活动时,宜于展示人物的方位和阵势;一个事件的发生,俯角可表现其整体气氛,矛盾双方的力量对比和相互关系。俯角不适于表现人物的神情和人与人之间细致的情感交流，在拍摄近景人物或以人物情感交流为主的中、近景画面时，不宜随便使用俯角拍摄。

由于俯摄人物时对象显得萎缩、低矮，画面往往带有贬低、蔑视的意味。此时画面形象仿佛受到压抑，其视觉重量感较正常为小。

3. 仰角（仰摄）

仰角拍摄是摄像机低于被摄主体的水平线向上进行的拍摄。仰角拍摄由于镜头低于对象，产生从下往上、由低向高的仰视效果。

仰角拍摄使地平线处于画面下端或从下端出画，常出现以天空或某种特定物体为背景的画面，可以净化背景，达到突出主体的目的。

仰角能将垂直方向伸展的被摄对象在画面上展开，有利于强调其高度和气势，比如耸立的建筑、高大的树木等。

仰角拍摄使画面前景突显，背景相对压缩，当用广角镜头拍摄时，画面会表现出强烈的透视效果。

仰角度拍摄跳跃、腾空等动作时，能够夸张跳跃高度和腾空动作，具有很强的视觉冲击力。比如用仰角拍摄跳高运动员腾跃过杆的动作，给观众的画面感受要比生活中的实际感受强烈得多。

仰摄画面中形象主体显得高大、挺拔、具有权威性，视觉重量感比正常平视要大。因此画面带有赞颂、敬仰、自豪、骄傲等感情色彩，常被用来表现崇高、庄严、伟大的气概和情绪。但广角状态下近距仰摄会使人物容易变形，在运用仰角拍摄时应根据具体内容掌握好分寸,切忌形成一种简单的概念化表现。

二、摄像方向

摄像方向是指摄像机镜头与被摄主体在水平平面上一周360°的相对位置,即通常所说的正面、背面或侧面。摄像方向发生变化,电视画面中的形象特征和意境等也会随之发生明显的改变(见图2-8)。

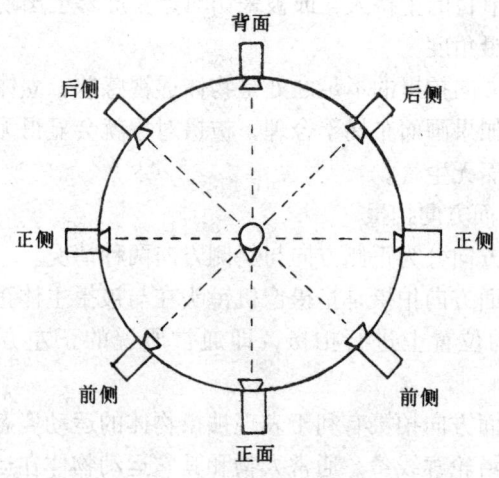

图 2-8 拍摄方向俯视图

1. 正面方向拍摄

正面方向拍摄时,摄像机镜头在被摄主体的正前方进行拍摄。

正面方向拍摄有利于表现被摄对象的正面特征；容易显示出庄重稳定、严肃静穆的气氛。正面拍摄有利于表现被摄对象的横向线条，但如果主体在画框内占得面积过大，那么与画框的水平边框平行的横线条就容易封锁观众视线，无法向纵深方向透视，常会显得缺乏立体感和空间感。

正面方向拍摄人物时，可以看到人物完整的脸部特征和表情动作，如用平角度和近景景别，有利于画面人物与观众面对面地交流，使观众容易产生参与感和亲切感。一般来说，各类节目的主持人，或被采访对象在屏幕上出现时都采用这个拍摄角度。

正面方向拍摄的不足之处是物体透视感差，立体效果不甚明显，如果画面布局不合理，被摄对象就会显得无主次之分，呆板而无生气。

2. 侧面方向拍摄

侧面方向分为正侧方向与斜侧方向两种情况。

正侧面方向拍摄是指摄像机镜头在与被摄主体正面方向成90°角的位置上进行拍摄，即通常所说的正左方和正右方。

正侧面方向拍摄有利于表现被摄物体的运动姿态及富有变化的外沿轮廓线条。通常人物和其它运动物体在运动中侧面线条变化最为丰富和多样，最能反映其运动特点。

正侧面方向拍摄人与人之间的对话和交流时，如若想在画面上显示双方的神情、彼此的位置，正侧角度常常能够照顾周全，不致顾此失彼。如在拍摄会谈、会见等双方有对话交流的内容时，常常采用这个角度，多方兼顾、平等对待。

正侧面角度的不足，同样是不利于展示立体空间。

斜侧面方向是指摄像机在被摄对象正面、背面和正侧面以外的任意一个水平方向进行的拍摄，那通常我们所说的右前方、左前方及右后方、左后方，统称为斜侧方向拍摄。虽然这些方向的斜侧程度不同，但却具有共同的特点。

斜侧面方向能使被摄体本身的横线，在画面上变为与边框相交的斜线，物体产生明显的形体透视变化，使画面活泼生动，有较强的纵深感和立体感，有利于表现物体的立体形态和空间深度。

斜侧方向在画面中还可以起到突出两者之一，分出主次关系，把主体放在突出位置上的作用。比如在电视采访中，通常的做法是以近景景别构图，采访者位于前景、后侧面角度；被采访者位于中间稍后、前侧面角度。这样，观众的注意力会很自然地集中到被采访对象的身上。

斜侧方向既利于安排主体和陪体，又有利于调度和取景，因此是摄像方向中运用最多的一种。

3. 背面方向拍摄

背面方向拍摄是以被摄对象的背后即正后方进行拍摄。

背面方向拍摄使画面所表现的视向与被摄对象的视向一致，使观众产生可与被摄对象有同一视线的主观效果。如果是拍人物，那么被摄人物所看到的空间和景物也是观众所看到的空间和景物，给人以强烈的主观参与感。许多新闻摄像记者采用这个角度表现追踪式采访，具有很强的现场纪实效果。

背面方向拍摄人物，观众不能直接看到画面中所拍人物的面部表情，具有一种不确定性，带上一定的悬念，处理得当能够调动观众的想象，引起观众更大的好奇心和更直接的兴趣。在背面方向拍摄人物，面部表情变得退居其次，而人物的姿态动作可以表现人物的心理活动，成为主要的形象语言。

背面角度是个很容易被摄像人员忽视的角度，其实，处理好这个特殊的角度，常常可以收到某种意想不到的效果。

通常，在摄像时一般总要先选择摄像方向，确定了方向再选择摄像高度。对某一具体被摄对象来说，将拍摄方向和拍摄高度（即垂直角度和水平角度），与视距变化带来的景别变化三者结合起来，那么，这三者的不同组合将会产生一系列不同视角，形成一系列不相同的画面形象。对视角的选择，反映了摄像者的基本素质和造型能力。

三、客观性角度和主观性角度

之所以把摄像机的拍摄角度从心理角度的层面上再加区分，是因为了解和掌握了客观性角度和主观性角度的不同特点，可以帮助摄像人员更加深入地开掘拍摄角度的造型作用，丰富画面表现手段，从而根据特定的内容要求创作出更加新颖独特的电视画面。

客观性角度是指依据常人日常生活中的观察习惯而进行的旁观式拍摄，是电视节目运用得最为频繁、最为普遍的拍摄角度和拍摄方式。客观性角度拍摄的画面就仿若观众在现场参与事件进程、观察人物活动、欣赏风光景物一般，画面平易亲切，贴近生活。在新闻节目和电视剧、现场直播节目等绝大多数电视节目中,客观性角度是基础性的、主流形态的拍摄角度,如拍摄人物和人物间的交流、活动,以平角拍摄,方向选择注意叙事性的情节重点,客观真实地以画面表现。即使俯仰拍摄,也应有必要的情节依据和生活依托,如上楼下楼、躺卧站坐等不同情况下,都是如实记录,很少变形。可以说,客观性角度是符合观众的观察习惯和收视需要的主要的摄像角度,它不仅是画面语言清楚明确地传递信息、说明问题的最基本、最直接的外在形式,也是摄像人员以生活中常见的地位、情境和视角来摄录画面的不可或缺的造型方式。在拍摄新闻、纪录片、专题片时,在电视剧的情节叙述时,客观性角度是保证画面真实性和生活氛围的重要角度。

主观性角度则是一种模拟画面主体(可以是人、动物、植物和一切运动物体)的视点和视觉印象来进行拍摄的角度。与客观性角度的旁观纪实性相比,主观性角度追求的是主体表现性,是不同寻常的画面效果和出人意料的视觉感受。从某种程度上说,主观性角度是影视造型语汇中独特的且擅长的造型手段。当主观性角度所拍摄到的影像展现在屏幕上的时候,观众会惊讶于这种与通常所见不同的视觉形象和心理感受,会惊奇地发现:摄像机绝不单是再现和记录,而是一种真正的想象和创造,具有一种不断拓宽视觉审美领域的强大力量。

主观性角度由于其拟人化的视点运动方式,往往更容易调动观众的参与感和注意力,容易引起观众强烈的心理感应。比如体育比赛中的一级方程式赛车,当摄像机从驾驶员身侧的角度拍摄时,观众看到的路面飞逝、天旋地转的画面就表现出强烈的主观性,令观众仿若置身车内亲自领略赛车手的现场感受。当摄像机模拟一只受伤的小兔子的视点时,猎犬那凶狠的扑咬画面会给观众一种非常新奇的视觉感受。特别是在电视剧中,主观性角度所拍摄的画面组接在客观性角度所拍摄的画面之后,常常会起到加强画面主观色彩、形成新颖独特的画面造型的作用。如客观性角度的画面中一个人从高楼上跳下,紧接着出现的是地面急剧拉近的俯拍画面,就非常有效地给观众以剧中人的对位视觉感受,使观众仿佛进入到剧中人的内心世界。特别是在摄像机得到极大解放的现在,摄像机的主观性角度的拍摄被越来越大胆、越来越新奇地广泛运用了,观众的视觉经验和心理感受被极大地丰富了。随着摄像机的镜头,观众们"赴汤蹈火"、"上天入地"……当然,主观性镜头的运用必须是合理的、必要的、有依据的,不宜乱用。在科教片拍摄和MTV、电视剧等艺术性摄像中,主观性镜头具有广阔的用武之地。

总而言之,摄像者画面造型的新颖很大程度上取决于拍摄角度的独特。摄像人员应该努力开掘新颖独特的拍摄角度,并要掌握一点视觉心理学的知识,不断给观众们拍摄出新、奇、特的电视画面,丰富与现实世界同样绚丽多姿的"荧屏世界"。

第三节 运 动

我们知道,运动是绝对的,静止是相对的。电视造型艺术作为以画面形象来表现运动世界的独特造型艺术,一方面受到表现运动的内容制约,一方面也产生了运动表现的形式特点。电视画面的造型表现和美学规律,从一开始就与运动紧密地联系在一起了。

电视摄像与绘画、建筑、雕塑等造型艺术相比,在对运动的表现上有着独特的、重要的特性和规律。电视摄像不仅要通过连续的记录和多视角的表现,在电视屏幕上呈现出物体的运动过程,更为独特的是它还通过摄像机的运动产生了多变的景别和角度、多变的空间和层次,形成多变的审美效果和逼真运动的视听感受。

电视画面是一个动态构成,电视摄像是一种动态造型艺术。因此对电视摄像的学习和研究,就离不开对运动的表现和阐释。应该认识到运动是电视摄像的重要造型元素。只有掌握了表现运动的基本内容和运动表现的全面要求,才可能在电视摄像的过程中创造出符合运动造型特点的电视画面,使电视成为更加逼近生活、逼近真实的艺术。

我们把电视摄像的运动造型因素大体上分为这样三个方面:被摄主体的运动,摄像机的运动,以及融合了各种运动的综合运动。

一、被摄主体的运动

运动,是自然界和人类社会中最富变化、最具魅力的物质现象,是各种艺术都力求表现的一种美。罗丹说过,生活中不是没有美,而是缺少发现。同样,生活中不是没有运动之美和美的运动,缺少的是我们的发现和表现。

首先，我们说被摄主体的运动本身就具有无限的、永恒的视觉美感和造型意义。

人的视觉对运动最敏感、最容易受到运动的吸引。运动展示出生命和自然的韵律和魅力，运动表现出了万事万物的发生、发展、更替，当运动展现在电视画面之中，本身就具有浑然天成的结构、节奏和韵律，给人的视觉以千变万化的、丰富多彩的愉悦感、启示性和美感。从芭蕾演员的足尖之舞到蚂蚁搬家的忙碌之态，从抚动琴键的手指到湖面皱起的涟漪，……当摄像机镜头对准了这个变化着的大千世界的时候，我们会发现无限多样的、永恒进行着的运动；当这些运动出现在电视屏幕上的时候，这些运动和运动着的动体会显现出诗歌、戏剧、绘画等诸多艺术形式所难以尽现的造型美感和视觉美感。

第二，被摄主体的运动在摄像造型中具有内容和形式两个方面的表现意义。

运动总包含两方面的内涵：即运动的主体和运动的形式。电视画面的造型优势就是能够把运动主体和运动形式以画面形象加以真实表现。运动的主体出现在画面之中，本身就带有画面造型意义和内容指向性。同样是手，正举起酒杯的手和正举起锄头的手就带有不同的画面内涵。同样是升起国旗的行为，发生在天安门国旗班战士的身上和发生在电视剧《凤凰琴》中山村小学的农村孩子们身上，也表现出不同的画面意蕴。而运动形式的表现和再现，在电视摄像中有着尤为突出的地位。不同的运动形式，呈现出不同的画面造型、表现为不同的画面形象，引发了不同的心理反应。运动形式的美感是电视摄像表现被摄主体美的基本手段。海潮的起伏、雄鹰的飞翔、纤夫的身形、交警的手势……各种运动形式的视觉美感对画面造型来说，起到基础的、决定的作用。

第三，运动形成了一定的运动速度和运动节奏，这些运动速度、运动节奏的变化在电视画面中具有不同的感情意味和艺术表现力。

被摄主体的运动速度和节奏，是产生电视画面冲击力、感染力的重要形式因素。对速度和节奏的不同处理，会直接影响观众的心理节奏和情绪反应。速度快的运动，给人以热烈、紧张、力度大、欢快豪迈、急切躁动等感觉。在画面造型中可以通过相应速度的运动来烘托和表现相应的情绪和氛围。如飞驰的列车、紧敲的锣鼓、热烈的掌声、湍急的瀑布等等。而那些慢速度、慢节奏的运动往往具有伤感的、凝重的、沉静的、抒情的等视觉效果。比如一个心情沉痛的人的步态往往是沉重缓慢的，和缓的微风中摆动的柳枝常用作恋人约会时的背景，等等。运动速度和运动节奏是运动本质的外化和表现，通过画面加以准确反映就能够在观众的视感知和心理上引起预期的效果。在这一点上，电视的画面表现力是很强的。疾风劲草和微风拂柳的意味不同，狂奔的野马和爬行的蜗牛的画面意蕴也不一样。关键是摄像人员对运动速度和运动节奏有着怎样的造型设计和情绪表现。

第四，被摄主体的运动是场面调度和运动摄像的内在依据及外在表现。

被摄主体的运动形式和运动轨迹直接决定了拍摄方向和

拍摄高度，对可能出现的运动的预见往往还决定了机位的设置。比如电视剧中人物的活动和情节的展演决定了摄像的调度，新闻摄像中对可能出现的事态变化的预测影响了摄像师的取位和选景。能否抢拍到突如其来的运动场面，是摄像师水平高低的重要反映。尤其是在体育比赛转播时，摄像造型必须建立在运动员的各种比赛的运动基础上，如果观众想看的运动镜头你没有拍到，或者对运动镜头的画面表现不够理想，那么就会影响观众对比赛的理解和认识。从某种程度上说，主体运动决定了机位设置、开机时间和场面调度。

第五，对人而言，运动的具体形式和基本单位是动作，通过个性化、特色化的动作可以反映人物性格，刻画人物形象。

从人的运动及从运动中表现出来的方式和特点中，可以了解其时代特征、个性特色和他们的修养、气质等。个性化的动作是刻画人物性格的重要手段。摄像人员的责任之一，就是要抓取到所拍人物最典型、最真实的动作、表情和神态，并通过这些画面形象来揭示人物性格、交待人物关系、表达主题内容。

第六，对被摄主体运动的造型要借助与电视画面的框架关系才能得到更好的表现。

自然界或人类社会的各种运动，在电视画面中会呈现出一种新的形式感，是一种与电视画面的框架相结合后的运动视像和运动关系。运动主体的动势和运动形式的动态，都由于框架的限制而发生了相应的变化，具有某些新的形式意义和造型特点。比如运动轨迹可以与框架组合成多种关系，一条直线车辙可以是平行于边框的,也可以是呈对角线状的,还可以是充满画框的平面。运动主体的画面表现,可因摄像机景别、角度的不同,因摄像师运动起点、高潮点和相对静止点的不同选择,在画面中表现出新的动态、节奏和视觉美感。应该说,电视画面的动态造型和运动之美,不但是来自客观存在,也来自摄像者的选择,是主、客观相互结合而产生的。

二、摄像机的运动

摄像机的运动是摄像者发挥创造性、施展艺术才华的重要手段,是影响观众视点和心理反应的主观介入方式。摄像机一旦动了起来,画面内容即观众的视野也将随之改变,观众的期待心理被调动起来,对框架移动后的新画面产生较强的渴望和关注。

摄像机的运动是电视画面外部运动的主要因素,它分为两类。一类是间接的运动,主要通过蒙太奇剪辑完成机位运动。比如全景跳切到近景,画面所表现的视点前移和机位前进是剪辑的结果。这不是本书的内容范畴,因此在这里只是提及,不加阐述。摄像机的另一类运动即直接的摄像机运动,镜头的运动是直接由画面表现出来的,也就是运动摄像的结果。

摄像机的(直接)运动是通过自身机位的运动或镜头光学焦距的变化来完成的。我们把它分为两类:镜头的光学运动和机身的机械运动。镜头的光学运动即变焦距运动,虽然摄像机并不移动,但由于镜头内的镜片组在光轴上移动而产生画面形象的变化，具有改变景物范围的推、拉效果。摄像机的机身运动就更为自由、变化更大，由于摄像机机位发生了变化，镜头光轴不断改变，使得画框内的被摄形象不断发生变化，具体表现为摇镜头、移镜头、跟镜头、升降镜头等。

不论是机身机械运动还是镜头光学运动，都展现了运动的视点和变化的视野，可以说是摄像机的特殊观察方式和运动造型手段。它一方面是与人们更全面、更详尽地观察和认识事物的要求相呼应的，一方面也是电视造型艺术克服平面造型局限，开掘电视画面视听表现潜能的必然要求和必然结果。关于运动摄像所具有的造型表现上的作用和意义，本书第四章将展开详尽的讨论和阐释。

这里需要强调的是，电影在诞生伊始是没有什么摄影机的运动的。由于技术和艺术的局限性，当时摄影机如同处于剧场乐队指挥的位置，每个画面和戏剧场面完全相同，没有任何视角和景别变化。后来，当摄影机摆脱了"乐队指挥"的位置束缚，才有了各种景别的镜头区分，有了构成独特的电影语言及电影艺术的蒙太奇结构理论。如马尔赛·马尔丹所说："电影作为艺术而出现是从导演们想到在同一场面中挪动摄影机那一天开始的。"而电视从一开始就吸取了电影造型中成功的经验，并根据电视的传播特性，逐步形成了自己的造型特点。可以说，摄像机幸运地回避了"乐队指挥"式的定点拍摄历史。近年来，电视节目的场面调度更为复杂多变，摄像师和导演为摆脱舞台式或照相式的构图样式，通过各种运动造型技巧，尤其是摄像机的运动手段不断创造出复杂多样的画面造型效果和全新景别样式。不少镜头内不只包含一种景别，有的镜头甚至难以判断究竟属何类景别。摄像机的运动可以说是到了空前灵活自由的程度。但是，作为初学摄像者，根本的还是要掌握好运动摄像的基本规律和基本要求，扎扎实实地练好基本功。万变不离其宗，再复杂的机位变化，再多变的运动摄像，都是从基本的摄像机运动演化、组合和发展的。

相对于电视剧、音乐电视等艺术性电视摄像来说，新闻纪实类节目的运动造型表现还没有得到应有的重视和更好的运用。人们通常对艺术性摄像的运动摄像和场面调度谈论较多，在此就不再赘述了。其实在新闻纪实类节目的拍摄中，运动摄像所构成的种种画面外部运动形式，对于新闻事件具体内容的再现和表现，具有与固定摄像不同的特点和优势。观众随着镜头的运动好像也"走进"了新闻现场，产生身临其境的感觉。这里仅对新闻纪实类节目的运动造型表现加以概要说明。

其一，摄像机的运动使画面中景别连续不断地发生变化，保持了画面表现时空的统一和同一。这种连续的时空统一的表现方式与蒙太奇组接最重要的不同即在于：它在画面中所呈现的时空与现实时空是一致的，不具有剪辑所带来的画面时空表现上的假定性，画面形象的连续运动和画面时空的连续转换具有不可置疑的真实性。这一点在纪实性节目中是极为重要的。

其二，摄像机的运动形成一种多景别、多角度、多背景的连续动态画面，它在造型表现上使画面对新闻现场和新闻人物的表现达到多层次、多视点、多元化；它可以将环境与人物进行既集中又分立的表现和介绍。集中是通过镜头运动使环境与人物"共处"在一个画面中；分立则通过镜头的运动将人物与环境分别处理在不同的画幅中去表现。

其三，摄像机的运动使观众比较强烈地感到摄像机的存在，这种运动本身间接地表现了摄像记者在新闻现场的拍摄活动，摄像机的视点既是记者的视点，也是观众的视点。特别是摄像者肩扛摄像机在运动中所拍摄的画面，其画面运动的节奏、起伏的幅度和频率，都具有"拟人化"的特点，直接调动了观众生活中的参与感和临场感。通过运动摄像所表现的伴随摄像方式，从画面形式上表现出了记者是事件的旁观者而不是事件的组织者。镜头随新闻事件发展变化的中心运动而运动，说明摄像记者在新闻现场创作活动的旁观性。

其四，通过摄像机的运动对运动中的新闻人物进行连续不断地表现，不仅是画面造型上的需要，也是新闻报道上的需要，它连贯完成了对人物活动完整的流程记录和画面表现，而固定摄像是很难对活动中的人物和进行中的事态作连贯完整的表现的。从这一点上讲，运动摄像在单一镜头中的信息量要大于固定镜头。

三、综合运动

综合运动有广义和狭义之分。

从广义上说，电视画面就是运动造型的艺术表现形式，只要是参与电视画面摄录并通过画面得到表现的运动均可列入综合运动的范畴。广义的综合运动包括电视画面表现的一切运动形式，涵盖画内运动和画外运动的所有方面，诸如被摄对象的运动、摄像机的运动、由剪辑形成的画面运动，等等。

而狭义的综合运动，则是指在一个镜头之内，把推、拉、摇、移、跟、升降、变焦距等多种运动摄像方式，不同程度地、有机地结合起来进行画面拍摄。这也就是我们通常所指的镜头的综合运动。综合运动的有关内容将在第四章详细介绍。电视画面造型的趋势是镜头综合运动日益多元化、复合化、一体化。特别是因为科技的进步和摄像机日益小巧轻便、操作灵活，摄像人员在处理综合运动造型的时候更加自如和灵便；再加上运动摄像专用肩架等辅助装备的不断改良，画面质量和稳定性得到极大改善。可以预料，未来的电视艺术必将进入电视画面运动造型的魅力得以充分展现的辉煌时期。

第四节 构 图

构图，是一个电视摄像工作中经常用到的专业用语；构图，是摄像人员拍摄电视画面的一个主要环节。

那么，构图究竟意味着什么？怎样取得优美而又适宜的电视画面构图？电视画面构图有哪些特点？画面构图有哪些基本的样式等等。诸如此类的问题，是一名摄像人员必须回答而且必须找到合格答案的基础性课题。因为构图是将诸造型元素综合运用以获取电视画面的结构形式的过程，它将决定电视观众能够看到怎样的电视画面。

在实际工作中，我们可能常常听到这样的评价：某某摄像师的构图不错,画面挺精美;而某某摄像师不太讲究构图,拍的画面缺乏美感。可以说,构图能力是电视摄像人员画面造型能力的重要组成部分,是检验摄像人员业务水平的重要标志之一。

一、画面构图概说

构图,是指在电视拍摄中把被摄对象及各种造型元素加以有机地组织、选择和安排,以塑造视觉形象,构成画面样式的一种创作活动。

电视节目的题材、主题和风格各异,在拍摄时也就形成了多种多样的造型方式和构图手法。从本质上说,构图是指画面的形式结构,它必须要为主题和内容服务。光线、色彩、影调、线条、形状等形式元素,通过画面构图形成一定的组合关系,呈现为一定的视觉形象。构图的首要任务是突出主体形象,这就要求摄像人员正确地选择和安排主体的位置,处理好主体与陪体、主体与环境和背景的关系,以恰当的拍摄角度和景别,配置好光、色、影调、线、形等造型元素,以获取尽可能完美的形式与内容高度统一的电视画面。

构图在绘画、图片摄影等造型艺术中也有着举足轻重的地位,但是在电视画面构图的学习过程中,我们应该清楚地意识到电视构图与绘画构图和摄影构图的不同之处。由于电视画面造型具有表现运动和运动表现的突出特性,因此电视构图除了继承和借鉴绘画作品、图片摄影的静态性构图技法外,还形成和发展了一些与运动密切相关的特点和规律。电视画面构图的特点主要有以下几点:

(1) 动态性：随着被摄对象的运动和摄像机的运动，画面的构图结构和情节重点会发生相应的改变，被摄主体在画面中的位置及画面形象的透视关系也随之变换。电视画面构图的动态性对摄像人员在运动中进行随机构图和画面取材的能力提出了更高的要求。

(2) 时限性：电视画面的时间长度不同，所附载和传达的信息量的多寡也不同，观众只能一次过地收看和接受画面信息，这种表现上的时间长度成为观众收看时的限制性。因此，画面构图和表现的时限性要求电视画面的构图必须简洁、集中而明确，它不能像美术作品和照片那样可供观赏者长期停看。

(3) 多视点：与绘画和照片不同，电视画面构图不是只在某一个视点上进行表现，而是可以在拍摄过程中不断变化视点、角度和景别，对同一被摄主体进行连续的、多视点、多角度的拍摄。随着视点的不断变化，被摄主体的画面形象和画面范围也在不断变换，画面构图的形式结构及组合关系也要相应改变，这就使得观众获得了更多的信息量和更丰富的视觉感受。

(4) 画幅的固定性和构图处理的现场一次性：电视画面的画幅是固定的，不能像图片那样在事后进行剪裁和修饰；拍摄只能在现场的镜头前一次完成，虽然拍摄前可以进行安排和组织（如电视剧、音乐电视等），但拍摄完成后的电视画面的构图关系及画面结构不能像图片那样进行后期加工。

(5) 构图结构的整体性：电视节目的完整内容通常都是由几个乃至几十、上百个画面来共同完成的，某一电视画面所传达的内容往往从上一个画面延续而来，或向下一个画面发展下去，因此，单个电视画面的构图可能并不完整，但在一系列画面组接之后会形成构图结构的整体性和传情达意的规律性。对电视画面而言，一系列镜头的整体结构和组合关系会对单个镜头的构图产生特定的要求，单个镜头构图的不规则、不完整会在整体构图结构中得到解释和说明。这一点也为摄像人员构图表现提供了广阔的天地，具有绘画和照片所难以比拟的优势。

构图作为一个创作环节，是一种即兴性、个人化的工作，很难界定出具体化的、一成不变的原则和模式。由于摄像人员业务能力、鉴赏水平及个人素质的不同，画面构图也将反映出各自不同的创作风格和主创意图。但是，构图的根本目的是使主题和内容获得尽可能完美的形象结构和画面造型效果。构图是使主题思想和创作意图形象化、可视化的过程，归根结底是要依靠一系列造型手段并通过摄像机的取景框以构成画面造型上的表现形式。不论构图形式怎样变幻多姿，有一些基本的构图要求和正确的造型观念是我们必须了解和理解的。没有规矩，不成方圆；从一般的意义上讲，电视画面构图有下面一些基本要求：

（1）画面要简洁：当我们扛起摄像机面对大千世界时，会发现被摄对象并不自然成画，它必须要求我们用取景框进行选择、提炼以至抽象、概括，才能从自然的、凌乱的物像中"提取"出一个优美动人的画面来。可以说，电视画面的构图，既需要摄像人员一方面牢牢地盯住主体，另一方面也要尽量避开妨碍主体的多余形象。如果画面中景物庞杂、零乱无序,就无法做到构图的简洁明快。这方面照片摄影的"减法规则"是很好的借鉴。与照片一样,电视画面也必须通过构图作出一定的艺术选择,用取景框"给原来没有界限的自然划出界限"(莱辛《汉堡剧评》第70篇)。删繁就简,是获取优美画面构图的第一步。

(2)**主体要突出**:画面所要表现的主体对象是否突出,是衡量构图的主要标准之一。构图造型的功夫怎么样,关键要看主体表现得如何。作为小屏幕、一次过的电视画面,必须正确处理好主体、陪体及环境等的关系,做到主次分明、相互照应、轮廓清晰、条理和层次井然有序。否则,所拍摄的画面就会主次不辨、不知所云、杂乱无章。要做到画面主体的突出和鲜明,构图时可以把主体安排在画面视觉中心的位置上,占据一定的面积,还要协调配置主体与陪体的相互关系等,这些问题在后面的章节中将会详细论述。

(3)**立意要明确**:构图是为主题思想和创作意图创造结构形式的过程,要想出色地"构图",必须深刻地"构思"。也就是说,每个镜头所要传达、表现的思想内容和艺术内涵必须是非常明确而集中的,切忌模棱两可、不明不白,而应以鲜明的构图形式反映出凝练的主题和立意。

(4)**画面应具有表现力和造型美感**:我们常说构图要"美",要想真正构画出"美"的画面,必须根据所拍摄内容的要求和现实条件的可能性,通过画面的空间配置、光线的运用、拍摄角度的选择,以及调动影调、色彩、线形等造型元素,创造出丰富多彩、优美生动的构图形式。这种画面构图的艺术表现力的培养,需要摄像人员从自身的特点出发,在实践过程中不断地摸索和总结,以使全面、扎实的技术功底与画面构图的造型意识结合起来,从而拍摄出内容与形式高度统一的优美画面,使得画面更具有艺术表现力和视觉感染力。

(5)在处理运动构图时的两种情况:如果是没有人物的画面,作环境介绍和背景交待时,不论是起幅还是落幅,都应找出能够表现环境特色的主要对象作为构图的依据和画面运动的依据;如果是有人物(或其它运动主体)的画面,则应以人物为画面构图和画面运动的依据,摄像机的运动或者是跟随人物运动,或者是作出复杂的场面调度,等等,都应根据内容或环境的特色,抓住主要因素的变化来变化构图。在运动构图中,自始至终要注意运动方向、运动速度和运动节奏等因素的起伏变化。基本的一点是运动构图必须有其合理、充分的运动依据,那种仅仅为了炫耀摄像技巧而"硬"做出的运动构图,非但不能达到创作意图,反而只能引起观众的厌恶和不满。

应该说,电视画面的构图是贯穿于电视摄像工作的始终,有人说它开始于开机拍摄之前,结束于关机停拍之后。当所要拍摄的主题和内容确定之后,不论是要拍一条新闻还是要拍摄一集电视剧,摄像人员的主要任务就是要选择、组织和找寻到最佳的画面结构方式,并且要在拍摄过程中始终保持着高度的创作兴奋和随时发现的创作敏感,以使自己的画面构图得到不断地改善和创新。此外,在借鉴绘画、摄影等构图原理和构图技法的基础上,结合电视画面构图的自身特点加以灵活地运用,对于每个投身到电视摄像工作的初学者来说，有着触类旁通、提高艺术鉴赏水平等诸多裨益。

二、画面构图的形式元素

我们说电视画面的构图是指画面形象的结构方式和表现形式，那么，我们靠什么来构成画面形象、组成画面构图的结构关系和视觉样式呢？

在电视画面的构图中，光线、色彩、影调、线条、形状等元素是我们构成视觉形象的"原材料"，通过对这些造型元素的综合运用以完成构思的实现、立意的表达和情感的抒发等。

1. 光线

光线是电视画面构图的基础和灵魂。没有了光线，电视构图无从谈起；光线不理想，画面的构图也会成为"无米之炊"；光线一旦发生了变化，画面的构图效果和艺术氛围也会发生改变。总之，电视构图，"光线先行"，光线的选择是决定电视摄像和画面构图质量的关键因素。

本书的第六章将对光线的造型作用和画面表现作出专门讨论。

2. 色彩

如果说光线赋予电视画面以生命，那么，色彩就给电视画面注入了情感。作为电视画面的重要构成元素之一，色彩在构图中也有着举足轻重的地位和作用。通过画面形象的色彩设计、提炼和选择搭配，能够形成一定的色彩基调，收到强烈的艺术效果，从而渲染、烘托出主题和内容所需要的情绪基调和特定氛围。我们处身其间的自然界就是五颜六色的，摄像人员除了从技术角度将被摄对象的真实色彩加以准确还原之外，还应该通过画面框架的界域创造出和谐均衡的色彩构图，发挥出色彩在强化视觉冲击、传递思想感情等方面的特殊作用。

光线和色彩是我们优化、美化画面构图的一双飞翼，光和色是画面构图的画笔和调色板。在本书的第六章中，将与光线一起对色彩的情感运用及画面表现加以专门阐释。

3．影调

影调是指画面中的影像所表现出的明暗层次和明暗关系。影调是电视画面构成可视形象的基本元素，是处理画面造型、构图及烘托气氛、表达情感、反映创作意图的重要手段。

我们所拍摄和看到的电视画面，由于画内不同景物之间的亮暗对比和反差，会表现出一定的明暗区别和影调层次。比如说，画面中最亮的部分与最暗的部分会形成强反差，而这两者之间的过渡层次就显得柔和一些，既不太亮，也不太暗。电视画面的影调，实际上是镜头前所摄对象的亮暗差别、明暗等级和亮暗面积在屏幕画面上的反映。由于摄像人员所运用的表现手段不同、创作意图各异，光线条件、拍摄角度、取景范围的选择也不一样，所以在所拍摄的画面中的景物影调自然千差万别、丰富多彩。比如说，有的画面中亮的景物多、占的面积大，画面影调给人以明朗之感；有些画面则大部分是暗的景物，让人觉得沉闷压抑；有些画面则明暗适中、层次丰富，接近于人们生活中通常所见的视觉感受。总体而言，根据不同的划分方法，我们可以把电视画面的影调形式加以如下区分：

（1）从画面明暗分布的倾向划分，有亮调、暗调、中间调。

亮调，又叫高调、明调、淡调子、轻调子等。画面的明暗比例是明多暗少，以明为主，给人以明快、纯洁的感觉。亮调画面的拍摄宜采用亮背景前的亮景物和散射的正面光线，使景物的投影减至最低限度。但亮调画面也要求有丰富的层次，并需有少量的深色调或暗景物，这小部分的深色调和暗景物往往成为视觉中心，在对比的作用下更能加强亮调效果。

暗调，又叫低调、深调、重调等。画面暗多明少，以暗为主，给人以凝重、肃穆之感，拍摄暗调画面，宜选择暗背景、深色调景物和低照度照明条件。暗调画面虽然大部为深暗的影调，但也应有少量的亮色调，以使画面富有生气，并反衬暗调效果。

中间调，画面明暗均衡、层次丰富，从最亮的影调到最暗的影调之间有大量的次亮、次暗等过渡层次，犹如一个阶梯一样。中间调子的画面明暗配置相宜、影调浓淡相间，易于表现景物的立体形状和表面质感，近于人眼观察客观世界的一般印象。

（2）从画面明暗对比（反差）的倾向上，划分为硬调、软调和中间调。

硬调，也叫强烈调。画面中明暗差别显著、对比强烈，景物的亮暗层次少、缺乏过渡，给人以粗犷、硬朗的感觉。当背景亮、主体暗时，主体轮廓清晰，中间层次和过渡层次少；当背景暗、主体亮时，可形成一种浮雕效果。硬调画面大、结构关系清晰，但影像的细部易失去质感。

软调，又叫柔和调、柔调。软调画面缺少最亮和最暗的调子，对比弱、反差小，给人以柔和、含蓄、细腻之感。软调画面一般为中间层次，影像细部能得到较好表现，但对大场面、大结构则表现乏力。拍摄软调画面应选择层次丰富的景物，在散射光或平光照射下，如有烟霭、雾气、纱帐等分解光线效果更佳，也可在镜头前加纱或加柔光镜等。

中间调，又叫标准调。从画面的明暗对比来看，中间调明暗兼备、层次丰富、反差适中。从最亮的景物到最暗的景物，以及两者之间的中间过渡层次，在中间调的画面中都有表现，分布均衡。

影调在画面构图和造型表现中具有十分重要的作用和意义。通过对画面内亮暗不同的被摄对象的选择和配置，对景物间明暗等级的控制以及亮暗不同的影像在画面面积上的不同安排等，可以创造出悦目的视觉形象，形成或刚或柔、或明快或抑郁的总体情调，从而更好地塑造形象、烘托主题、表达创作意图。电视画面中视觉形象的明暗层次和明暗关系并不是无章可循、随意安排的，它应该通过我们的构图形成秩序感、比例关系和表现力。摄像人员要善于运用影调，逐步培养自己对画面的感觉和运用影调构图的能力。在拍摄过程中以较短的时间迅速判断所拍对象形成画面后的影调效果，并对所拍画面的后期效果心中有数，是摄像人员很重要的一项基本功。

通过对画面的影调控制以形成情绪基调，是构图过程中表达创作意图的有效手段之一。这里所说的基调即是指画面中占统治地位的影调，比如明快的高调画面能够给人以轻快愉悦等感受，而沉郁的低调画面常能引发观众忧郁沉重等心理反应。画面影调的基调能够有效地渲染气氛，造成情绪基调，从而更好地表现内容和主题。

此外，在构图过程中搞好明暗配置也是非常重要的。明暗配置是指被摄对象及画面空间中亮部与暗部的适当配置，以形成不同的影调对比效果及画面结构形式。在电视画面造型表现中恰当地运用明暗配置，有利于突出主体，也对构图处理大有帮助。比如，当我们在画面中选择、安排所拍对象时，在大面积的亮影调中安置一小块暗影调，或是在大面积的暗影调中出现一小块亮影调，都能够吸引观众的视觉注意力，有助于表现所要强调的对象或主体。明暗配置在画面构图中也是形成均衡构图的要素之一。比如当我们通过摄像机的取景框进行画面构图时，如果出现在画面一侧的是很浓重的暗调，而另一侧是很轻淡的明调，那么画面就会显得倾斜和不均衡。利用构图适当地调整明暗关系，就能够改变这种不均衡的情况，使画面的结构形式稳定、均衡。当然，讲究影调的均衡配置并不是说要求所有画面两侧的影调都是完全一致，也不是说好的影调配置都应该是千篇一律的均衡和稳定，而是要在构成画面的总体均衡效果的同时注意造成明暗变化，在构图处理时要使得画面的影调有较为丰富的层次和对比反差。

4. 线条

线条是指画面形象（影像）所表现出的明暗分界线和形

象之间的连接线。生活中的客观实体均有其外在的形式——线条,反映到电视画面中,同样会表现为由视觉所能感知的景物轮廓线、相类似的景物的连线等,比如地平线、道路的、轨迹、排成一行的树木的连线等。

线条是构成电视画面结构形式的基本视觉元素之一,依据不同的分类方法,可以将其作出如下区分:

(1) 根据线条所在位置的不同,可将其分为外部线条和内部线条。

外部线条是指画面形象的轮廓线,即个体或群体对象的外缘边界线,是某一对象与其它对象、主体对象与背景的分界线。各个物体的外形轮廓线是不同的,即便是同一物体,从不同的方向和角度去看,也会有不同的轮廓线,摄像人员在构图和拍摄过程中应选择出该对象最具个性特点或最富视觉表现力的轮廓形状。

内部线条则是指被摄对象轮廓线范围以内的线条,是其表面特征之一。比如,建筑物的细部结构线、人物衣饰的褶皱、木材的表面纹理等。内部线条也有一定的形式意义。

(2) 根据形式的不同,可将线条分为直线、曲线两大类(见图2-9)。

在几何学上,直线是指一个点沿某一固定的方向移动所形成的轨迹。直线又可分为水平线、垂直线和斜线三种基本形式。水平线易产生宽阔之感,在拍摄大地、海洋、湖泊、草原等时,常以水平线作为构图的主线条。垂直线易传达高耸、刚直之感,拍摄林立的楼群、挺拔的树木、油田的钻塔等景物时,常以垂直线来作构图的主导线条。斜线是画面中

图 2-9 直线条与曲线条图例

既不水平又非垂直的直线，最具典型性的就是屏幕画框的两条对角线。斜线易产生动感和纵深感，当构图以斜线作为主导线条时，画面会显得活跃或动荡不安等。比如拍摄车水马龙的交通要道、整装待发的部队阵列等常以斜线条来构图。

曲线则指一个点沿着一定的方向移动并发生变向后所形成的轨迹。曲线具有流动感、韵律感与和谐感，当构图的主线条为曲线时会使画面表现出生动活泼、起伏舒展的美感。常见的曲线有圆形线条、S形线条、弧形（C形）线条等。

此外，电视画面构图中的线条还可有实、虚之分。所谓实线条，即是画面形象所表现出的具体可见的线条，如景物的轮廓、河川、路轨等一切有可视轨迹的线。而虚线条则是指画面形象中并不实有的线条，是靠观众的想象和联想来"补足"和完成的，诸如相类似的景物间的虚拟连线，人物视线方向、运动趋势及运动轨迹的虚拟之线等。实线条在构图中的作用并不难理解，虚线条在构图中的运用则要复杂一些。比如，我们可以用两个谈话者之间的水平视线作为构图的主线条，这条虚拟的人物交流线在画面中并不可见。再比如，画面中的人物从屏幕左下角入画，向右上角走去，其运动轨迹实质上就是一条对角线，而这一斜线条也是要靠观众的视觉本能去感知和自动补足的，在画面中是并不存在的（见图2-10）。虚线条虽然是虚拟的，但却在电视画面构图

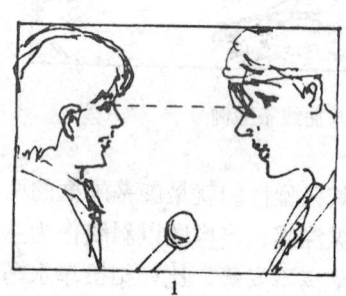
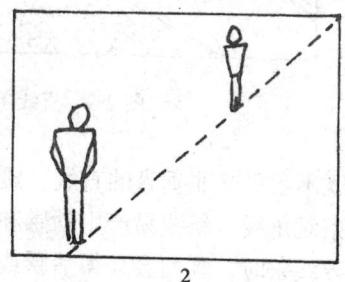

1. 人物交流视线　2. 行走轨迹

图2-10　虚线条示意图

中有着非常实际的作用，往往影响到机位设置、人物调度等，需要我们不断地加以总结。

电视摄像构图的重要任务之一就是对线条的提炼、选择和运用。当摄像人员面对所拍摄的内容时，被摄对象自身的结构、运动及相互关系所构成的线条形式是复杂多样甚至是杂乱无章的，这必须要求摄像师能够从中找出最主要的线条结构，并迅速形成画面构图的骨架和主干，从而将画面中散乱分布的被摄对象相互联系起来，造成和谐、均衡而又明确集中的画面构图。可以说，线条犹如是构图的"主心骨"，能够起到提纲挈领、删繁就简的作用。此外，线条在画面造型上还能够强化和表现被摄对象的立体形状、空间纵深感和表面质感，能够产生视觉语言的韵律感和节奏感，以及约束和引导观众的视觉注意等。一个优秀的摄像师，应该善于运用各种技术手段和艺术手段把被摄主体的最富表现力的主线条提取和表现出来，形成简捷、鲜明、生动的视觉形象，获得最佳的屏幕造型效果，揭示画面的主旨和创作者的意图。

需要指出的是，在电视画面构图中，线条的造型美感要在很大程度上取决于它与画面框架的相互关系。这种动态性的相互关系，直接影响了线条在画面中的走向、位置和大小比例。例如拍摄同一根旗杆，虽然现实生活中它是笔直地矗立着的，但是在电视屏幕的画面框架中，这根旗杆可以表现为直线，也可以表现为对角线；它可能很细长，也可能很粗短；它可以居中占满画面，也可以靠边分切画面，等等，不同的构图形式和框架关系也会给观众以不同的视觉感受（见图2-11）。当我们提炼构图的主线条时，始终要注意画面框架为线条形式和观众收视所限定的参照系。此外,电视摄像的对象经常是运动的主体,或是通过运动摄像来表现被摄主体,因此被摄主体在画面框架中的朝向、姿态等可能经常发生变化,"牵一发而动全身",其外部的轮廓线条及与原有线条结构的关系都将不断变化,摄像人员应该相应地变换构图,及时地提炼出不断变化的主导线形结构,并利用画面框架的对比、参照来调整和完善画面构图。这也要求摄像人员具备在动态中鉴别、提炼线条的能力,要能够认识和选择何种构图下被摄主体的线条形式最佳、最能表现和反映其本质、最能传达主题思想和创作意图。

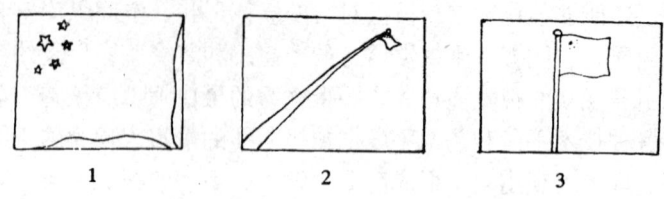

1. 红旗充满画面 2. 对角线构图 3. 旗杆直立

图 2-11

三、电视画面的结构成分

在拉丁语中,构图一词含有结构、联结、组成等意义,对电视摄像构图而言,画面内的视觉形象的谋篇布局及结构安排有着非常重要的作用和意义。

前面我们所谈到的光线、色彩、影调、线条、形状等构图的形式元素,最终要构成一定的视觉形象呈现于荧屏,跟观众见面。但是，电视画面中除了有连续可见的视觉形象之外，还必须充分注意到画内视觉形象的布局及变化；摄像师不能仅只机械简单地记录镜头前的自然景物，而应该依据内容和主题的需求对画面中的视觉形象加以艺术化的安排和配置，从而使得画面的形式结构能够更好地为主题思想服务，能够明确凝练地传达一定的信息，引起观众的关注和思考，生发艺术的美感。那么，当我们在二维的电视屏幕上再现和表现现实生活的三维空间和立体物像时，应该怎样理解和处理画面中各视觉形象之间的相互关系？怎样对电视画面加以合理地经营布局呢？

要回答这些问题，最根本的一点就是要认清画面构图主体的基础知识。一般说来，我们把电视画面的结构可以"分解"为这样几种要素：主体、陪体、前景、后景、环境等。构图处理得如何，根本取决于画面主体表现得是否成功，以及主体与陪体等的相互关系处理是否得当。要成为一名出色的摄像人员，就应该发挥上述几种要素的造型作用，围绕着突出主体这一核心任务进行创造性地选择、配置，从而使得画面主次分明、层次清晰，形成严谨而又流畅、优美而又精当的画面语言。

学习电视构图虽然是在画平面上做文章，但我们应该明确电视画面绝非平板一块的活动"贴片"，而应是具有主从关系、前后对映、立体透视的画面空间结构。也就是说，我们在实际拍摄中应善于调动陪体、前景、后景、背景、环境等因素，围绕主体在二维空间的电视画面中表现出三维空间的现实生活。这也要求我们能够对主体陪体等做出艺术的安排和处理，积累一些构图表现上的布局技巧，将自然界和生活中变化着的具有三维空间的物像在屏幕上呈现出最佳的结构关系。因此，下面将对画面的结构"分而剖之"，对主体、陪体等逐一加以阐说。

1. 主体

主体即电视画面中所要表现的主要对象。画面主体既是反映内容与主题的主要载体，也是画面构图的结构中心。一个没有主题立意的电视画面，或那些主题立意含混不清的画面，只能让观众不明就里，迷惑不解。因此，我们首先要明确画面的主体，并通过构图设计和构图配置处理好主体与陪体等的相互关系，从而既能很好地反映主题，又能在结构上分清主次、合理构图。

电视是通过画面形象来进行创作的，而这些形象又来源于广阔而繁复的现实生活。因此，作为画面的视觉重点，主体具有极大的包容性，它可以是某一个被摄对象，也可能是一组被摄对象；主体可能是人，也可以是物。比如说，拍摄一个会场时，如镜头推至某一位领导的中景画面，那么他就是画面的主体；倘若镜头表现的是主席台上众位领导的大全景画面，则众多领导人物构成了画面的主体。再比如我们拍摄颐和园风光时，以昆明湖为前景向佛香阁的方向拍摄一个全景画面，那么富有代表性的佛香阁就可以成为画面中的主体形象。

主体一方面在内容上占有统帅的地位，一方面也在构图形式上起到了主导作用。这两者之间是相互制约、相互影响的。主体不明确，主题思想的表现也就无从谈起；主体处理得不成功，主题思想的表达也要受到影响。在实际拍摄过程中，拍摄内容和表现主题不同，构思立意和创作意图不同，对主体的选择和安排也自然有所差异。主体在画面中的位置、作用处理得如何，代表着摄像人员的造型能力和审美观念。有一点可以肯定的是，我们在结构电视画面时，应该利用一切摄像造型的表现手段和艺术技巧使主体得以突出，给观众以鲜明深刻的视觉印象和审美感受，从而更好地传达主题思想和创作意图。因此，无论是拍摄新闻、纪录片，抑或是拍摄电视剧、音乐电视，画面主体总是拍摄者取景、构图、调焦、曝光的主要对象和主要依据。摄像人员在构图时往往首先考虑主体在画面中的位置安排和大小比例，然后再决定和相应安排其余的视觉形象——如陪体、环境、空白等的形象大小、数量多少和位置所在。明确了这些观念，当我们扛起摄像机投入到拍摄现场，就不会出现分不清何为画面主体的毛病。主体不明确反映到画面中往往会出现下面这些问题：比如立意不明确、主体形象残缺不全、位置安排混乱、焦点虚实错位等等。在思想上立意鲜明，在构图上主次分明，始终是对摄像人员的基本要求。

一个镜头、一组画面，在表现所拍内容和主题思想上成功与否，要取决于画面主体——内容和主题的主要视觉载体的表现如何。我们通常将画面主体的表现方法分为以下两种：

（1）直接表现法：直接表现主体即运用一切可能因素，在画面中给主体以最大的面积、最佳的照明、最醒目的位置，将主体以引人注目、一目了然的结构形式直接突出呈现在观众面前。比如说，构图时将主体处理成中景、近景、特写等景别，或是采用跟镜头的方式始终将主体摆在画面的结构中心，或是把主体安排在光线最佳的照明光区，等等。

（2）间接突出法：间接突出主体一般以远景表现主体，主体在画面中的面积并不大，侧重于通过环境的烘托和气氛的渲染来间接地映衬和强调主体。比如说，表现交通警察在繁闹的都市指挥交通的内容，就可以处理成远景画面：川流不息的车流中，一个挺直的身躯在有条不紊地打着手势，引导车辆行驶，这时对主体的表现并不注重近距离观察时的音容笑貌，而着重于通过画面主体的工作环境和动作姿态来表现主体。再比如，表现面朝黄土背朝天的老农民在辛勤劳作的场景时，可以让老农在田垄的一头耕作劳动，而摄像师在田垄的另一头将摄像机贴紧地面进行拍摄，画面中前景的沟垅向纵深方向沿伸、汇聚，线条交汇处正是老农刨地的身影，仿佛喻示出生存之路的艰难和辛苦，这时主体是由前景和线条透视引出的。间接突出法要依靠摄像人员的造型表现技巧来突出主体，也就是运用构图技巧将观众的视线引导到画面主体上来。比如用前景烘托主体，用后景陪衬主体，用大面积的阴影反衬小面积的受光主体，用静止的环境映衬小面积的运动主体，等等。

在电视画面中，一个镜头可以始终表现某一个具体的主体，也可以通过焦点虚实的转换、镜头的推拉摇移、人物的调度等手法，不断变换画面的主体形象。此外，在一个镜头中，通过运动摄像等手段，可对同一主体先后使用直接、间接两种表现方法。比如前面我们提到的用间接突出法拍摄交通警察指挥交通的例子,当镜头从远景推成该交警的近景画面时,对主体的表现就过渡为直接表现法了。这就使得电视画面的表现力和艺术感染力得到了极大的增强,为摄像人员的画面构图和主体表现开创了广阔的造型空间。

2．陪体

陪体是指与画面主体有紧密联系,在画面中与主体构成特定关系,或辅助主体表现主题思想的对象。陪体是相对于主体而言的,它也是画面的有机成分和构图的重要对象,陪体在画面中的出现,目的是要陪衬、烘托、突出、解释、说明主体。

在电视画面中,人与人之间,人与物之间,物与物之间,都存有主体与陪体的关系。比如说,拍摄银行职员点钞验资的内容,银行职员就是画面的主体,而被清点的钞票就是陪体。如果镜头中始终不出现这些钞票,观众就难以了解主体在干些什么。再比如,拍摄飞机起飞的内容,那么缓缓加速、提升、腾空飞起的飞机就是画面的主体,而长长的跑道就是陪体。跑道在这里与飞机一起说明了"飞机从机场起飞"的内容。我们常说"红花还得绿叶扶",当摄像人员在拍摄现场进行构图处理时,不仅要把主要精力用在画面主体的艺术表现上,还必须根据主体的情况对陪体加以取舍和布局,陪体在画面中能够起到以下一些作用:

(1) 对主体起到补充说明的作用,帮助主体说明画面内涵;比如新闻事件现场的地域标记、季节特征等,可以帮助主体使得报道内容表现得更加完整和真实。

(2) 陪体可以渲染、烘托画面的主体形象,发挥其"陪衬"的作用，使主体的表现更为鲜明充分，比如通过光影、色彩手段来渲染主体所处环境的氛围等。

（3）陪体对构图的均衡和画面的美化也有重要的作用。比如通过陪体的画面配置丰富影调层次、均衡色彩构图、加强画面的纵深感和空间感、活跃画面、增强艺术表现力等。

照片是瞬间成像的固定画面，一张照片的主体和陪体一般必须同时出现，否则就会无甚意义。而作为活动的连续画面，电视画面的主体和陪体可以同时出现，也可以不同时出现，在场面调度中还可以颠倒主体、陪体的关系以适应内容表达的需要。下面我们将分而论之。

（1）主体和陪体同时出现：在这种情况下，主体和陪体同处于一个画面之中，共同完成传递信息、表达内容、反映主题的任务。但是，凡在画面构图中作陪体处理的对象，就应处于与主体相应的次要位置，使其既能与主体构成呼应关系，又不至于分散观众的视觉注意力，更切忌喧宾夺主。

（2）主体和陪体不同时出现：这在电视画面中是经常出现的，它可以具体划分为主体先出现和陪体先出现两种不同情况。

①主体先于陪体出现在画面上：此时，主体首先呈现在观众眼前，虽然陪体不在画面之中，但可以根据主体的呼应情况得到假想和推测。比如，画面中首先出现的是神情庄重、行军礼的军人，他们注目上方，仪容整肃，然后，镜头缓缓向上摇起，画面中出现了正在升起的五星红旗。这样的镜头，主体（军人）先于陪体（国旗）出现，不但立意非常明确，而且镜头运动与内容和情绪上的昂扬肃穆十分吻合。

②陪体先于主体出现在画面上：陪体先在画面上出现，而不见主体，可以说是电影、电视镜头的特有现象。在照片中，很难想象有什么作品会是只拍陪体而无主体的。但是，在连续的、运动的影视画面中，完全可以根据内容表达和创作意图的需要，用变化的、连续的画面语言来艺术地表现主体和陪体。当陪体先呈现于画面之中，它有时相当于该画面中暂时的"主体"，但是，随着镜头的运动和内容的转化，与其具有情节呼应关系的真正主体崭露头角的时候，主、陪关系也就在画面语言中得以诠释，原先的陪体便会在变化了的构图关系中显现其陪体的性质和作用。

比如，镜头中首先出现的是道路旁边夹道欢迎的人群，他们手捧花束，兴高彩烈地注视着画面的右侧，即画框以外尚未出现的主体。然后，镜头渐渐拉开，只见国家领导人的敞篷专车正缓缓向左驶来，他频频向欢迎的群众挥手致意。在这个镜头中，一开始在画面中出现的人群是主体，但当领导人出现之后，人群就成了画面中的陪体，起到了陪体的作用。这正是陪体（人群）先于主体（领导人）出现的例子。

先出现陪体，然后在连续下去的画面中展现主体，一方面可以交代下一个画面中的细节或情节重点，成为一种镜头场景转换的有效手法；一方面也能够丰富画面语言，避免主体一览无余的直露和堆砌，加强画面表述的艺术性。比如说，拍摄一个正在精雕细琢钻石饰物的手工艺者，画面中先出现远距离难以看清的正在加工的钻石制品的特写镜头（陪体），然后逐渐拉开成手工艺者埋头制作的中景画面（主体），这就清楚地表明了画面主体的工作特性，便于观众的欣赏和理解。再比如，拍摄一名钢琴家演奏的内容，除了从不同的角度、不同的景别对钢琴家（主体）弹奏钢琴（陪体）的情况进行拍摄外，还可以采取陪体先出现的手法，从有节奏地弹动着的琴键（陪体）拉开成钢琴家（主体）弹奏钢琴的全景画面，这样一来，画面的组接就有了一定的变化，单一画面的表现力得到了丰富和增强。

　　需要指出的是，陪体在构图处理时虽然有种种不同的方式和技巧，但是我们一定要把握好分寸，不能使其超过了主体形象而反"陪"为主。陪体始终应当与主体紧密地配合，凡是妨害突出主体的情况要全力避免。

　　3. 前景

　　在电视画面中，位于主体之前，或是靠近镜头位置的人物、景物，统称为前景。前景有时可能是陪体，但在大多数情况下是环境的组成部分。

　　不论是在以交待地理位置、环境特色为主的远景、全景镜头中，还是在以人物交流、动作表情为主的中景、近景镜头中，前景都能够在画面中展示其特殊的作用：

　　（1）前景可以帮助主体直接表达主题、交待内容。有些拍摄内容，只靠画面的主体往往很难说清画面的全部内涵，甚至会令观众产生某些曲解。比如，拍摄街边的一位老人摆桌设案，利用晚年的闲暇代人书写家信的内容。倘若画面中只出现这位戴着老花镜、端坐于木桌之后的老者（主体），观众就很难理解他意欲何为，说不准还会误认为这是个老算命先生呢。但是，如果在取景和构图时，将那块写有"代写书信，不取分文"的告示牌处理在画面的前景位置上，就能让观众一目了然地看懂画面内容。

（2）前景可以表现时间概念、季节特征和地方色彩，有助于表现拍摄现场的气氛。比如，用花朵、柳絮、枫叶、冰柱等做画面的前景，可以给观众以鲜明的季节印象。

（3）前景有助于强化画面的纵深感和空间感。虽然电视画面是一个二维平面，但是，由于人眼观察景物具有近大远小的透视特性，因此在构图过程中有意识地选择一些前景，能够在画面中模拟和表现出三维立体空间的透视感和距离感，给观众以生活的真实感。

（4）前景可以用以均衡构图和美化画面。比如在拍摄街市外景时，可以用路边的围栏、广告牌、路灯等做前景，以保证画面具有均衡的视觉效果。再比如，一些富有几何形状和装饰效果的前景，可以给观众以将主体镶嵌在画框中的视觉美感。

（5）前景还可以用来与主体形成某种蕴涵特定意味的对应关系，以加强画面效果。比如，画面的前景中是刷有"请勿随地乱扔垃圾"字样的垃圾桶，不远处却有些年青人（主体）在嗑瓜子和乱吐瓜子壳；前景是满地丰收的玉米棒子，画面的主体是正坐在小凳上满面笑容地搓着玉米的老农民；等等。

（6）在运动摄像中，前景能增强节奏感和韵律感。比如，当摄像师在行进的汽车上拍摄城市林立的建筑时，选择那些路灯作为前景从画框中一一划过，能够给观众的视觉带来一种音符般的节律感。

前景在画面中的安排并无什么一定之规，根据画面内容和拍摄者构图的需要,可以将前景安置在画面框架的上下边缘或左右边缘,甚至可以布满画面,比如雨幕、烟雾等。但是,前景的运用和处理应以烘托、陪衬主体以及更好地表现主题思想为前提;而不能分割、破坏画面,影响了主体的表现。在实际拍摄中,无论是以人物作前景,还是以景物作前景,应当注意做到以下几点:

(1) 前景的选择和运用必须为主体的突出和主题的表现服务,前景在画面中不能妨碍主体的表现,诸如遮挡了主体的轮廓、干扰了观众的注意力等毛病,应当从一开始学习摄像就注意戒除。前景在构图中应该坚持宁缺毋滥的处理原则。

(2) 前景在画面中的表现应当弱于主体的表现,以防止前景过于抢眼,导致主次不分。在构图和取景时不能破坏画面的统一,不能混淆主要表现对象和次要表现对象的主从关系。

(3) 前景要富有装饰色彩,构图要美。由于前景距镜头最近,它往往给观众以欣赏画面时的第一印象,因此,前景一定要引人入胜,不能给观众以多余和累赘之感。

4. 后景

后景与前景相对应,是指那些位于主体之后的人物或景物。一般来说,在电视画面中的后景多为环境的组成部分,或是构成生活氛围的实物对象。

后景在画面中也有着不容忽视的地位和作用。从内容上说,后景可以表明主体所处的环境、位置及现场氛围,并帮助主体揭示画面的内容和主题。从结构形式上说,它可以使画面产生多层景物的造型效果和透视感,增强画面的空间纵深感。

由于后景处于主体之后,对形成画面的"图-底关系"能产生很大的影响,所以当我们选择和处理后景时,应注意以下几点要求:

(1) 后景的影调、色调应与主体形成一定的对比,应尽量避免主体与后景的影调、色调相近或雷同,使得观众收视时难以一目了然地辨清主体形象。

(2) 主体的后景应坚持减法原则,要利用各种技术手段和艺术手段简化背景,力求后景的线形简洁、明快,以尽可能简洁的背景衬托主体。否则,画面就会景物繁复、层次混乱,破坏了主体的表现和主要内容的传达。

(3) 后景的清晰度和趣味性不应超过画面主体,如果后景的色明度、趣味性、线形结构等影响和干扰了主体形象的线形结构而又难以避开,就应该利用景深手段使其虚化模糊不清或残缺不全,以削弱其在观众眼中的视觉印象,将观众的注意力引导到主体上来。

5. 环境

所谓环境是指画面主体对象周围的人物、景物和空间。环境包括前景、后景及背景,是组成画面的重要因素之一。

环境在画面中除了能够陪衬、突出主体之外,还能够起到以下一些作用,如表明主体的活动地域、时代特征、季节特点、地方特色,帮助刻画主要人物的性格以及表现特定的气氛,加强画面的空间感和概括力等。前景和后景的有关内容在前面我们已有所论述。比如当我们拍摄农村生活场景时，可以选择瓜果棚架、花草、庄稼等作为前景，后景中拍进一些农家小院、田野等；拍摄都市风光时，可以利用街心喷泉、街边路灯、公共车站等作为前景，以高大楼群、人行天桥、大型电子广告牌等现代化城市设施作后景。

　　背景是指画面中位于主体背后的景物。背景是环境的组成部分，它可以是山峦、大地、天空、建筑，也可以是一面墙壁、一块布幕或一扇窗户。背景能够表现人物和事件所处的时、空环境，造成一定的画面气氛、情调，并帮助主体阐释画面的内容。

　　背景可以理解为在画面中距离摄像机镜头最远的景或物，它与画面主体构成了"图"与"底"的关系。著名画家达·芬奇曾在画论中提到："在亮的背景上见到的暗物体，显得比原来小。衬着颜色较暗的背景的亮物体，显得体形较大。"这形象直观地说明了背景是影响主体表现的有机成分。我们在实际拍摄中，构图时应注意主体与背景的明暗、深浅、动静及虚实关系，以便相互构成对比映衬，使得主体能在与背景的"图-底关系"中脱颖而出，给观众以鲜明深刻的视觉印象。比如说，拍摄主持人出镜交待铁道部严厉打击票贩子的内容，就可以选择北京站的标志性建筑或是铁道部的办公大楼作背景；记者报道体育比赛的成绩时，可以用电子比分牌或比赛成绩翻牌作背景；这样可以令主持人或记者的报道开门见山、一目了然。再比如，当我们在取景和构图时，要注意暗（亮）主体选择亮（暗）背景，深色（浅色）主体选择浅色（深色）背景等，也是为了突出主体，否则，背景就会与主体混为一谈，影响了主体的视觉表现。

此外，背景与后景虽然位置接近、语意相似，但摄像人员却不能模糊不清、混淆概念。从概念上说，背景有时可以包括后景，与后景一起构成了"图-底关系"的"底"。但是，后景与背景还是有一些区别的。后景位于主体之后，是与前景相对而言的，因为场面调度和摄像机机位的多向变化，后景也有可能相应地转换位置而成为画面中的前景。背景则属于距镜头最远端的"大环境"的组成部分，只能起到主体背后的"衬底"作用。之所以在这里特别指出后景、背景的区别，是为了进一步提醒大家，虽然电视画面是"平面造型艺术"，但是我们必须具有立体造型观念，应该运用各种摄像技巧在画面上表现出三维空间的纵深感和透视感，其中，合理地安排画面中的前景、后景和背景，是表现空间深度、塑造立体空间的有效途径之一。

总之，要想表现好画面的主体，要想取得满意的构图，很重要的一个环节是处理好环境因素。既要让环境发挥其补充说明、客观交待和阐释内容等作用，也要注意对进入画面的环境严加选择，那些与主体无关的"杂乱"景物一概要删除出画面，否则，环境因素所形成的"包围圈"就要吞没主体，最终妨碍了所拍画面的内容与主题思想的表现。

四、构图形式

由摄像机与被摄对象之间的动静变化及取景构图所产生的画面结构，形成各种构图形式。构图形式是为内容和主题而产生的，是各种视觉因素在画面中的布局形式。

根据画面构图形式的内在性质的不同，可将其分为静态构图、动态构图、单构图、多构图、肖像构图、风景构图等。根据画面构图形式的外在线形结构的区别，可以将其分为水平线构图、垂直线构图、斜线构图、曲线构图、黄金分割式构图、九宫格式构图、圆形构图、对称构图、非对称构图等。

构图形式是摄像人员构思立意的直接体现，拍摄不同的内容可能会运用相同的构图形式，拍摄同一内容也可以有不同的构图方法，这需要我们在实际工作中融会贯通，总结创新，而不能生搬硬套。在下面的内容中我们将简略谈及一些常见的构图形式，以使大家能够开拓视野，丰富艺术想象。

（1）静态构图：静态构图是指画面造型元素及结构均无明显变化的构图形式。一般情况下，被摄对象与摄像机均处于静止状态，镜头内的构图关系基本固定。静态构图多为单构图形式。比如，我们拍摄会场的主席台，用固定镜头表现，画面中的人物、桌椅、会标等均基本不动，即为静态构图形式。

（2）动态构图：动态构图是指造型元素及画面结构发生变化的画面构图形式。动态构图下的被摄对象与摄像机同时或分别处于运动状态，使得画面内视觉形象的构图组合及相互关系连续或间断地发生变化。静态构图适用于绘画、摄影（照片）等造型艺术，而动态构图则是电影、电视所特有的构图方式。动态构图多为多构图形式。比如上面提及的拍摄会场的内容，如果开机拍摄时正值各位领导走向主席台就座，那么画面中被摄对象（开会者）的行走坐落就不断改变了画面的结构关系；或是摄像师拍摄了一个摇镜头，从主席台（起幅）摇到台下的与会群众（落幅），画面中的视觉主体、构图结构均发生了变化，也是动态构图。

(3) 单构图：一个镜头中只表现一种构图组合形式，其间不发生结构变化的构图形式即为单构图。单构图画面中被摄对象基本处于固定状态，也不出现明显的光影和色彩变化。虽然这种构图形式在目前的电视节目中所占比例较小，但摄制人员也不时运用单构图来表现特定的内容和情绪氛围。比如，拍摄一丛盛开的迎春花喻示着改革年代的到来，拍摄金秋的枫叶象征老年人的晚年生活，拍摄一轮旭日隐喻出青年人的蓬勃热情，等等。

(4) 多构图：画面的结构关系及构图样式连续地或间断地发生变化，出现构图组合的构图形式为多构图。多构图镜头不经过外部组接，而是在一个镜头内部通过蒙太奇造型形式、被摄对象与摄像机的调度、焦点虚实变化等多种手法变化构图形式。多构图镜头能够传递多信息于一个镜头，因而在现代电视节目中得到广泛的运用。比如，在一条国际新闻中，摄像师运用了前后景深的手法表现加沙地区生活在枪口之下的巴勒斯坦人：画面中开始出现的是几个在街边玩耍的巴勒斯坦少年，机位和画面视域并未改变，随着摄像师调整调焦环改变镜头焦距，焦点清晰处变成了靠近镜头的荷枪实弹的以色列军警。这个多构图镜头中画面结构发生了转化（从少年到军警），其用意可谓一看即知。多构图是影视艺术区别于绘画、照相等静态平面造型艺术的重要特点之一。

以下，是一些常见的以外在线形结构区分的构图形式。

(5) 水平线构图：水平构图的主导线形是向画面的左右方向（水平线）发展的，适宜表现宏阔、宽敞的横长形大场面景物。比如，当我们拍摄农田丰收景象、海上捕渔情况、草原放牧场景、层峦叠嶂的远山、大型会议合影等等，经常会用水平线构图来表现。

(6) 垂直线构图：垂直线构图的景物多是向画面的上下方向发展的，采用这种构图的目的往往是强调被摄对象的高度和纵向气势，比如，在拍摄高层建筑、钢铁厂的高炉群、树木、山峰等景物时，常常将构图的线形结构处理成垂直线方向。

(7) 斜线构图：斜线在画平面中出现，一方面能够产生运动感和指向性，容易引导观众的视线随着线条的指向去观察；另一方面，斜线能够给人以三维空间的第三维度的印象（除横向维度和纵向维度），斜线构图能够增强空间感和透视感。最典型的斜线构图是画平面的两条对角线方向的构图。采用斜线构图时，视觉上显得自然而有活力，醒目而富有动感。有经验的摄像师经常会运用斜线构图增强画面形象的可视性和表现力。

(8) 曲线构图：曲线构图又称为S形构图，也是一种常见的构图形式。在现实生活中，纯粹的直线（水平线、垂直线、斜线）固然常见，但柔和优美的曲线也俯拾皆是，比如人体的曲线、河流、羊肠小路、沙丘等等。画面中的曲线（S形）构图形式，不仅能给观众的视觉以一种韵律感、流动感，还能够有效地表现被摄对象的空间和深度；此外，S

形线条在画面中能够最有效地利用空间，可以把分散的景物串连成一个有机的整体。

（9）黄金分割式构图：黄金分割又叫黄金律，即把一条线段分为两段之后，使其中一段与全长的比值等于另一部分与这一段的比值（0.618）。黄金分割在西方历史上被认为是最神圣、最美妙的构图原则，被广泛运用于绘画、雕塑、建筑艺术之中。将黄金分割借鉴到电视画面构图中，也具有一定的美学价值。比如按照黄金分割点来安排主体的位置；根据黄金分割率来分配画面空间；按黄金率来安排画面中地平线的位置，等等。黄金分割式构图能够给人以悦目的视觉效果（见图2-12）。

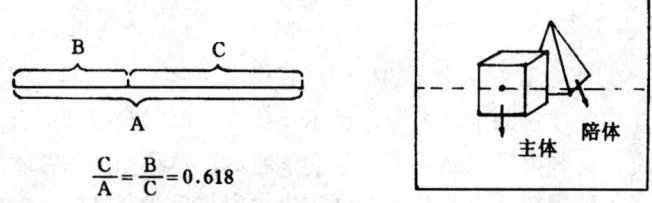

图2-12 黄金分割式构图示意图

（10）九宫格式构图：九宫格式构图又称为井字形构图，也就是把画面的四条边缘三等分，再将相对的各点两两相连，这时画面上就会出现四条连线和四个交点，即汉字的"井"字形状。通常来说，将主体安排在这些交叉点是最理想的位置，比较接近于画框边缘的黄金分割点，在视觉上容易取得较好的效果。比如说，拍摄人物小景别画面时，常常将人物眼睛处理在画面靠上 1/3 处。此外，在拍摄多对象、多景物的画面时，按照九宫格的连线和交点来排布位置、分配空间，也容易赢得观众的认可（见图 2-13）。

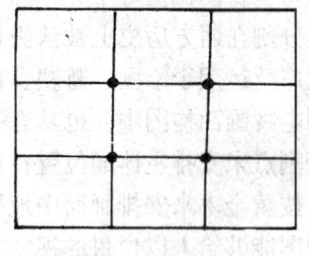 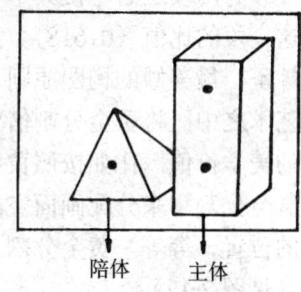

陪体　主体

图 2-13

以上，我们对常见的构图形式做了一些举例说明，但这远非构图技法的全部内容，也不是什么可以照搬照抄的万验灵方，这些内容只是为了便于初学者尽快熟悉构图的基本章法和一般规律，在此基础上创作出内容与形式高度统一的电视画面和电视节目。现在，学习电视摄像有两种不良倾向要提请大家注意。一种倾向是认为电视摄像机越来越方便和先进了，摄像师只要拍到所需记录的内容就可以了，至于什么构图技巧、造型艺术一概不问。另一种倾向是一味追求构图形式的新奇，不顾拍摄对象和拍摄内容，挖空心思在所谓"艺术形式"上花样翻新，结果往往与本来愿望背道而驰。说到底，构图是为了给所要表现的内容和主题思想寻找最佳的表现形式，是为了给观众最佳的视觉美感和画面信息。以电视新闻的拍摄而言，倘若内容平淡无奇，尽管构图如何翻新出奇，终究难以引起观众的关注；如果新闻事件很好，新闻价值极大，但画面缺乏形式美感，构图杂乱无章，也将影响到新闻内容的报道和接受效果，缺乏表现力和吸引力。我们主张电视画面的内容和形式应当高度统一、完美结合，特别是有了好的内容，还应当注意有好的形式。国外的优秀摄像师在拍摄电视新闻时，往往善于运用各种摄像造型技巧拍摄出构图精美、表现得当的画面来，甚至在战乱、拥挤等非常情况下，也能够抓取到内容与形式俱佳的画面。我们学习和研究电视摄像艺术，就应该摆正内容与形式的位置，既不能忽视表现形式而只抓内容，也不应把镜头胡摇滥晃之类的毛病当成是构图上的创新；而应该博取诸长，融会贯通，不仅要从绘画、照相等平面造型艺术中借鉴和吸取构图表现上的成功经验，以提高我们正确处理画面造型的审美能力与欣赏水平；同时也应该认识到电视摄像的画面造型与绘画、照相等有诸多不同之处，而且还有许多是独具的优势，要特别善于把生活中的空间立体对象，通过摄像机镜头进行恰当地平面安排，使得再现于电视屏幕上的主体和陪体等对象不仅具有立体透视效果，而且要使画面的整体形象富有造型表现力和艺术感染力。在本书的以后章节中将会就这些内容继续展开讨论。

本章思考与练习题

1. 电视景别如何划分？不同的景别有何作用？
2. 拍摄角度如何区分？摄像高度和摄像方向分别如何

细分？

  3．为什么说电视摄像是一种动态造型艺术？

  4．电视画面构图有哪些特点？电视画面有哪些结构成分？

  5．构图的主要任务是什么？

第三章　固定画面

本章内容提要

★固定画面是与运动画面相对比较而言的，机位、光轴、焦距三不变是拍摄固定画面的前提条件。固定画面的核心一点就是画面框架的静止不动，可以说这既是固定画面的突出特点，同时也是一个局限。

★固定画面虽然在直观上很接近于美术作品和摄影照片的形式感，但是不能机械地将前者与后面两者等量齐观。固定画面在塑造形象、表现运动、营造氛围等方面有许多作用，是美术作品和摄影照片不能企及的。固定画面不仅能表现静态的对象，同样能表现好动态的形象，这不仅是对电视屏幕框架制约的适应，同时也符合观众的生理机制和收视心理。

★了解固定画面的诸多功用和局限，可以帮助摄像师在画面造型表现中更好地实现创作意图。一方面要求摄像师发挥出固定画面在造型表现上的特长和优势，同时还必须了解固定画面的拍摄要求，注意克服其不足之处。

在掌握了电视摄像工作的主要内容、一般要求和画面造型的基本元素之后，摆在每一个初学摄像的人面前的问题是：从哪儿开始进行持续而有效的摄像训练？怎样才能把电视摄像工作的基本功练得既扎实又全面？

正确的答案应该是从固定画面着手，一方面从固定画面的拍摄和练习中熟悉摄像机的操作规程、技术特点，适应不同情况；另一方面要在固定画面的拍摄过程中提高画面造型能力和艺术鉴赏水平，逐步培养电视摄像工作的职业"感觉"和艺术素养。

虽然电视离不开运动和对运动的表现，运动摄像在当代电视艺术中得到普遍的重视和广泛地运用。但是，我们说万变不离其宗，静是动的前提和基础，只有掌握了拍摄固定画面的过硬基本功，才可能真正胜任日益复杂和多样的运动摄像任务，做到由此及彼，触类旁通，驾轻就熟。

第一节 固定画面的概念及特点

固定画面，是指摄像机在机位不动、镜头光轴不变、镜头焦距固定的情况下拍摄的电视画面。机位、光轴、焦距"三不变"是拍摄固定画面的前提条件。机位不动，则摄像机无移、跟、升、降等运动；光轴不动，则摄像机无摇摄；焦距不动，则摄像机无推、拉运动。

固定画面的核心一点就是画面所依附的框架不动，从某种程度上说，因为排除了推、拉、摇、移等运动因素，固定画面很接近于美术作品和摄影照片的形式感。但是，由于电视摄像和电视画面具有时间上的连续性，具有表现运动的特性，所以说固定画面又不能机械地与美术作品和摄影照片一概而论。比如，电视的固定画面中人物可以运动，可以出画入画，同一画面内的光影可以发生变化等等，这些都是在"凝定"的美术作品和摄影照片中不可能做到的。因此，当我们谈到电视摄像中的固定画面时，一定要注意跟绘画或照片的"固定画面"区别开来。虽然电视摄像需要吸取和借鉴绘画艺术和摄影艺术的成功经验，但是，我们必须从一开始就树立起电视意识和画面造型观念，注意求同存异，注意电视画面的本体特性和审美特征。

画框即电视画面框架的固定不变固然容易理解，但是由于画面中被摄对象或动或静的复杂性、可变性，在画面的具体界定上还有一些不同的分法和称呼。比如在电影界有人所说的静态画面，就是指框架不动、被摄对象也处于静止不动状态的画面。这有点类似于京剧艺术中演员甫一出场时的"亮相"，人物保持某一姿态或动作，让观众仔细欣赏。应该说，就电视画面的内外运动因素分析，它有着两种可以区分开来的运动形式。一是活动的画面内容，即摄像机所记录表现的被摄对象的运动，我们称之为画面内部的运动；另一种是摄像机的运动，即画面外部运动。抛开画面外部运动不谈，固定画面不仅能够记录和表现静态的对象，同样也能够很好地表现画面内部的运动。如果以被摄对象为标准来界定不同的画面类型，就会出现对象静而摄像机或动或静、对象动而摄像机或动或静等繁杂甚至交叉易混的多种情况。也许这并不便于我们的理论分析和实践运用，因此，作为一本电视摄像方面的基础性教材，我们本着简明实用的原则，决定以摄像人员的基本工具——摄像机——为界定画面不同类型的标准，把电视画面进一步划分为固定画面和运动画面。也就是说，摄像机在拍摄中发生了运动变化所拍得的画面叫运动画面，而机位、光轴、焦距"三不变"的情况下，不论被摄对象处于静止状态还是运动状态，统称为固定画面。这样一来，当谈到固定画面，就不会与被摄对象静止不动的静态造型相混；当谈到固定画面，摄像人员应该很快地反应出这是针对摄像机而言的，因而也就很清楚地与运动摄像和运动画面划开了界线。

固定画面的提法固然简化了问题，避免了词语意义相近和混用等情况，但是，不能因此就产生固定画面就是要拍摄固定不变的电视画面的误解。因为电视从根本上说是要以生活本身的形象来反映生活的，虽则画框固定不动，但是画框内所表现的生活却是充满动态的。一方面拍好固定画面是对电视屏幕框架制约的适应；另一方面也是出于对观众收视心理和生理机制的考虑。电视观众虽然在观看电视节目时并不会随时意识到屏幕框架的存在。但实际上画面框架起到了规范视野、指引视线、决定观看方式等重要作用。比如说，生活中人们对感兴趣的人或物都会产生仔细去看、观察清楚的愿望，具体体现为视野集中、视线稳定、时间较长的"盯视"或"凝视"等视觉形式。这就要求画面拍摄时也应该以较为稳定的镜头让观众得以满足收视欲求，而不能忽升忽降、忽摇或移，破坏了观众的收视情绪。此外，诸如推、拉、摇、移等运动摄像的起幅画面和落幅画面实质上都是固定画面。因此，可以说固定画面在反映动态生活上不仅是可能的，而且也是必须的。要想做好摄像工作，自然要在一开始就从固定画面的构图和造型表现等环节上狠下功夫，要具备在固定画面所提供的造型天地里记录和表现动态的生活及主体的运动的职业素质。

综上所说，固定画面是从摄像机的工作状态和角度来界定和分析电视画面的，与此相联系的是，由于拍摄固定画面时摄像机的机位、光轴、焦距"三不变"，所以固定画面在画面形态和视觉接受上就具备了与运动画面不同的特性。了解固定画面的特性，是运用好固定画面的前提。我们说固定画面主要有以下两个特性：

（1）固定画面框架处于静止不动的状态，画面的外部运动因素消失。固定画面的"固定"，最直接和最显著的标志就是画面构图的框架是固定的，而不是像运动画面那样可能出现上下、左右、前后等位移和变化。从实践的角度说，固定画面在拍摄过程中镜头是锁定的，通过摄像机的寻像器所能看到的画面范围和视域面积是始终如一的。但是，固定画面外部运动的消失，并不妨碍它对运动对象的记录和表现，也就是说固定的框架内的被摄对象既可以是静态的，也可以是动态的。比如我们在看国外摩托车比赛转播时，经常发现在某些弯道和终点冲刺处设置有专门负责固定画面的摄像机，对车手的弯道技术和最后冲刺情况进行拍摄。而这种固定画面由于框架成为静止的参照物，反而使车手侧身压低摩托车骑过弯道的动态和车手风驰电掣般冲过终点的速度感得到更好地表现。因此，如何运用固定画面框架不动的特性来调度和表现画面内部的运动对象和活跃因素,是摄像人员需要认真总结和刻苦钻研的重要基本功,从某种程度上说,它的难度并不亚于用运动摄像去表现动体和运动。

(2) 固定画面视点稳定,符合人们日常生活停留细看、注视详观的视觉体验和视觉要求。固定画面拍摄时消除了画面外部的运动,镜头是相对稳定的,实际上就给观众以相对集中的收视时间和比较明确的观看对象。固定画面所表现出的视觉感受,类似于生活中人们站定之后对重要的对象或所感兴趣的内容仔细观看的情形,它不同于摇摄、移摄所经常表现出的"浏览"的感受,也不同于推摄、拉摄所表现出的视点前进或退后的感受。正因为固定画面满足了人们较为普遍的视觉要求和视觉感受,所以在电视摄像中需要经常运用固定画面来传递信息、表现主体等。比如说,中央电视台《东方时空》中的"东方之子"栏目,在拍摄人物接受采访、回答提问时,一般都是采用固定画面的,这样观众易于观察其语气神态,注意其语言信息,获得舒适自然的交流之感。固定画面的视点稳定的特性,也同时给电视工作者提供了强化主体形象、表现环境空间、创造静穆氛围等丰富多样的创作手段和便利条件。但是在一些画面内部运动并不明显的固定画面中,由于观众得以仔细观看,因此对拍摄者的画面造型能力和构图技巧提出了较高的要求。

所以,我们可以把拍好固定画面作为是走进电视摄像艺术殿堂的第一步,在拍摄固定画面的过程中,不仅要求摄像人员娴熟地运用摄像技巧和构图技法,还应该学习和掌握画面编辑及场面调度的基本知识,有目的、有意识地进行视觉形象的概括，镜头内部的蒙太奇造型和构图的多信息、多含义的表现，从而增强对画面语言的理解力和表现力，加强画面造型的准确性、概括力和艺术表现力。此外，练好了固定画面的摄像基本功，也给运动摄像打下了一个良好的基础。

第二节 固定画面的功用及局限

很难想象如果没有了固定画面，我们的电视艺术和电视摄像会成为何等模样；但至少有一点可以肯定，那就是不管电视技术和摄像设备如何更新换代，不论运动摄像如何简便、自如与变幻多姿，固定画面仍然会在电视艺术的殿堂里占有一席之地，固定画面仍然具备其不可替代的功能和作用。

特别是近年来随着电视的蓬勃发展和科技的日新月异，我们的影像文化有了长足的进步，通过摄像机的运动、变焦距镜头的运用和升降、遥控等设备的使用所带来的电视画面的复杂多变和不拘一格，着实令观众目不暇接，甚或眼花缭乱。但与此同时也就伴生了一些负面影响，诸如画面无意义的摇晃、无目的的推拉、无必要的摇移等情况还大有存在，这不仅妨碍了电视观众对电视节目的收视和欣赏，而且不利于我国电视摄像水平的整体提高。追究起来，这一方面有运动摄像的功夫还不到家的原因，此外很重要的一点是没有充分认识到固定画面的特性和功用，不善于积极运用固定画面来为所拍摄的内容和主题服务，误认为只有运动摄像才是真正能够展示电视艺术魅力的创作手段。

因此，我们有必要在理论与实践相互结合的基础上，提纲挈领地了解固定画面的主要功用，从而在完成摄像任务的过程中针对不同情况加以熟练、到位的掌握和运用，发挥固定画面在传达信息、塑造形象、营造氛围等方面的不同功能和作用。

1. 固定画面有利于表现静态环境

由于固定画面消除了画面的外部运动因素，即摄像机的运动和画面框架的移动，因此固定画面中背景和环境的表现能够在观众的视线中得到较长时间、比较充分的关注，在视觉语言中常常起到交待客观环境、反映场景特点、提示景物方位等作用。我们知道，摄像机的运动客观上会使背景的作用大大降低，把观众的注意力引向运动对象或摄像机运动的指向性；相反，在固定画面中静态的环境能够在静止的框架内得到强化和突出。比如说，在表现"希望工程"的获奖纪录片《龙脊》中，从山顶以大全景俯拍故事发生地点那座深山小村寨的固定画面，就非常直观地反映出了村寨被四周环抱的莽莽群山所封闭阻隔、交通不便、远离都市的环境特点。再如《焦点访谈》某期特别节目中，记者站在青藏高原海拔 6000 多米的地方报道时，由于缺氧而声音嘶哑、时断时续，此时的固定画面中记者身侧就是标有海拔高度的界碑，使得观众能够对记者所处的环境一目了然，自然也就对记者的表现加深了了解和理解。可见，固定画面对静态环境的表现是十分有效的，也是非常必要的，实践中我们常常在拍摄会场、庆典、事故等事件性新闻时，由远景、全景等大景别固定画面交待事件发生的地点和环境。在电视剧中也常用固定画面来表现人物活动和情节发展的外部环境和生活场景。

2.固定画面对静态的人物有突出表现的作用

这里所说的静态,是指人物不发生较大位移变化的情况,并不排除人物的语言、神态及表情动作等的变化与表现。比如说对一些重要人物,用固定画面拍摄其静态,符合观众"盯看"和"凝视"的视觉要求。比较典型的例子是世界各国新闻记者在处理本国政府领导人的拍摄时,如其处于走动范围较小的情况下,一般都要采用固定画面。在对电视节目中陈述观点或接受采访的人进行拍摄时,通常也以拍摄角度适宜的小景别固定画面为主。这主要是因为在固定画面中静态的人物与画面框架、人物的陪体与背景三者之间是相对静止的、关系明确的,观众的视觉中心会比较顺畅地在静态的人物上停留足够的时间。在奥运会的颁奖仪式上,当获金牌的运动员站在领奖台上聆听本国国歌、注目本国国旗时,基本都以中、近景别甚至是特写景别的固定画面来拍摄,以捕捉和表现运动员激动的神情、高兴的微笑或是喜悦的泪水等。在电视剧中,当表现特定情境下特定人物的特定的表情或动作时,也经常以对象明确的固定画面来处理。

3.固定画面能够比较客观地记录和反映被摄主体的运动速度和节奏变化

运动画面中由于摄像机追随运动主体进行拍摄,背景一闪而过,观众难以与一定的参照物来对比观看,因而也就对主体的运动速度及节奏变化缺乏较为准确的认识。比如说,一只在蓝天上展翅飞翔的雄鹰,倘若以运动镜头追随拍摄,飞鹰就会呈现出与画面框架匀速齐动的相对静态，看起来除了翅膀的飞动外，它好像是悬浮在天空中一样。但是，倘若用景别稍大一些的固定画面来拍摄，我们就能够看到飞鹰在固定的框架中飞过的运动姿态和轨迹，如果是从地面仰拍的话，前景中的树冠、天空中的浮云和固定的画框都可成为反映飞鹰速度、节奏变化的参照物。这主要也是和我们的视觉习惯有关的，因为我们视觉感知的运动是两种或两种以上的对象发生了相对位移。在固定画面中由于画外运动消失，运动主体与背景的画框构成了相互参照的运动关系，那么，静态的背景和画面框架就提供了客观反映运动主体的速度和节奏变化的最好的参照系。比如说，一只蚂蚁驮着一颗米粒从两米外的地方爬回洞穴，对蚂蚁而言已是颇为费力的了，如用固定画面把蚂蚁出发处与洞穴入口处纳入画面，观众就会看到小小的蚂蚁缓缓爬行了很长的距离，中途还可能因劳累而停息；如若用运动摄像跟拍蚂蚁，就难以较为客观和直观地表现出蚂蚁爬行的距离感、速度感和艰难程度。因此，虽然固定画面难以表现运动主体的整体过程，但在局部区域却能够起到客观记录运动速度和运动节奏、姿态等变化的作用。如在杂技运动员钻火圈表演时，常用固定画面拍摄钻过烈焰熊熊的钢圈的瞬间；3000米障碍赛跑中，运动员跨跃水池、栏架等障碍物时也以固定画面来拍摄，等等。如何更好地以固定画面表现运动，是摄像人员需要不断摸索和认真总结的课题。

4. 利用框架因素突出和强化动感

通过静态因素与运动因素的"冲撞"而以静衬动，是强化运动效果的有效手段。固定画面中最积极、最显著的静态因素就是画面框架，运用框架因素来反衬运动因素，往往能使运动对象的动感、动势得到突出甚至是夸张的表现。如在拍摄列车行进的时候，以低角度的固定画面来处理，就能够拍摄到列车呼啸而来，然后以高大的车头牵引着长长的车身飞速驶出画外的画面，此时列车飞驰的动感得到了非常醒目地强有力地表现。这种运动主体通过与框架的碰撞而产生的"划过"画面的情况，从某种程度上说，在表现动感上比运动画面是有过之而无不及。如拳击赛中，当两位拳手靠在场边近身肉搏时，以中、近景别的固定画面拍摄，就会出现拳手挥拳间或"划"出框架之外的画面，令观众有"呼之欲出"的强烈动感。再如在一些电视剧中，表现战斗前指挥部内紧张繁忙的工作状态时，常以固定画面拍摄，画面中有处于相对静态的指挥员、发报员、接线员等，然后设置来往穿梭的工作人员时而进入画面、时而走出画面，通过这种动感十足的"划过"画面的方式来映衬出指挥部内紧张、严肃的应战氛围。电视画面只能以运动的有声光像给观众尽可能逼真的运动感受，而固定画面的固定框架与运动主体的"碰撞"正加深和强化了这种运动感受，因而也就使观众产生了比正常运动更突出、更醒目的视觉刺激和心理反馈。

5. 固定画面在造型上有绘画和图片效果，与运动画面相比，更富有静态造型之美及美术作品的审美体验

前面我们已经提到，电视的固定画面具有绘画和照片的形式感，这种形式感正是人类传统造型技巧和造型经验的宝

贵财富，它理应在融会现代高科技手段的电视中得以发扬光大。运用线、形、色、光线、影调等造型元素拍摄出优美的固定画面，应该是电视摄像人员的立身之本之一。而与绘画艺术和摄影艺术相比，几乎与现实生活一样丰富、真实而同步的视觉形象和光影变化等又是属于电视画面造型艺术的特长和优势。诸如《话说长江》、《话说运河》等大型专题片，到今天的《望长城》、《大京九》等电视片中，固定画面的比重和所起的作用可谓是有目共睹、不言而喻的。特别是在一些风光片、纪录片中，在对山川风物、人文景观、名胜古迹等静态物体的表现上，构图精美的固定画面往往能令观众赏心悦目、历久难忘。比如纪录片《龙脊》中拍摄山村外貌和雨后山坡梯田的固定画面，均属光影炫目、构图雅致的上乘之作，表现出摄制人员的艺术鉴赏水平，给观众以深刻的印象。据报载由于《龙脊》的传播和影响，已使故事发生地成为游人如织的旅游新景观，从中对电视画面造型艺术和固定画面的作用也可见一斑。

6. 固定画面由于其稳定的视点和静止的框架等特点，便于通过静态造型引发趋向于"静"的心理反应

固定画面静的形式能够强化静的内容，给观众以深沉、庄重、宁静、肃穆、压抑、郁闷等画面感受。因此，我们在实践中可以抓住固定画面在心理感受上与运动画面偏向于"动"的心态的不同之处，来为所表现的内容和主题服务。比如在拍摄图书馆时，为表现其特有的宁静，就可以用多个固定画面加以记录和反映，如同学们伏案读书的全景画面、多名同学凝神静思的脸部特写画面等，这种固定画面的形式

上的处理是与画面内容和现场氛围相统一的，因而观众能够比较切实地通过画面获得现场情境中的心理感受。再比如拍摄奥运会上射击选手举枪瞄靶、子弹待发的动作时，通常也是以中、近景别的固定画面作处理，比较好地表现出了现场比赛的环境和气氛中选手们屏息静心、全神贯注的动态和射击过程。通过画面来记录形象、传递信息是浅层次的、基础的要求，通过画面来引发感情、表达思想是深层次的、有一定难度的要求。如果能够根据内容和主题选择适合其表现的画面形态，就比较容易获取观众的沟通和认可。固定画面在造型和形式上的心理意味，正适合于相应内容和主题的画面形象表现。因此，在需要表现宁静、严肃、深沉等感情倾向和现场氛围时，常常以固定画面来构图和造型，诸如病房中缓缓流注的输液瓶、围棋盘边托肘思考的棋手、刚刚得知儿子为国捐躯的白发老母亲，等等。

7. 固定画面与运动画面相比较少主观因素，镜头表现出一定的客观性，特别是较少运动摄像所带来的指向性

运动画面的一个突出特点是，在摄像者进行推、拉、摇、移、跟等运动拍摄时，观众所看到的画面外部运动过程就等于是构图、调整的过程。也就是说这种运动是摄像者主观创作意图和实际操作情况的外化和反映，因此观众就感觉是"跟着摄像机镜头"在观看，画面表现出摄制人员的创作意图和内容上的指向性，尤其是一些移、跟镜头在带来临场感的同时也比较明显地具有摄制者的主观性。固定画面虽然也是摄制人员创作意图的反映，但观众看到的是已经选择完毕、"锁定"之后的画面，即摄制者主观创作和画面构图的

结果,而没有画面运动、调整等构图过程,因此观众感觉上是自己有选择地观看,镜头是在比较客观地记录和表现着被摄对象。简而言之,画面的"固定"和"运动"在很大程度上决定了观众对镜头的主、客观性的认识和感受。举例说,拍摄一位政治家在讲台上演讲时,如果画面时而推至他夸张的手部动作,时而摇到他表情丰富的面部特写,那么给观众的感受就会是"要我看"他的手、他的脸,镜头体现出摄制人员的主观性和指向性;倘若用中景的固定画面来拍摄,观众的感受将会是镜头在客观地记录演讲过程,进而根据个人喜好作出"我要看"他的手、他的脸等不同选择。荣获1996年法国戛纳国际音像节特别奖的纪录片《山洞里的村庄》,在讲述云南一个建在大溶洞里的村庄集资拉电的故事时,镜头绝大多数都是平视点的固定画面,很少推、拉、摇、移等运动摄像,全片因而表现出强烈的客观性和纪实品格,犹如是一种近距离、深入的直接观察,获得各国评委的好评。可见,固定画面所表现出的客观性,在新闻节目和纪实类节目中是能够较好地传达出现场性、真实性等画面效果的,这应该引起电视摄制人员的重视和思考。

8. 运动画面与固定画面所表现的时间感觉

从画面所表现的时间感觉来说,运动画面有一种"近"的感觉,即正在发生、正在进行的时间感;而固定画面则易于表现出"远"的感觉,如时间上的过去感、历史感和往事感等。

画面外部运动即摄像机的推、拉、摇、移、跟等,造成了视点不断调整、变化,画面内容不断变换的效果,在产生较强的现场感的同时有一种事态进行之中的历时感。比如《焦点访谈》中的《小王丽的家在哪里》这期节目中，在寻找被后妈遗弃的小王丽的生父和家庭时，记者采取了跟拍的运动摄像方式，使得观众看到的"寻亲"过程犹如是"正在进行时"一般。《焦点访谈》节目的许多调查报道都以运动画面为主干，力求表现出对事件和人物采访、调查等过程的鲜活生动的现场记录和迅速及时的新闻时态。相比之下，固定画面却有利于表现一种追思回想式的"过去式"时态。如电视剧中表现一个人痛苦地回忆过去时，常以此人静态沉思的固定画面作处理。再如在拍摄万里长城时，要寻求深邃的历史回顾感，就可以用停留时间较常规稍为延长的多个固定画面来表现。在大型纪录片《毛泽东》中，采访当时已九十高龄的罗章龙时，罗老缓慢的语速、安详的神态在中景固定画面中非常到位地传达出这位历史见证人对往事的追思之情，表现出一种回首悠悠岁月的往事感。试想若以运动摄像来处理，不仅很难体现出这种"远"的时间感，还将破坏罗老回首往事的情绪和气氛。中国古代画论中就有"动近静远"的说法，关键在于静态的画面形象符合人们对尘封的旧事、过往的人物的心理感受。现在许多纪实性电视节目中，在反映已经成为过去的人或事时，如没有影视资料，则很重要的一种表现方式就是找寻现存的实物或实地，通过这些负载过去时态的视觉形象的固定画面，配合当事人的访谈或解说词来追述往事、回忆故人，诸如已故劳模的劳动工具和荣誉证书、"恰同学少年"时的集体合影等等。在纪念红军长征胜利60周年的大型纪录片《长征，英雄的诗》中，就多次运用固定画面的这种手法来表现历史。如在片中出现的红军烈士纪念碑、烈士牺牲地、烈士照片及遗物等固定画面，成为讲述过去的故事时的视觉负载物，可以说是与追思历史"向后看"的历史感非常吻合的。

以上，我们对固定画面在形象塑造、画面造型及收视感受等方面所能发挥的功用作了简略地介绍，目的是扬长避短，使得实践中拍得的固定画面能够更好地满足内容和主题的需要。说到"避短"，下面将结合具体情况来谈一谈固定画面在电视造型中的局限和不足。

1. 固定画面视点单一，视域区受到画面框架的限制

与运动画面多变的视点和变换的视域区相比，固定画面的画面内容被静止的框架分割、限制为单一的、半封闭的状态。显然，在一些全景式浏览、搜寻式观察的情况下，固定画面不如运动画面全面、丰富和完整。

2. 固定画面在一个镜头中构图难以发生很大变化

由于固定画面是在镜头锁定之后定向拍摄，画面框架内的造型元素是相对集中的、比较稳定的，除了"划入划出"画面的运动物体和可能变化的光影效果等因素之外，固定画面一个镜头中的构图元素不易出现根本性的变化，很难像运动画面那样通过构图变化来实现场景转换、视觉形象的动态蒙太奇造型等，很难出现有意识地连续构图变化和多义性信息传递。要想在固定画面实现这一愿望，往往只能借助于后期的编辑工作。

3. 固定画面对运动轨迹和运动范围较大的被摄主体难以很好的表现

这一方面是固定画面的明显局限，同时也是运动画面的突出优势。比如在拍摄花样滑冰时，用固定画面就很难连贯而完整地表现出运动员优美多姿的运动过程和满场滑行的运动轨迹，而通常都以推、拉、移、跟等多种运动摄像手段来紧跟翩然起舞的冰上舞蹈者。此外，在新闻事件中如果新闻人物处于大范围运动状态，比如奔跑、乘车等情况下，用固定画面显然难以充分记录和表现人物的整个活动过程和活动过程中的表情、动作变化。

4. 固定画面难以表现复杂、曲折的环境和空间

比如拍摄上海狭窄拥挤的里弄，如仅用固定画面一般来说是很难直观形象地让观众有"身临其境"之感的。而移摄、跟摄在表现上可能更为奏效。再比如拍摄抗战遗迹的地道时，固定画面是很难再现出那种幽深曲折、巧妙安排的效果的。当用固定画面拍摄复杂或曲折的空间时，更多地需要观众根据画面大致情况去进行想象中的补足。

5. 固定画面由于单一画面的框架限制，不如运动画面那样能够比较完整、真实地记录和再现一段生活流程

在现代纪实中强调生活本身流程和段落的完整、真实，用运动摄像所构成的长镜头能在很大程度上排除人为导演和主观摆布等外界影响。以电视剧而论，过去常需演员反复重演多次以从不同角度、不同景别拍摄同一场戏，便于后期编辑。后来，多机拍摄的出现和成熟基本解决了这些难题。但在纪实性节目中，对生活流程进行多机拍摄尚不太现实，如若实行可能会产生过大的干扰；倘若只以固定画面来记录，容易造成生活被切割、编辑的印象。因此，目前通行的做法

是糅合了固定画面和运动画面的长处，克服固定画面以局部因素相加而组成生活全貌的局限，既保留一些相对完整、流畅的生活流程和故事段落，同时也穿插大量固定画面来传递重要信息、塑造主要人物、营造特定氛围等。

第三节　固定画面的拍摄要求

在前两节里，我们对固定画面的概念、界定及其功能和局限作了基础性、常识性的介绍，在这一节中，我们将对拍摄固定画面过程中可能遇到的问题、需要注意的事项和一般意义上的要求进行分析和讨论。

1. 注意捕捉动感因素，增强画面内部活力

固定画面易"死"易"呆"，容易出现平板一块、缺乏生气的情况，因此，在拍摄固定画面时应注意捕捉活跃因素，调动动态因素，做到静中有动、动静相宜。比如说，拍摄一池春水，就可以在画面中摄入几只浮游嬉戏的鸭子，涟漪的运动和小鸭的运动使得"死水""活"了起来。此外，固定画面中人物的调动和运动也是活跃静态画面的有效手段。比如在拍摄麦浪翻滚的乡村丰收景象时，就可在画面中摄入牧童赶着牛群穿梭于田间小道的场景。我们知道，电视的固定画面如果再没有了画面内部运动，单个镜头的画面就与摄影照片并无大异，很容易让观众产生看照片的感觉。我们在拍摄固定画面的时候，应该注意尽量避免"呆照"的画面效果，尽可能利用画面所能纳入的"活"的、"动"的因素让固定画面"活"起来。

2. 要注意纵向空间和纵深方向上的调度和表现

固定画面如果不注意前景、后景及立体、陪体等的选择和安排，不注意纵轴方向上的人物或物体的调度，那么就容易出现画面缺乏主体感、空间感的问题。这就要求当我们选择拍摄方向、拍摄角度和拍摄距离时，有目的、有意识地提炼纵深方向上的线、形、色等造型元素，并注意利用光、影的节奏、间隔和变化形成带有纵深感的光效和"光空间"。比如，在拍摄公路上列队行驶的车队时，我们可以利用公路的线和汽车的点采取对角线构图，让公路与画面框架形成一定的角度后向纵深方向伸展开去。再比如，当被采访对象不得不紧贴墙壁接受记者采访时，如果条件许可，可以加用一盏新闻灯，从斜侧方打向被采访对象，以使其投在墙壁上的身影和墙壁上的光影变化形成画面的纵深感和空间感，避免出现被采访者仿佛被"贴"在白色墙壁上的难看画面。因为固定画面排除了画面框架和背景的水平运动和垂直运动，倘若纵深方向上的调度和表现又不充分，可以想见，这种固定画面犹如僵死的"贴片"那样，很难表现出电视画面的造型美感，难以完成在二维平面中反映三维现实的画面造型任务。因此，我们应该注意选择、提取和发掘画面纵深方向上的造型元素，以纵向维度上的造型表现来弥补水平维度和垂直维度上的不足。

3. 固定画面的拍摄与组接应注意镜头内在的连贯性

之所以提出这个要求，是因为固定画面与固定画面组接时涉及很多方面的内容，对镜头的要求是很高的。我们常说的画面与画面组接时的"跳"，就是初学摄像时易犯的毛病。

比如说，拍摄某领导接受记者采访时，如果把两个景别变化不大、人物动作发生变化的固定画面相接，从视觉感受上来讲，会觉得接受采访的领导近于病态地"跳动"了一下，视觉上很不流畅。这要求在拍摄时就充分考虑到后期编辑的组接问题，像上面所说的情况，就应该拉开不同镜头的景别关系，比如全景固定画面组接近景固定画面、中景固定画面组接特写固定画面等，观众就不会在收视时感觉到"跳"了。有经验的摄像师在拍摄现场工作时，都会注意多从不同角度、不同景别来拍摄一些固定画面，注意对同一被摄主体进行固定画面拍摄时多拍一些不同机位、不同景别的镜头，这样一来，后期编辑时就比较方便了，镜头的利用率也高。如果在拍摄固定画面时不考虑镜头之间承上启下的连接关系，而单只从各自镜头出发去拍摄，就会给后期编辑造成诸如轴线关系不对、镜头难以组接等麻烦，有时甚至是无法补救的。因为固定画面的构图不像运动画面那样可在运动摄像的连续过程中得到改变、调整和转换，不同的固定画面进行组接时只能通过各自框架内的分割开来的画面形象和承上启下的关系得到交待和说明。倘若这种内容上的联系和承上启下的关系被打乱了，就会给观众的收视带来很多障碍。比如说，拍摄记者采访当事人的情况，先从当事人的斜侧方拍了一个中景画面，然后又越过当事人和记者的关系线，跑到镜头刚才所在轴线的另一边拍摄了一个记者的斜侧面中景固定画面，把这两个固定画面组接，好像能够组成当事人谈话、记者倾听的现场动态；事实上从画面效果来看，固定的画面中刚刚出现了采访人说话的中景镜头，紧接着在同一位置又是同一朝向的记者中景镜头，就会令观众摸不着头脑，怎么采访人忽然"变成"了记者呢？类似这种"越轴"问题造成的画面混乱，是影响固定画面后期编辑的重要因素之一。当然，这里只是非常浅显地举例说明。在固定画面组接这一环节上的诸多不同情况和注意事项，需要摄像人员在实践中多思考、多总结，在一定经验的基础上灵活地处理和恰当地表现，而不能以为拍完之后交给编辑就万事大吉了。实际上，编辑工作应该是从摄像工作就开始了的。尤其是在拍摄固定画面时，一定要充分注意到镜头间的连贯性和编辑时的合理性。

4. 固定画面的构图一定要注意艺术性、可视性

现在许多搞摄像工作的人似乎有一种偏见，那就是拿起摄像机来就想运动，拍起画面来就是推、拉、摇、移。可是一旦让他们拍一些固定画面，常常表现出各种各样的毛病，诸如景别不清、构图不美、画面杂乱等，这表明摄像的基本功还很薄弱。可以说，这一方面是妨碍我们电视艺术的完善和成熟的隐患，同时，也正是改变当前摄像水平滑坡局面的突破口。固定画面拍得怎么样，往往能够反映出一个摄像者的基本素质和真正水平，它是对摄像者构图技巧、造型能力、审美趣味和艺术表现力的综合检验。相对而言，由于运动画面的运动性、可变性，某些构图上的问题能在一定程度上得到掩盖，或者观众的注意被画面的外部运动所转移和分散。但固定画面就不行了，由于框架的静止和背景的相对稳定，加上观众视点的稳定，构图中不大的毛病会在观众眼中得到"放大"，可能比较突出地干扰观众的收视情绪。因此，

摄像人员只有从一上手就勤学苦练，尤其是要拍好固定画面、拍美固定画面，从视觉形象的塑造、光色影调的表现、主体陪体的提炼等多个层面上加强锻炼和创作。拍摄出构图精美、景别清楚准确、画面主体突出、画面信息凝炼集中的优秀固定画面来。

5. 固定画面在拍摄中有一点必须牢牢记住，那就是"稳"字当头

在正常情况下，每个镜头都应该是纹丝不动、一丝不苟，应坚决消除任何可以避免的晃动因素。即便是在拥挤、紧急等非常局面下，也应力求保持固定画面最大限度的稳定和平衡。这也就涉及到了摄像机的持机方式的问题。一般而论，固定画面都应尽量使用三脚架来拍摄，以防肩扛拍摄造成的不稳定情况。但是，反观目前我国的许多电视节目，明显可见许多固定画面该用、能用三脚架而弃之不用，使得画面晃晃悠悠、难以卒睹。这与国外的电视工作者对三脚架的精心保护和认真使用形成了鲜明的对比。特别是在俯仰角度较大、变焦镜头推至长焦距等情况下，摄像机稍不稳定，就会在画面中反映出明显的晃动，而我们很多摄像师还在"视而不见"，用肩扛的方式继续拍摄着"静中有动"的固定画面。显然，这不仅是摄像机的持机方法问题，实质上反映出了摄像者的工作态度和敬业精神。因此，作为一本电视摄像工作的基础性教材，我们特别强调，从认真使用三脚架开始，培养敬业精神，严肃创作态度，拍摄好名符其实的固定画面。当然，在实践工作中可能由于环境的变化和客观条件的限制，我们未必都能发挥三脚架的作用，这就需要根据实

际情况灵活变通，凭靠生活中的支撑物和稳定点来替代三脚架，帮助我们拍好稳定的固定画面。比如说，办公室中的桌面、椅背、公路两边的护栏、长椅，出租车的顶篷，摄像师坐定之后的膝盖等，都可以成为解一时急需的有效支撑物。此外，我们还要训练自己脱开三脚架后的良好持机姿态和正确呼吸方式，以保证在不得不肩扛拍摄时画面尽可能的稳定。总之，既然是拍摄固定画面，就应该想尽一切办法、利用一切条件，真正让自己所拍的固定画面既"固"又"定"。

在本章中我们对固定画面所作的诸多介绍和讨论，更多地是从与运动画面相比较的角度来进行的，虽然它有助于初学摄像者从比较和鉴别中简明扼要地掌握基础知识，但或许因此也产生了不够全面、不尽深入等问题。所以，我们要提醒大家在摄像工作的实践中，对固定画面的功能、作用及局限继续予以关注，并结合实际情况作出独立的、深层的思考。特别是在电视艺术逐渐走向成熟的今天，如何更好地认识和发挥固定画面的积极作用，应当是一个既有理论价值又富可操作性的课题。

值得引起注意的是，与我国目前电视摄像水平"稳中难升"甚至"稳中有降"的现状相联系的，是对固定画面比较普遍地不重视。就拿在屏幕上经常可以看到的国际新闻来说，国外的摄影师即便在突发性事件现场、战争第一线等环境中，也能够克服种种混乱、危险、拥挤的不利因素，拍摄到清晰有序、尽量平稳的固定画面，给观众尽可能丰富而重要的现场信息和视觉冲击。比如国外记者在波黑战争中的新闻报道，大多是在硝烟未尽、流弹纷飞的危急情况下抓拍、抢拍的，但其画面中很少出现景别不清、胡摇滥晃之类的毛病，尤其是他们在极为困难的条件下拍好固定画面的功夫更是叫人叹为观止。这不能不引起我们的反思，怎样才能提高摄像师在突发性场面中既抓画面内容、又抓画面形式的综合能力？

此外，当前许多人对固定画面的忽视，很大程度上是未能充分、全面地认识固定画面的作用，由于理论认识的模糊，直接造成了实际操作中的"变形"和"走样"。事实上，固定画面所能够强化和表现的客观性，是非常有利于纪实类节目的画面客观记录和纪实性表现的。通过高质量的固定画面来强化新闻、纪录片等等电视节目的真实性、客观性，应当是大有可为的。很难想象一个拍摄不好固定画面的摄像师，能够在新闻现场和生活实景中拍出信息准确、运动流畅到位的运动画面来。可以说，对新闻和纪实性节目进行运动摄像所造成的长镜头记录和表现，必须建立在扎实的固定画面拍摄功底之上。正是在拍摄固定画面的过程中培养和锻炼起来的塑造视觉形象、谙熟场面调度、捕捉现场信息、精心构图表现等方面的能力，给予运动中取材、构图和造型表现的运动画面的拍摄准备了条件，提供了参考，打牢了基础。

本章思考与练习题

1. 什么是固定画面？固定画面有哪些特点？
2. 固定画面与绘画作品和摄影照片有何异同？

3. 固定画面在造型表现上有哪些功用？又存在哪些局限？
4. 固定画面主要有哪些拍摄要求？

第四章 运动摄像

本章内容提要

★运动摄像通过摄像机的运动产生了多变的景别和角度、多变的空间和层次,形成了多变的画面构图和审美效果;而且,它使静态的主体发生了运动和位置转换,直接表现了人们生活中活跃的视点和视向,不仅赋予电视有别于绘画、照片等平面造型艺术的更为丰富多变的造型形式,也使得电视成为更加逼近生活、逼近真实的艺术。

★运动摄像可分为不同的运动方式和拍摄方式,如推摄、拉摄、摇摄、移摄、跟摄、升降摄像、综合运动摄像等。了解各种拍摄方式的画面造型特点、功用与表现力及拍摄时应注意的问题,对摄像师来说是至关重要的。

在上一章中我们对固定画面所作的探讨,都是在摄像机静止不动的大前提下来进行的。在这一章里,我们要"解放"摄像机,要让摄像机运动起来,进入到运动摄像的美妙而神奇的造型天地中来。

我们已经提到电视画面内外运动的两种形式,即画面内部的运动和画面外部的运动。摄像机的运动是电视画面外部运动的主要因素，它又可以划分为两类：一类是间接的摄像机运动，主要是指通过蒙太奇编辑完成的机位运动，比如画面从全景跳接到近景，从画面所表现出来的视点前移和机位的向前运动是编辑的结果，而不是由摄像机来直接完成的，观众通过画面没有直接看到镜头的运动。这显然已不在本书的论述内容之列，因此，我们只作出知识性的简介；另一类则是与每个摄像人员关系非常密切的直接的摄像机运动，主要是摄像机通过自身机位的运动或光学镜头焦距的变化，使观众从电视画面中直接看到（感知到）镜头的运动。比如，摄像机向前推进的推镜头，使观众的视点随着镜头（画面框架）微微向前的运动而前移，镜头的运动是通过画面直接表现出来的。这类运动即是运动摄像的结果。

所谓运动摄像，就是在一个镜头中通过移动摄像机机位，或者变动镜头光轴，或者变化镜头焦距所进行的拍摄。通过这种拍摄方式所拍到的画面，称为运动画面。比如，由推摄、拉摄、摇摄、移摄、跟摄、升降摄像和综合运动摄像所形成的推镜头、拉镜头、摇镜头、移镜头、跟镜头、升降镜头和综合运动镜头等。在本章中我们将逐一分析运动摄像形成的画面特点及其在造型表现上的作用。

运动画面与固定画面相比，具有画面框架相对运动、观众视点不断变化等特点，它不仅通过连续的记录和动态表现在电视屏幕上呈现了被摄主体的运动，通过摄像机的运动产生了多变的景别和角度、多变的空间和层次，形成了多变的画面构图和审美效果；而且，摄像机的运动使不动的物体和景物发生了运动和位置的变换，在屏幕上直接表现了人们生活中流动的视点和视向，不仅赋予电视画面丰富多变的造型形式，也使得电视成为更加逼近生活、逼近真实的艺术。如果说摄像机在固定画面中所形成的不同景别和拍摄角度突破了观众与戏剧舞台之间的距离和方位局限，那么，摄像机的运动就进一步彻底地改变了观众视点固定的状态，就像"天方夜谭"中的飞毯一样，摄像机摆脱了定点拍摄的局限而"飞翔"起来，使电视观众能够通过屏幕用运动着的视点观察运动中的生活和生活中的运动。

特别是现代科技对电视摄像的技术保障和不断推助，加之影像文化的发展和成熟，人们通过运动摄像对电视的视觉样式和视觉潜能的开发不断走向深入，通过种种复杂、多变乃至新奇独特的摄像装备和拍摄方式所拍到的运动画面，着实创造出一个全新的荧屏世界，令观众大饱眼福。而正是从这个意义上不断进步的画面改造和画面创新，充分展示着电视这一传媒的强大生命力和独特的魅力。可以说，当我们凭着拍摄固定画面的良好功底和全面素质走进电视艺术的殿堂之后，会欣喜地发现一个更为美妙、更求创造、更富诱惑的运动画面的神奇世界，会情不自禁地产生强烈的创作激情和迎接挑战的冲动。千里之行，始于足下。也正是为了尽早成为能够娴熟地驾驭运动摄像的优秀摄像师，我们必须对运动摄像的各种形式、各个环节、各项要求加以全面的了解和出色的运用。

第一节 推 摄

推摄是摄像机向被摄主体的方向推进，或者变动镜头焦距使画面框架由远而近向被摄主体不断接近的拍摄方法。用这种方式拍摄的运动画面，称为推镜头。

推镜头的这两种拍摄，无论是利用摄像机向前移动还是利用变动焦距来完成，其画面都具有以下一些特征：

1. 推镜头形成视觉前移效果

推摄时由镜头向前推进的过程造成了画面框架向前运动。

从画面看来，画面向被摄主体方向接近，画面表现的视点前移，形成了一种较大景别向较小景别连续递进的过程，具有大景别转换成小景别的各种特点。与固定画面不同，观众是能够从画面中直接看到这一景别变化的连续过程的。比如，推镜头中一个被采访者从全景到面部的特写可以在一个镜头里"一气呵成"，而不必像固定画面中那样由全景镜头跳接到一个特写镜头。

2. 推镜头具有明确的主体目标

推镜头不论推速缓、急的变化和推得长、短等不同，总可以分为起幅、推进、落幅三个部分。推镜头画面向前运动，既非毫无目标的，也不是漫无边际的，而是具有明确的推进方向和终止目标的，即最终所要强调和表现的被摄主体，由于这个主体决定了镜头的推进方向和最后的落点。比如，拍摄摘取奥运会金牌的中国运动员时，从运动员胸佩金牌、手捧鲜花的全景镜头一直推到运动员眼噙泪花、面露微笑的生动面部特写,那么开始的那个全景画面即为起幅,最后的特写画面即为落幅,在起幅和落幅之间的连续的画面运动即为推进。

3. 推镜头将被摄主体由小变大,周围环境由大变小

随着镜头向前推进,被摄主体在画面中由小变大,由不甚清晰到逐渐清晰,由所占画面比例较小到所占画面比例较大,甚至可以充满画面。与此同时,主体周围所处的环境由大到小,由所占较大的画面空间逐渐变成所占空间越来越小,甚至消失"出画"。举例说,在拍摄中国登山运动员成功地攀登上珠穆朗玛峰的顶峰时,画面一开始是运动员脚踏皑皑雪山、背倚蔚蓝高天、站在国旗旁边的大全景画面,这时运动员特定的环境是清楚的,但运动员的面部表情并不十分明晰;然后用推摄向运动员的面部推去,直至特写,从画面中我们看清了运动员干裂的嘴唇、冻红的脸庞和喜悦的神情,但是随着镜头的推进,环境中的雪山、蓝天和国旗都基本退出了画面。

一、推镜头的功用和表现力

1. 突出主体人物,突出重点形象

推镜头在将画面推向被摄主体的同时,取景范围由大到小,随着次要部分不断移出画外,所要表现的主体部分逐渐"放大"并充满画面,因而具有突出主体人物、突出重点形象的作用。

推镜头在形式上通过画面框架向被摄主体的接近,从两

个方面规范了观众的视点和视线。一方面,镜头向前运动的方向性有着"引导",甚至是"强迫"观众注意被摄主体的作用;另一方面,推镜头的落幅画面最后使被摄主体处于画面中醒目的结构中心的位置,给人以鲜明强烈的视觉印象。也就是说,观众很容易在这一"进"一"显"的过程中领悟到画面所要表现的主要人物和形象。

比如,在拍摄新闻场面时常用推镜头来选择和交待众多参与者中的重要人物、领导者或权威人士等。在中央电视台《新闻联播》中播出的一条有关中、英香港问题联络会议的新闻里,当与会代表们步出会场后,走向设在门厅正前方的两架立式麦克风接受新闻界采访时,由于现场环境中人头攒动,加上众多新闻记者的簇拥包围,中方首席代表外交部长钱其琛仿佛"淹没"在众人之中,记者就用了一个推镜头,从略带俯角的全景画面推向钱外长回答提问的中景画面。这样,非常自然地把该新闻中的主要人物从一个纷乱熙攘的场景中突出出来,既没有割裂钱外长与周身环境的联系,又使得观众能够看清该场景中主要的人物,获取该场景中最重要的信息。

2. 突出细节,突出重要的情节因素

在前面的章节中,我们分析了细节在电视画面造型表现中的作用,但是细节与事物整体的联系又是单一特写画面所不能交待清楚的。而推镜头能够从一个较大的画面范围和视域空间起动,逐渐向前接近这一面面和空间中的某个细节形象,这一细节形象的视觉信号由弱到强,并通过这种运动所带来的变化引导了观众对这一细节的注意。在整个推进的过程中，观众能够看到起幅画面中的事物整体和落幅画面中的有关细节，并能够感知到细节与事物整体的联系和关系，这正弥补了单一的细节特写画面的不足。

而且，许多事物的细节和某些情节因素因其形象本身的细小微弱和不甚明显，在大景别画面中观众一般不易看清它。推镜头将细节形象和特定的情节因素在整体中呈放大状地表现出来，具有重点交待和突出显现的效果。比如，中央电视台《焦点访谈》的优秀节目《收购季节访棉区》中，当记者和摄像师赶往正在违反国家法规私自收购棉花的加工厂时，听到风声的加工厂老板仓促避去，但记者敏锐的发现老板办公室中桌上的茶杯余温犹存，显然人走不久，摄像师从全景画面推成记者手试茶杯温度的特写画面，非常好地传递出了这种现场信息。此后，当记者追问留在加工厂未及躲避的收棉女工在干什么时，女工支支吾吾谎称在玩，摄像师发现女工发辫间有不少收棉时沾上的棉绒，于是从该女工的近景画面推摄成头发与棉绒的大特写画面，清楚地告诉观众她在说谎。摄像师在现场通过锐利的目光和有力的造型表现形式，为这次报道提供了重要的能够说明问题的细节形象和情节因素。

3. 在一个镜头中介绍整体与局部、客观环境与主体人物的关系

我们经常可以在屏幕上看到一些推镜头从远景或全景景别起幅，首先展现在观众面前的形象是人、物所处的环境。随着镜头向前推进，环境空间逐步出面，人物形象越来越大并成为画面中的主体形象。由于这种推镜头从环境出发，通

过镜头运动进一步"深入"到该环境中的人物，在一个镜头中就能够既介绍了环境又表现了特定环境中的人物。比如，中央电视台播出的一条报道波黑战乱中儿童悲惨命运的新闻中，起幅画面是从一间被炮弹炸得千疮百孔的民宅内开始，当镜头推向墙壁上一个较大的窟窿时，观众透过前景的弹孔居然看到隔壁那间屋子里还有两个蜷缩在角落的孩子。这个推镜头异常富有震撼力地表现出了儿童们在战火中危险无助的艰难处境。

这种推镜头还有强调全局中有这么一个局部，表现特定环境中的特定人物的意味。比如，镜头从教室的全景推至学生小王，画面语言表达了"教室里有小王"的意思，强调了"小王"这一重点形象；这样一个镜头的引申意思是"教室里有小王，而不是小李或小赵等"。而如果镜头从小王的近景打开，然后出现教室的全景，则其画面语言传达出"小王在教室"的意思，它强调的是"教室"这一重点形象；它的引申意思是"小王是在教室里，而不是在家或在图书馆等"。由上述推摄、拉摄的对比例子可见，镜头向前运动和向后运动表现的侧重点是不同的。推镜头本身的向前运动的特点，画面从环境到人物，从群体到个体，从整体到局部，常常强调的是环境中的人物、群体中的个体及整体中的局部。

4. 推镜头在一个镜头中景别不断发生变化，有连续前进式蒙太奇句子的作用

前进式蒙太奇组接是一种大景别逐步向小景别跳跃递进的组接方式，它对事物的表现有步步深入的效果和作用。比如，从跳孔雀舞的舞蹈演员的全景画面跳接中景画面再接模

拟雀翎的手部特写画面，就是一个强调优美的手部造型的前进式蒙太奇组接。

推镜头也是画面空间从大到小，向前递进。但它还具有前进式蒙太奇组接所不具备的特点，即推镜头画面景别不是跳跃间隔变化而是连续过渡递进的。它的重要意义在于保持了画面时空的统一和连贯，消除了蒙太奇组接带来的画面时空转换的可能产生的虚假性。它从大景别起幅不间断地向小景别落幅变化，使主体与所处环境的联系具有无可置疑的真实性和可信性。比如说，拍摄两名气功师表演以铁枪尖互刺咽喉的现场节目，从两人的大全景画面一直推到某一位气功师咽喉顶住枪尖的特写画面，这一蒙太奇句子展现的是气功师是在"真刀真枪"的表演，排除了那种中途换假道具的欺骗手法，使得整个镜头表现出强烈的真实感。

5. 推镜头推进速度的快慢可以影响和调整画面节奏，从而产生外化的情绪力量

推镜头使画面框架处于运动之中，直接形成了画面外部的运动节奏。如果推进的速度缓慢而平稳，能够表现出安宁、幽静、平和、神秘等氛围。如果推进的速度急剧而短促，则常显示出一种紧张和不安的气氛，或是激动、气愤等情绪。特别是急推，被摄主体急剧变大，画面从稳定状态急剧变动继而突然停止，爆发力大，画面的视觉冲击力极强，有震惊和醒目的效果，具有一种揭示的力量。比如在中央电视台《东方时空》原《焦点时刻》栏目播出的"解决经济纠纷，不能扣押人质"中，摄像师在拍摄非法拘禁众多当事人的那间小黑屋时，着力表现了黑屋铁门上给被押人质送饭的

圆洞,从全景画面急推成圆洞的特写画面,给观众一种"触目惊心"般的强视觉刺激,骤然充满画面的黑洞仿佛是暗示和象征了一种法律上的漏洞,具有一种控诉的情绪力量。

再比如,在以香港回归为主题的优秀音乐电视作品《公元一九九七》中,有两段形成鲜明对比的慢推与急推的段落。当歌词中唱道祖国人民对香港回归的期盼和关注时,画面中先后出现的是工人、农民、士兵等具有代表性的人群,每个人群都以缓慢而匀静的推镜头来表现,这些慢推画面组接起来传达出一种众望所归的自豪感和齐心协力的凝聚力,缓缓推进的画面造型运动喻示出这种情绪力量。而当歌词唱道有关"九七"回归日渐临近的内容时,画面中组接了数个时钟的急推镜头,比如北京站前的大钟、电报大楼的顶钟等,这些"扑面而来"的时钟特写画面犹如一个个发出呐喊的巨口,告诉全世界收回香港的时间就要到了!这种动感强烈、极富冲击的急推形式直观形象地外化出了香港回归的紧迫感和喜悦感,充分地表现了歌曲内容的情感意义。可见,对推镜头推进速度的不同控制,可以通过画面节奏和运动节奏反映出不同的情感因素和情绪力量,可以由画面框架和视觉形象快慢不同的运动变化引发观众们对应的心理感受和感情变化。

6. 推镜头可以通过突出一个重要的戏剧元素来表现特定的主题和涵义

在电影故事片和电视剧中,推镜头将画面从纷乱的场景引到具体的人物,或从人物引到其细小的表情动作等,通过画面语言的独特造型形式突出地刻画那些引发情节和事件、烘托情绪和气氛的重要的戏剧元素,从而形成影视所特有的场面调度和画面语言。比如,在电视剧《凤凰琴》中有一场雨天里张老师在课堂上念作文的戏,作文是一个女学生讲述自己的母亲起早贪黑采摘中药、赚钱为山村小学凑集办学经费的动人故事,画面以写这篇范文的眼含泪水的女学生为起幅,略带仰角地向教室对面的屋檐推去,落幅是雨水打在屋檐上如注滴落的近景画面,喻示出片中人物的心理活动和当时场景下的情绪气氛。如果这一近景画面不用推镜头的方式把它突出出来,那么这雨水就仅仅是场景中微不足道的环境因素。而当镜头向它"奔"去并以近景景别将它清晰地呈现在画面上时,它就成了极其重要的戏剧元素和抒情元素,具有了深刻的喻意和表现力量。像这样的调度和画面表现,在摄影照片中是不可能实现的。

7. 推镜头可以加强或减弱运动主体的动感

当我们对迎着摄像机镜头方向而来的人物采用推摄,画面框架与人物形成逆向运动,画面向着迎面而来的人物奔去,双向运动使得它们在中途就相遇了,其画面效果是明显加强了这个人物的动感,仿佛其运动速度加快了许多。

反之,当对背向摄像机镜头远去的人物采用推摄,由于画面框架随人物的运动一并向前,有类似跟镜头的效果,使向远方走去的人物在画面的位置基本不变,因而就减缓了这个人物远离的动感。比如,拍摄即将走向刑场的革命烈士时,从背面推摄的画面效果就会使得烈士的步伐凝重、深沉,仿佛有一种不舍其去的挽留之意。

对于运动中的人物是如此,对其它运动物体亦然。需要指出的是，在推摄时如果用变焦距的方式，因为镜头运动的范围受变焦距镜头的变焦倍数所限，故而只能在一段距离之内实现对运动主体的动感加强或减弱的修饰。

二、推镜头的拍摄及应注意的问题

1. 推镜头应有其明确的表现意义

推镜头形成的镜头向前运动是对观众视觉空间的一种改变和调整。推镜头景别由大到小对观众的视觉空间既是一种限制也是一种引导。这种造型形式本身就具有明显的表现性，因而推镜头应该通过画面的运动给观众某种启迪，或是引起观众对某个形象的注意，或是表现了某种意念，或是突出了未被人注意的某个细节，或是通过镜头的推进运动形成与内容情节发展相对应的节奏。具体到画面造型上表现为推镜头应有明确的推向目标和落幅形象。在推镜头的起幅、推进、落幅三个部分中，落幅画面是造型表现上的重点。那种无明确目标，"漫无边际"，没有任何表现意义仅仅是为推而推的镜头，在电视节目中应被列入清除之列。

2. 推镜头的重点是落幅

推镜头的起幅和落幅都是静态结构，因而画面构图要规范、严谨、完整，特别是落幅画面应根据节目内容对造型的要求停止在适当的景别，并将被摄主体经营在平面最佳结构点上。一些初学者运用变焦距镜头拍摄推镜头容易出现的问题是，镜头落幅的停止点不是在造型的最佳结构点上而在变焦距镜头推不动（焦距到底）时，这种处理的结果是画面的停止不是由于造型上的需要，而是摄像机镜头技术上的限制。

另外,为了节目后期编辑的方便,前期拍摄时推镜头的起幅、落幅应有适当的长度,它们可以分别作为两个固定画面来用,前期拍摄的举手之劳,为后期制作提供了更多的画面选择。

3. 推镜头在推进的过程中,画面构图应始终注意保持主体在画面结构中心的位置

有的拍摄者采用或者推进时先把主体移至画面中心再推上去的方法,或者推进时当镜头推到落幅景别再移到主体处的方法,这两种拍摄方法都没有在一个镜头中始终保持主体在画面结构中心的位置,正确的方法应是图 4-1 所演示的方法,图中在画面起幅中心和落幅中心之间有条虚拟的直线,

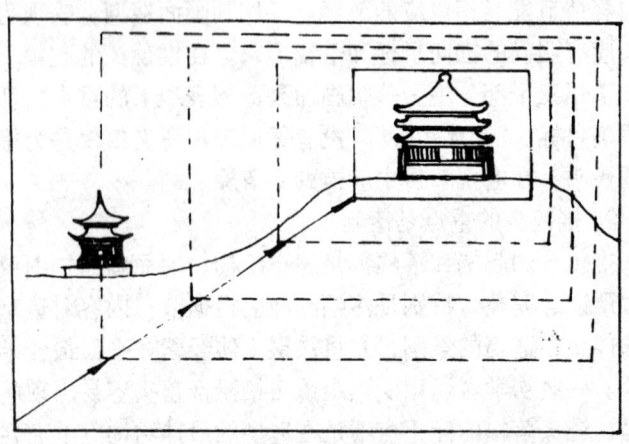

图 4-1

这就是这个镜头推进过程的镜头中心的移动线。当镜头随着这条线边推边移动时（见图中虚线框架），主体在镜头推进过程中始终处于结构中心的位置。后期编辑时，无论镜头在推进的什么位置上剪断，屏幕上都是一幅结构完整、平衡的画面，这种推摄要求镜头在推进的过程中，画面中心点要边推边向落幅中心点靠拢，始终保持主体在画面中的优势位置。

4. 推镜头的推进速度要与画面内的情绪和节奏相一致

一般来讲，画面情绪紧张时，推进速度应快一些；画内情绪平静时，推进速度应慢一些。另一方面在表现一些运动物体时，物体运动快，推进速度应快些，反之，推进速度应慢些。总之，力求达到画面外部的运动与画面内部的运动相对应，实现一种完美的结合。

5. 在移动机位的推镜头中，画面焦点要随着机位与被摄主体之间距离的变化而变化

用变焦距的方式拍摄推镜头，画面焦点应以落幅画面中的主体为基准：如以起幅画面中的主体为准调焦，由于画面是用广角变到长焦，画面景深越来越小，被摄主体会出现越来越模糊的现象。而以落幅画面的主体为基准调整焦点，在起幅的广角阶段和落幅的长焦阶段，主体始终是清楚的。

第二节 拉 摄

拉摄是摄像机逐渐远离被摄主体，或变动镜头焦距（从长焦调至广角）使画面框架由近至远与主体拉开距离的拍摄方法。用这种方法拍摄的电视画面叫拉镜头。

不论是移动机位向后退的拉摄,还是调整变焦距镜头从长焦拉成广角的拉摄,其镜头运动方向都与推摄正好相反,所拍摄的画面具有如下特征:

1. 拉镜头形成视觉后移效果

在镜头向后运动或拉出的过程中,造成画面框架的向后运动,使画平面从某一主体开始逐渐退向远方,画面表现出视点后移,呈现一种较小景别向较大景别连续渐变的过程,具有小景别转换成大景别的各种特点。比如说,从一个交通警察的面部特写拉成十字路口大全景画面,拉镜头中从特写到近景、中景、全景、大全景等不同景别画面的转换过程是连续可见的。

2. 拉镜头使被摄主体由大变小,周围环境由小变大

拉镜头可分为起幅、拉出、落幅三个部分。画面从某被摄主体开始,随着镜头向后拉开,被摄主体在画面中看起来由大变小,主体周围的环境则由小变大,随着拉出的过程画面表现的空间逐渐展开,到最终的落幅中原主体形象逐渐远离后视觉信号减弱。以上述的拉镜头为例,随着镜头从该交通警察的特写画面(起幅)拉开,观众在拉出过程中将逐渐看到他穿的警服、规范的指挥手语、挺立的身姿等等,在最后的大全景画面(落幅)中,观众看到了他正站在车水马龙的十字路口,远处街树上的积雪表明这正是寒冷的冬季,这些都交待了主体人物所处的特定环境和特定季节。

一、拉镜头的功用和表现力

1. 拉镜头有利于表现主体和主体所处环境的关系

拉镜头使画面从某一被摄主体逐步拉开，展现出主体周围的环境或有代表性的环境特征物，最后在一个远远大于被摄主体的空间范围内停住。也就是说在一个连贯的镜头中，既在起幅画面表明了主体形象，又在落幅画面中表现了主体所处的环境或情境。这种从主体引出环境的表现方式是一种从点到面的表现方式，它在点面关系上具有两个层面的意思：

（1）表现此点在此面的位置。拉镜头常有"某人（或某物）在某处"的意味。比如，在《焦点访谈》专访来华访问的古巴领导人卡斯特罗的那期节目结尾，起幅画面是卡斯特罗神采飞扬的特写画面，待镜头拉出后，观众在全景画面中看见他正站在万里长城之上，或许正兴奋地告诉翻译自己成了"好汉"呢。这个拉镜头说明了"卡斯特罗站在中国长城上"的新闻事实。

（2）表明点与面所构成的某种关系。比如，在一则反映美国前棒球明星辛普森涉嫌杀人到法庭接受审判的新闻中，有一个拉镜头的起幅画面是一名头戴钢盔、手持冲锋枪的白人警察严阵以待的中景画面，随着镜头逐渐拉开，观众看见他站在法庭大门前的台阶上，正紧张地注视着在法院前的大街上游行示威的人群，落幅画面中由这个白人警察和其同事们组成的警戒线非常醒目地横在了高大威严的法院和示威人群之间。这个拉镜头从这名白人警察开始，看似是对警察这个形象的强调，实际上它的全部意义是在画面最后出现他所处身的特定环境时才完成的。它强调的是此点（警察）和此面（警戒现场）的关系，并以该镜头的落幅画面作为揭开画面表现意义的关键之笔。

2．拉镜头画面的取景范围和表现空间是从小到大不断扩展的，使得画面构图形成多结构变化

由于拉镜头从起幅开始画面表现的范围不断拓展，新的视觉元素不断入画，原有的画面主体与不断入画的形象构成新的组合，产生新的联系，每一次形象组合都可能使镜头内部发生结构性的变化。它不像推镜头，被摄主体和画面结构一开始就在画面中间表现出来，观众对起幅中就已出现的主体和结构关系早有思想准备。而拉镜头的画面随着镜头的拉开和每个富有意义的形象的入画，促成观众随镜头的运动不断调整思路，去揣测画面构图中的变化所带来的新意及所引发出的新情节，这样逐次展开场面的拉镜头比推镜头更能抓住观众的视觉注意力。

举例说，中央电视台《人与自然》中一个讲述非洲热带草原上的动物生存故事的短片，其中有这样一个拉镜头：起幅画面中羚羊群在一个水塘边饮水，随着镜头逐渐拉出，依次入画的有在饮水的几头非洲象和一群斑马，时值黄昏，水面波光影映，好一派宁静和美的景象！镜头继续拉出，画面右下方的草丛中忽然出现了两只猎豹，顿时令"群兽饮水图"为之一变！在最后的落幅中，陡然发现了猎豹的那些动物们仓皇逃散，哪里还有了刚才的那般宁静？可见，这样的拉镜头不仅逐渐扩展了视域空间，而且随着镜头的拉开不断入画的新形象会给予观众一种新感觉，先后出现的形象和其变化组合使得镜头表现富有层次，有时候能产生"一波三折"、"一咏三叹"式的结构变化和情节变化。

3. 拉镜头可以通过纵向空间和纵向方位上的画面形象形成对比、反衬或比喻等效果

拉镜头是一种纵向空间变化的画面形式，它可以通过镜头运动首先出现远处的人物或景物，随着画面的拉开再出现近处的人物或景物，然后将前景的人物、景物和背景的人物、景物同处于落幅画面之中，利用其间的相对性、相似性或相关性产生内容上的相互关联和结构上的前后呼应。比如，一则呼吁精神文明建设的新闻中，有一个拉镜头的起幅画面是一个妇女坐在街边嗑瓜籽并乱吐瓜籽壳，待镜头拉开，在她身侧约两米的地方就是一个广告牌，上面还有清晰可辨的"请勿乱扔果皮纸屑"的字样。这一前一后的两个画面形象，无疑产生了非常明显的对比关系，其画面意义可谓是一目了然。

拉镜头这种利用纵向空间上的两个具有相关性的画面形象形成某种对比关系的表现方法，与摇镜头通过镜头摇动对横向空间上两个事物的对比表现有异曲同工之处。所不同的是，拉镜头侧重于纵深方向上两点形象的捕捉，而且能够在落幅中使其前后共存；摇镜头则适合于横向空间中两个主体的表现，但一般很难将这两个主体同时保留在落幅之中。

4. 拉镜头从不易推测出整体形象的局部为起幅，有利于调动观众对整体形象逐渐出现直至呈现完整形象的想象和猜测

随着镜头的拉开，被摄主体从不完整到完整，从局部到整体，给观众一种"原来是……"的求知后的满足。这种对观众想象的调动本身，形成了视觉注意力的起伏，能使观众

对画面造型形象的认识不是被动的接受，而是主动的参与。比如说，在一条反映黄河两条支流所在县不同"治黄"态度的新闻中，有一个拉镜头的起幅中是一半清澈、一半混浊的黄河河水的近景画面，乍看起来观众不能明白这是怎么回事。待镜头逐渐拉开，原来这是黄河两条支流交汇处的河面，在最后的大全景落幅画面中，观众就能够清楚地看到其中一条支流是清绿洁净的，另一条则是混浊泛黄的，这才弄明白了同一条河却"泾渭分明"的原因所在。

此外，拉镜头这种逐步展开式的画面造型方式，还常在电视剧中起到"拉"出"意料之外"的情况的作用。比如一个特务正在跟踪我地下党员，待镜头拉出，这个特务分子的身后还有一名我地下党员在跟踪着他。类似这种精心设计、调度的戏中戏，会让观众在一系列意想不到的变化中去思考和回味。

5. 拉镜头在一个镜头中景别连续变化，保持了画面表现时空的完整和连贯

拉镜头的连续景别变化有连续后退式蒙太奇句子的作用。这方面拉镜头与推镜头正好相反，是小景别向大景别的过渡，但它们在通过镜头运动而不是通过编辑来实现景别的变化这一点上又是一致的。因此，拉镜头由于表现时空的完整和连贯，同样在画面表现上具有无可置疑的真实性和可信性。

比如说，世界著名的"空中飞人"科克伦1996年在中国的长江三峡上走高空钢索时，摄像师拍摄了这样一个拉镜头：中景起幅画面中科克伦神情专注，手握数米长的平衡

竿，小心翼翼地向前行进，猛烈的山风吹得他头发零乱、衣襟乱飞；随着镜头逐渐拉开，观众看到他脚下那直径仅有寸余的钢索，以及他时有摇晃的身姿，在略带仰角的落幅画面中，系于两边峡岸上的一线钢索上，科克伦的身影已经很小了，观众还看到了高悬的钢索之下湍急的江流。可以说这个拉镜头十分真实地表现了科克伦"飞"越三峡时的惊险场景。更重要的是，这样一个拉镜头从人物中景到大全景场面的过渡是不间断的，因而它排除了画面编辑、分切所具有的时空、人物的转换可能性，观众通过整个镜头看到的是同一个人的表演，是当时环境中的真真切切的现实。因此，在纪实性节目的拍摄中，我们可以有意识地运用推、拉镜头来强化时空连贯的纪实性效果和造型表现上的真实性。

6．拉镜头内部节奏由紧到松、与推镜头相比，较能发挥感情上的余韵，产生许多微妙的感情色彩

拉镜头的起幅画面往往是主体形象鲜明突出，有先声夺人的艺术效果，随着镜头的拉开，画面越来越开阔，相应的表现出一种"豁然开朗"的感情色彩。原苏联影片《一个人的遭遇》中有一个著名的拉镜头：主人公索科洛夫逃出监狱后，躺在一片草地上，镜头从逃亡者的上空逐渐拉开（伴有升起），树林入画了，河流入画了，山丘入画了，人在大自然中那么渺小，天地却是如此宏阔，主人公被大自然拥抱了，他自由了。或许只有这样的画面语言和表达方式才能如此生动形象地传达了"自由"的涵义。在这里，富有思想的拉镜头运动使得画面的造型富有了感情。

再比如，在一部反映老年人晚境的专题片里，拍摄一个

儿孙不孝、独居窄巷的老大爷推着卖冰棒的小车缓步回家时，摄像师也处理成拉镜头：夕阳余晖下的深长的小巷里，老人佝偻的身躯逐渐远去，画面中仿佛渗透着一种难于言表的酸楚、凄凉之感。可见，拉镜头如果运用得当，往往能在特定情境下"拉"出情绪、"拉"出感情，有一种延展画面时空、回味画面内涵的意味。

7. 拉镜头常被用作结束性和结论性的镜头

拉镜头画面表现空间的扩展反衬出主体的远离和缩小，从视觉感受上来说，往往有一种退出感、凝结感和结束感。在最终的落幅画面中，主体仿佛是像戏剧舞台上的"退场"和"谢幕"一般。比如，我国影片《少年犯》中，那个调查少年犯罪问题的女记者的儿子最终也成为少年犯而被公安人员带走，她不知所措的望着远去的警车。镜头从她的中景逐渐拉开，人物形象愈来愈小，最后消失在层层叠叠的楼群之中。镜头落幅是这个城市鳞次栉比的楼群的大远景画面。这个拉镜头不仅通过画面造型本身表现了主人公"远去"，故事的"剧终"，喻示着影片的结束，同时还通过镜头的运动引发了这样的思绪：少年犯罪问题也许不只是这个记者一个家庭的悲剧，而是一个应当引起社会各界和千百个家庭重视的社会问题。

再比如，一则反映城市儿童缺乏运动场所和游戏绿地的新闻，结束部分也是一个拉镜头：起幅画面中几个小男孩在街边的一小块草坪上踢足球，周围车来人往，镜头逐渐拉开，远处出现了一个正在紧张施工的高大楼宇的全景画面。在最后的落幅里，前景是几个追来逐去的小男孩，背景是那个显得异常庞大的钢筋混凝土建筑。这个拉镜头也带有某种结论性的意蕴，即此起彼伏的城市建设仍在不断侵噬着本已严重不足的儿童活动空间。

8. 利用拉镜头来作为转场镜头

从特写拉成全景的拉镜头，由于其起幅特写画面背景空间表现的不确定性，经常在电视剧等节目中被用作转场镜头，它使得场景的转换连贯而不跳跃，流畅而不突兀。比如，要表现主人公从办公室到自己家里的转场，就可以作这样的处理：主人公在办公室的桌边坐下，下一个镜头即接我们所说的转场式的拉镜头——从主人公的特写拉开成为全景画面，只不过，这时主人公已经是坐在家中的沙发上了。像这样以拉镜头转场的情况，在各类电视节目中还有很多，需要我们认真观察和学习，以便于自己在实践中运用。

二、拉镜头的拍摄及其要求

拉镜头的拍摄除镜头运动的方向与推镜头正相反外，其它在技术上应注意的问题与推镜头大致相同，有着基本一致的创作规律和一般要求。诸如：在镜头拉开的过程中应注意保持主体在画面结构中心的位置；对画面拉开后视域范围的控制；拉镜头速度的把握、节奏的控制等等。因此，可以与前面有关推镜头的论述相互参照，这里就不再赘述了。

第三节　摇　摄

摇摄是指当摄像机机位不动，借助于三脚架上的活动底盘（云台）或拍摄者自身的人体，变动摄像机光学镜头轴线的拍摄方法。用摇摄的方式拍摄的电视画面叫摇镜头。

　　摇镜头的运动形式是多种多样的。比如水平移动镜头光轴的水平横摇；垂直移动镜头光轴的垂直纵摇；中间带有几次停顿的间歇摇；摄像机旋转一周的环形摇；各种角度的倾斜摇；摇速极快形成的甩镜头，等等。不同形式的摇镜头包孕着不同的画面语汇，具有各自的表现意义。

　　抽象地看摇镜头的运动轨迹，就像一个以摄像机为中心点的对四周立体空间的扇形以至环形的扫描。这种独特的镜头运动形式，必然在画面上呈现出独特的外在表现样式。对摇镜头作直观地分析，我们可以看到其画面具有以下一些特点：

　　（1）摇镜头犹如人们转动头部环顾四周或将视线由一点移向另一点的视觉效果。在镜头焦距、景深不发生变化的情况下，画面框架发生了以摄像机为中心的运动，观众的视点随着镜头"扫描"过的画面内容而相应变化。比如，摇镜头从射击运动员摇到他正瞄准的靶面，就仿佛是观众把视线从运动员转向了靶子。

　　（2）一个完整的摇镜头包括：起幅、摇动、落幅三个相互贯连的部分。摇镜头的运动使得画面的内容不通过编辑而发生了变化，画面变化的顺序就是摄像机摇过的顺序，画面的空间排列是现实空间原有的排列，它不破坏或分隔现实空间的原有排列，而是通过自身运动忠实地还原出这种关系。比如，画面从起幅的教室向右横摇至落幅的图书馆，那么在所拍摄的现实中，也是这种教室在左、图书馆在右的位置关系。

（3）一个摇镜头从起幅到落幅的运动过程，迫使观众不断调整自己的视觉注意力。由拍摄者控制的摇摄方向、角度、速度等均使摇镜头画面具有较强的强制性，特别是由于起幅画面和落幅画面停留的时间较长，而中间的摇动中的画面停留时间相对较短，因此，摇摄的起幅和落幅犹如一个语言段落中的"起始句"和"结束语"，更能引起观众的关注。

一、摇镜头的功用和表现力

1. 展示空间，扩大视野

电视画面由于框架内空间的局限，对于一些宏大的场面和景物的表现就往往显得力不从心。摇镜头通过摄像机的运动将画面向四周扩展，突破了画面框架的空间局限，创造了视觉张力，使画面更加开阔，周围景物尽收眼底。

这种摇镜头多侧重于介绍环境、故事或事件发生地的地形地貌，展示更为开阔的视觉背景，它具有大景别的功能，又比固定画面的远景有更为开阔的视野，在表现群山、草原、沙漠、海洋等宽广深远的场景时有其独特的表现力量。电视连续剧《木鱼石的传说》，第一个镜头用远景缓摇，画面是群山连着群山，云海连着云海，莽莽苍苍，云腾雾绕，一下子就把观众的情绪带到特定的故事氛围中。

这种展示空间、扩大视野的摇镜头通常是用远景景别或全景景别速度均匀而平稳地摇摄完成的，其立意是通过摇的全过程给人一个完整的印象，而不是具体地描述某一个物体，它对镜头整体形象的追求大于对具体细节的描述。这种摇镜头常侧重写虚造境，追求画面意境和气氛，有较强的抒情性。比如，有一条反映国庆节天安门广场上万众瞩目看升旗的新闻，用一个摇镜头摇过围观的人群，只见人群有年逾花甲的老夫妻、有戴着红领巾的少先队员、有大学生模样的年轻人、有胸前佩带勋章的老红军……他们抬头仰视的神态、严肃的面部表情等，形成了画面总体效果上的庄严肃穆的气氛。

2．有利于通过小景别画面包容更多的视觉信息

摇镜头扩展了画面的表现空间，可以包容更多的视觉信息。对于超宽、超广的物体，如跨江大桥、拦河大坝等横线条景物用横摇；对超高、超长的物体，如高耸入云的电视发射塔、幽深的山谷等纵线条景物用纵摇，能够完整而连续地展示其全貌。这种超比例形状的再现，本身就包含了镜头运动的表现性。正是摇镜头的运动和扩张把被摄物的形状表现出来，形成壮观雄伟的气势。特别是对如长条幅的会标、高压输电线、旗杆等细长物体，摇镜头又以包容视觉信息量大显得有力量。它可以根据物体特征而运用较小的景别，让物体充满画面，将无意义的部分排在画外，"摇出"一幅视觉信息饱满且容量大的横卷或纵卷，达到用小景别出大效果的目的。

3．介绍、交待同一场景中两个物体的内在联系

生活中许多事物经过一定的组合都会建立某种特定的关系，这些关系如果一同放在一个大视野中并不容易引起人们对它的注意，而用摇镜头将它们分开再合成表现时，这种关系常常在形式上提醒人们的注意。随着对摇摄所建立起来的

前后关系的回味，人们很容易从中悟出创作者的表现意图，达到随着镜头的运动而思考的目的。创作者也正是利用人们具有的这种思维联想特性，运用镜头运动所形成的画面语言来讲述故事、表现生活。如果将两个物体或事物分别安排在摇镜头的起幅和落幅中，通过镜头摇动将这两点连接起来，这两个物体或事物的关系就会被镜头运动造成的连接提示或暗示出来。例如，从新闻发言人摇到听取发言的新闻记者，从国徽摇到正在宣读判决书的法官，从国旗摇到旗杆下的哨兵，等等。在这样的画面中，发言人与记者、国徽与法官、国旗与士兵的关系是用镜头语言表现得十分清楚的。

摇镜头除了通过镜头摇动使两个物体建立某种联系外，还通过摇出后面的物体对前面的物体的进一步说明来规范观众的思路。例如：画面表现一个人走进一个大门后镜头摇起来出现邮局的牌子，画面通过视觉形象明白地告诉观众这个人走进的是邮局，而不是别的地方。由于有了后面这个画面才使得前面画面的意义更为明确。在故事片和电视剧中，常用这种看似无意实则有心的表现方法，为后面的剧情发展留下伏笔。

4. 利用性质、意义相反或相近的两个主体，通过摇镜头把它们连接起来表示某种暗喻、对比、并列、因果关系

例如，从一个正在扫地的清洁工摇到一旁正往地上吐瓜籽皮的青年；从一片花朵摇到一群天真的孩子；从树上的乌鸦摇到树下赌博者；从一个正向外涌出工业废水的管道口摇到河里漂浮的死鱼。这种通过摇来建立某种对应关系的镜头，如同对列蒙太奇的表现性组接一样，把生活中富有对比

因素的两个单独形象连接起来，使它所表现的意义远远超出了这两个单独形象本身的意义。然而，比对列蒙太奇更有力量的是，在摇镜头中这种连接要求这两个视觉形象必须在同一场景中，确切地说是在摄像机所能拍摄到的视域范围中。这本身就因两个事物在同一时空而具有了强大的真实性，它比对列蒙太奇那种将两个场景中拍摄的画面组接在一起的表现方法更少人为加工的痕迹和节目制作者的主观表现性，因而在纪实性节目中具有不可置疑的论证力量。

5. 在表现三个或三个以上主体或主体之间的联系时，镜头摇过时或作减速、或作停顿，以构成一种间歇摇

间歇摇在一个镜头中形成了若干段落或间歇，常常用来表现或揭示一组画面主体由于某一因素或原因所构成的内在联系。这种摇镜头通过镜头的运动轨迹形成一条无形的线和线上间隔相连的点，把几个主体串连起来，有红线串散珠的艺术效果和作用。比如，拍摄中国女排的姑娘们喜获冠军后一同站在领奖台上的画面时，就可以用一个一气呵成的间歇式的摇镜头，摇过每个队员时稍做暂停而又不切断，既让观众看到每个队员的不同神态和表情，也同时通过画面的造型形式喻示出这是个团结奋进的大集体，她们有着团结拼搏的凝聚力。

再比如，《东方时空》的《时空报道》栏目中有一期"马路求援者的真面目"的报道，披露了一些贵州农村女青年冒充因家贫失学的大学生、骗取过往行人的同情和捐赠的情况。当这些被揭穿后的女青年被带到公安局时，记者用了一个间歇式摇镜头摇过站成一排的行骗者，在每个人的特写

画面上停顿一下之后把她们"串"了起来，既让观众看到她们各自的模样和不同的反应，又给观众一个行骗团伙的整体印象。

6. 在一个稳定的起幅画面后利用极快的摇速使画面中的形象全部虚化，以形成具有特殊表现力的甩镜头

用几个有清楚稳定的起幅而无清晰明确的落幅的急速摇镜头组接起来，从画面效果上看酷似急速的间歇摇，但它与间歇摇的重要不同点在于它是由编辑完成的，而不是一个镜头中拍得的。这种甩镜头组接的画面动感更强、力度更大，整个画面从急停到急速运动再到急停反复多次，使画面运动有一种突然性和爆发力。比如，在一部讲述美国职业篮球巨星"飞人"乔丹奋斗史的专题片中，有一组甩镜头，起幅都是乔丹飞身上篮的画面，然后甩虚，接在一起之后形成了乔丹不断起"飞"、虚化的运动历程，非常具有视觉刺激力地刻画出乔丹那种在篮球场上君临一切、无法阻挡的运动天赋。

由于甩镜头表现的不是同一视域区内的事物，因而拍摄时要求甩的部分（急摇的部分）一定要甩虚，否则从视觉上不能拉开各组事物的空间距离，就与间歇摇无区别了。拍摄时急摇的部分应注意选择纵向线条丰富、较密集的、有层次的景物，才容易得到好的效果。

7. 用追摇的方式表现运动主体的动态、动势、运动方向和运动轨迹

用长焦距镜头在远处追摇一个运动物体，摇动的方向、角度、速度均以这个被摄动体为"基点"，被摄体朝哪运动

镜头就摇向哪方，被摄体移动快，镜头摇动也快，用此方法将被摄动体相对稳定地处理在画框内的某个位置上，这种摇镜头可以使观众在一段时间里看清这个动体的动态、动姿和动势，例如在电视体育节目中经常见到的场地赛马，摄像机在场地中心随奔跑的马摇动，观众通过画面可以在较长的时间内清楚地看到运动员在马背上的身姿及赛马四蹄腾飞的动态。

用长焦距镜头追摇某个运动物体，在有众多不同方向、不同速度的运动体的场面中，当镜头摇速与被摄主体运动速度一致时，可以将这一运动主体从混乱的场面中分离出来，达到突出主体的效果。比如，在现场直播一场马拉松比赛的过程中，摄像师发现一个须发皆白、精神矍铄的老人也在人群中慢跑，为了表达"重要的是参与"的奥林匹克体育精神，他用了一个追摇镜头来跟拍这位老人，因为老人的速度是所有参赛者中最慢的，因此，这个摇镜头中老人的主体形象始终是清晰的，其他的参赛者都快速地"划过"了画面。

8. 对一组相同或相似的画面主体用摇的方式让它们逐个出现，可形成一种积累的效果

如同修辞学中的排比句，在一段视觉流中，同形事物的重复出现可以强化人们对这个事物的印象。例如：对摩天大楼的表现，不用全景景别一开始就让观众对大楼整体一览无余，而是用较小景别逐层向上摇，从镜头的起幅到落幅，出现在画面上的是不断运动并且不断重复的楼层。这种摇镜头延长了人们对大楼的视觉感知，加深了对大楼的高度印象。在对同一幢楼的表现上，用积累式摇镜头比用一个全景固定

镜头要显得高大得多。

再比如，在一条批评非法偷猎者残杀国家保护动物的新闻中，一个摇镜头摇过了摊摆在地上的那些被杀的动物，诸如穿山甲、娃娃鱼、红腹锦鸡等等，一一展现在观众的眼前。这种积累式的摇镜头，仿佛是强化了非法偷猎者的破坏力量，更有一种着实让人触目惊心的视觉感受。可见，积累式摇镜头不仅是画面形象的积累，它往往也是表现的积累、情绪的积累。

9．用摇镜头摇出意外之物，制造悬念，在一个镜头内形成视觉注意力的起伏

观众对电视节目的观看不完全是被动的，时常主动地通过联想对画面未出现的事物进行猜测，当摇镜头摇出观众预料之外的事物进画，观众的猜想线索就会被阻断，随之而来的是对意外之物的注意和疑问，形成悬念，引发兴趣。比如，有一则介绍陕西农民用兔毛做成各种工艺品出口到海外的新闻，当摇镜头摇过一件件精巧的工艺品，最后落在一个漂亮的兔毛帽上时，按正常思路这个兔毛帽无疑也是一件陈设的工艺品。不料，帽子突然抬起，露出一个头顶这个帽子的小女孩的脸，由工艺品摇出活人，出乎预料之外，引起了观众极大的兴趣和注意。

10．利用摇镜头表现一种主观性镜头

在镜头组接中，当前一个镜头表现是一个人环视四周，下一个镜头用摇所表现的空间就是前一个镜头里的人所看到的空间。此时摇镜头表现了戏中人的视线而成为一种主观性镜头。

另外，当画面从主体人物摇开，摇向主体人物所注视的空间，这种摇镜头也表现了戏中人的某种视线，同样也具有主观镜头的作用。

11．利用非水平的倾斜摇、旋转摇，表现一种特定的情绪和气氛

视觉经验告诉我们：如果想使画面具有包含倾向性的张力，最有效和最基本的手段就是让画面倾斜。倾斜可以破坏观众欣赏画面时的心理平衡，造成一种不稳定感、不安全感。同时，倾斜也可以造成一种欢快、活跃的气氛。倾斜的画面加之摇动，不稳定不平衡的因素更为强烈。比如，在一部介绍西班牙斗牛士的专题片中，拍摄一位著名斗牛士的斗牛实景时就用了一个很成功的倾斜式环摇，画面随着野生公牛和斗牛士的运动带有一定角度的追摇过去，只见天旋地转、人奔牛跑，看台上的观众也倾斜地旋转了起来，非常直观形象地再现和表现了那种紧张、刺激而又略带血腥气的现场氛围。此外，现在有很多音乐电视作品中，也大胆创用一些造型新颖独特的非水平摇摄镜头，以获取视觉上的冲击力和吸引力。

12．摇镜头也是画面转场的有效手法之一

摇镜头可以通过空间的转换、被摄主体的变换引导观众视线由一处转到另一处，完成观众注意力和兴趣点的转移。比如，从脚手架上的施工人员摇到地面上正在分析图纸的工程师，就是从一个场景向另一个场景的转换。

二、摇镜头的拍摄要求

1. 摇镜头必须有明确的目的性

摇摄形成镜头运动迫使观众随之改变视觉空间，观众对后面摇进画面的新空间或新景物就会产生某种期待和注意，如果摇摄的画面没有什么给观众可看的，或是后面的事物与前面的事物没有任何的联系，这种期待和注意就会变成失望和不满，破坏观众对画面的欣赏心境。因而摇摄一定要有目的性。镜头的运动应使画面具有某种表现因素，摇摄不应成为表现的目的，而只能是表现的手段。

2. 摇摄的速度应与画面内的情绪相对应

摇摄的速度也会引起观众视觉感受上的微妙变化，任何一个成功的摇镜头都离不开对摇摄速度的正确设计和精心控制。

追随摇摄运动物体时，摇速要与画面内运动物体的位移相对应，拍摄时应尽力将被摄主体稳定地保持在画框内的某一点上，如果两者速度不一致，摇的过快或过慢，运动物体在画面上就会时而偏左、时而偏右，显示出忽快忽慢的动态，迫使观众不断调整视线，容易产生视觉疲劳和不稳定感。从某种意义上讲，追摇的全部美感价值都建立在摇摄速度与画内动体速度的对位基础上。

在介绍和交待两个事物的空间关系时，摇速直接影响着观众对这两个事物空间距离的把握，慢摇可以将现实两个相距较近的事物表现得相距较远；反之，快摇可以将现实两个相距较远的事物表现得相距较近。这种远近距离感同时还伴有明显的感情色彩。

摇摄速度的快慢作用于人的视知觉即会产生一种情绪的变化，摇摄的速度要注意与画面情绪发展相对应。画面内容紧张时，摇速相对快些；反之，画面内容抒情时，摇速相对慢些。

摇摄的速度还应考虑到观众对画内事物的辨认速度，以及对画内有价值形象的识别速度。对于不易识别、不易分辨，容易造成视错觉的物体，以及线条层次丰富、复杂的景物，拍摄时摇速应适当慢些。而对那些非重点表现区域，两个中心点、兴趣点之间的那些非主要物体的表现，摇速就应快些，可以说，对摇摄速度的把握反映了一个创作者对电视造型语言的把握程度。

3. 摇镜头要讲求整个摇动过程的完整与和谐

摇镜头的全部美感意义不在于单一画幅上构图的完整和均衡，而在于整个摇摄过程中的适时与和谐。一般来讲，摇摄的全过程应当稳、准、匀，即画面运动平稳、起幅落幅准确、摇摄速度均匀。在用远景或全景景别拍摄摇镜头时，如无特殊表现意图还要注意画面内地平线的水平。倘若起幅、落幅还算精美，中间的摇动却时断时续、磕磕绊绊，肯定会令观众十分反感，反而无意欣赏起幅、落幅的优美构图和画面形象了。诸如此类的问题还有很多，稍不注意，都可能因为某一方面的失误影响到整个摇镜头的收视和审美。

总之，对摇镜头各环节的处理应有个总的观照，在有条件允许从容地拍摄时是这样，在紧张的抢拍过程中也应是这样。不同的是，前者在拍摄时可以细心琢磨，后者需要的是凝平日之功于一发。

第四节 移 摄

移摄是将摄像机架在活动物体上随之运动而进行的拍摄。用移动摄像的方法拍摄的电视画面称为移动镜头，简称移镜头。

移动摄像是以人们的生活感受为基础的。在实际生活中，人们并不总是处于静止的状态中观看事物。有时人们把视线从某一对象移向另一对象；有时在行进中边走边看，或走近看、或者退远看；有时在汽车上通过车窗向外眺望。移动摄像正是反映和还原出了人们生活中的这些视觉感受。

对移动镜头作直观的分析，其画面具有下列特征：

（1）摄像机的运动使得画面框架始终处于运动之中，画面内的物体不论是处于运动状态还是静止状态，都会呈现出位置不断移动的态势。比如，用移镜头拍摄人民英雄纪念碑碑身上的浮雕，虽然纪念碑是屹立不动的，但画面中的浮雕却会表现出位移和连续运动的态势。

（2）摄像机的运动，直接调动了观众生活中运动的视觉感受，唤起了人们在各种交通工具上及行走时的视觉体验，使观众产生一种身临其境之感。特别是当摄像机的运动是用来描述一个人的主观视线，或者说摄像机所表现的视线就是节目中某个人物的视线时，这种镜头运动就具有了强烈的主观色彩。移动镜头也是由于它所具有的这种特点，因而比剪辑的画面更富有主观性。

（3）移动镜头表现的画面空间是完整而连贯的，摄像机不停地运动，每时每刻都在改变观众的视点，在一个镜头中构成一种多景别多构图的造型效果，这就起着一种与蒙太奇相似的作用，最后使镜头有了它自身的节奏。

移动摄像根据摄像机移动的方向不同，大致分为前移动（摄像机机位向前运动）、后移动（摄像机机位向后运动）、横移动（摄像机机位横向运动）和曲线移动（摄像机随着复杂空间而做的曲线运动）四大类。

一、移动镜头的作用和表现力

1. 移动镜头通过摄像机的移动开拓了画面的造型空间，创造出独特的视觉艺术效果

电视艺术是通过电视屏幕表现生活图景的，但是电视画面的表现范围却受到四边画框的严格限制，移动摄像使电视画面造型突破这种限制成为可能。电视系列片《丝绸之路》摄制组在拍摄"敦煌彩画"一集时，在一幅高1米、长13米的壁画前遇到了麻烦。用前面讲过的摇镜头、推拉镜头和固定镜头，都不能完整而连贯地表现这一特殊画幅比例的壁画，画面造型效果都不理想。最后他们在壁画前铺上了移动轨拍了一个横移动镜头，由于横移动镜头使画面框架向两侧合理延伸，随着镜头的移动画面构图不断变化，巨大壁画中各种纷繁复杂的人物和景物在镜头不停的流动中有机交织成一个整体，详尽地反映了壁画中众多景物的联系，烘托出壁画的浩大气势，产生了摇镜头和推拉镜头难以产生的造型效果和艺术气氛。

如果说横移动镜头在横向上突破了画面框架两边的限制，开拓了画面的横向空间，那么纵向移动镜头就是在纵向上突破了电视屏幕平面局限，开拓了画面的纵向空间。纵移动镜头向前或向后的移动，在电视画面中直接通过运动显示了画面的深度空间。在画面造型上，它不再仅仅依靠影调和透视这些平面造型的规律来表现立体空间，而且还利用镜头纵向运动，在运动中展示一个除了长和宽之外还有纵深变化的立体空间，给人造成一种强烈的时空变化感。例如电视系列节目《话说长江》中的航拍镜头，在电视屏幕上给我们展示出了这样一些立体化的视觉形象：随着飞机的向前运动，起伏的山峦在两边移过，蜿蜒的长江在向前延伸。画面中的景物，不仅有了高度和宽度，同时在镜头的不断向前运动中还展现了它的长度和深度。

2．移动镜头在表现大场面、大纵深、多景物、多层次的复杂场景时具有气势恢宏的造型效果

在现实生活中，我们面前的视觉空间常常是复杂多变的。视域区内景物之间的相互重叠，使我们很难在一个视点上即对整个空间有个完整的认识。面对一些复杂的场面和场景，前面谈到的固定画面，摇镜头、推镜头、拉镜头，在造型表现上都显得"力不从心"，有很大的局限性。而用移动摄像的表现方式就有"如鱼得水"、"游刃有余"的优势。移动摄像使摄像机摆脱了定点拍摄方式，摄像机可以在所能进入的空间里随意运动并通过运动形成的多角度、多景别、多构图画面对一个空间进行立体的多层次的表现。同时还可以有控制地逐一展现景物，有时只要稍稍改变一下摄像机的位

置或角度就能形成一个全新的、引人注目的构图。从某种意义上讲，移动镜头与推、拉、摇镜头相比在空间表现上具有更大的自由度，它的最大优点在于对复杂空间表现上的完整性和连贯性。比如说，在一则表现1996年10月发生在厄瓜多尔的足球惨案的新闻里，由于地点是被球迷拥挤踩踏以致倒塌的球场看台，加之警卫人员、救援人员等来往穿梭，现场一片狼藉和混乱。记者拍摄时用了一个很长的移动镜头，只见画面中忽而穿过忙碌的医护人员，时而划过排在地面的死难者，时而绕过被挤得变形的看台铁丝护栏网，……非常好地记录和表现了灾变后的现场实况。再比如一些大型运动会的开幕式上，拍摄大型团体操表演时，摄像师常常会进入表演的行列中拍摄一些移动镜头，以表现团体操方阵内部的阵形变化和众多表演者的具体情况，有一种很强的动感和纵深感。倘若只用推、拉、摇等镜头，难以再现出团体操的局部层次感和内部的纵深变化。

近年来，在电视节目中出现越来越多的航拍镜头，是在一个更大的范围内对完整空间的表现，赋予了电视画面更为丰富多样的造型效果。航拍除了具有一般移动镜头的特点外，还以其视点高、角度新、动感强、节奏快等特点展现了人们在生活中不常见到的景象，赢得广大电视观众的喜爱。特别是在许多电视系列片，如《话说长江》、《话说运河》、《望长城》中，大量的航拍镜头将观众视点带到空中居高临下极目远眺，把辽阔无垠的壮美河山尽收眼底，扩大了画面表现空间的容量，形成了浩大的气势，成为节目表现景物的中坚画面。

3．移动摄像可以表现某种主观倾向，通过有强烈主观色彩的镜头表现出更为自然生动的真实感和现场感

移动摄像使摄像机成了能动的活跃的物体。机位的运动，直接调动了人们在行进中或在运动物体上的视觉感受。有时摄像机所表现的视线是电视剧中某个人物的视线，观众以该剧人物的角度"目击"或"臆想"其他人物及场面的活动与发展，观众与剧中人视线的合一，从而产生与该剧中人物相似的主观感受。比如，在一些电视剧中，表现飞车追匪的场面时，把摄像机架在飞驰的汽车中，犹如车中主人公的视点，画面表现的是车前和窗外飞速闪过的景物和行人，观众好像也置身车中随之飞奔直闯，心情的紧张状态完全被这种强烈的主观视觉效果所抓住和吸引。

电视新闻摄像记者在新闻现场运用移动摄像可以将观众的视点"调度"到摄像机镜头的位置上（也就是说"调度"到新闻现场），让电视观众的视线与摄像记者的视线同一。比如在《焦点访谈》播出的"深圳书市为何火爆"中，记者为表现书市中拥挤的人群和人们求知的热望，拍摄了这样一个移动镜头，摄像机如同人一样艰难地"穿行"于书市大厅之中，只见画面中满是排队付款或低头看书的人们，由于现场实在拥挤异常，摄像机还时常"躲闪"着避免撞到只顾埋头看书的入迷者。观众好像是随着摄像机的运动"进入"到那种特定的情境中去，仿佛也在人群中穿梭浏览一般，因而能从这个移镜头中感受到强烈的现场感和参与感。

充分利用移动摄像所表现出来的现场感和参与感，通过造型的手段最大限度地表现纪实效果和真实性，是每一个电

视新闻记者在新闻纪实性节目拍摄中应注意的重要问题。

4.移动摄像摆脱定点拍摄后形成多样化的视点，可以表现出各种运动条件下的视觉效果

随着电视技术的不断发展，电视摄录设备日益小型化、轻便化、一体化，移动摄像的形式也越来越丰富，向着多样化、多视点方向发展。许多摄像师为寻找新的运动形式，进行着大胆的实践。在电视屏幕上我们看到在急速滚动的车轮旁两辆汽车一前一后的追逐；在紧贴地面的旱冰车上飞驶向前；在空中追随跳伞运动员组成各种图案造型；随深水舱在海底遨游，观赏着海底奇观；随太空船在天上看我们人类居住的地球；甚至摄像机通过画面把人的视点带进人类不能到达的地方。各种形式的移动摄像使摄像机无所不在、无处不拍，极大地丰富了电视画面的造型形式和表现内容。摄像机的解放，带来了视点的解放，它使电视艺术具有自己更加独特的造型特点。

二、移动镜头的拍摄要求

除了一些特殊的移动摄像需用特殊的摄录设备外，一般条件下的移动摄像主要分为两种拍摄方式，一种是摄像机安放在各种活动物体上，诸如移动车、活动三脚架、升降车、各种工具车等，随着活动物体的运动进行拍摄；另一种是摄像者肩扛摄像机，通过人体的运动进行拍摄。这两种拍摄形式都应力求画面平稳，而平稳的重要一点在于保持画面的水平。无论镜头运动速度快或慢，角度方向如何变化，如非特殊的表现，地平线应基本处于水平状态。

另外，不管是什么方向、什么形式的移动摄像，用广角镜头来拍摄均会取得较好的画面效果。广角镜头的特点是在运动过程中画面动感强并且平稳。实际拍摄时，在可能的情况下应尽量利用摄像机变焦距镜头中视角最广的那一段镜头。因为镜头视角越广，它的特点体现得越明显，画面也容易保持稳定。最后，移动摄像使摄像机与被摄主体之间的物距处在变化之中，拍摄时应注意随时调整焦点以保证被摄主体始终在景深范围之中。

第五节 跟 摄

跟摄是摄像机始终跟随运动的被摄主体一起运动而进行的拍摄。用这种方式拍摄的电视画面称为跟镜头。

跟镜头大致可以分为前跟、后跟（背跟）、侧跟三种情况。前跟是从被摄主体的正面拍摄，也就是摄像师倒退拍摄，背跟和侧跟是摄像师在人物背后或旁侧跟随拍摄的方式。

跟镜头通常来讲具有下列特点：

(1) 画面始终跟随一个运动的主体（人物或物体）。由于摄像机运动的速度与被摄对象的运动速度相一致，这个运动着的被摄对象在画框中处于一个相对稳定的位置上，而背景环境则始终处在变化中。

(2) 被摄对象在画框中的位置相对稳定，画面对主体表现的景别也相对稳定，如是近景始终是近景，如是全景始终是全景，目的是通过稳定的景别形式，使观众与被摄主体的视点、视距相对稳定,对被摄主体的运动表现保持连贯,进而有利于展示主体在运动中的动态、动姿和动势。

(3)跟镜头不同于摄像机位置向前推进的推镜头,也不同于摄像机位置向前运动的前移动镜头。跟镜头、推镜头、前移动镜头这三者虽然从拍摄形式上看都有摄像机追随被摄主体向前运动这一特点,但从镜头所表现出的画面造型上看却有着明显的差异,并由此形成各自的表现特点。

摄像机机位向前推进的推镜头,画面中有一个明确的主体,随着摄像机的运动,镜头向主体接近,主体形象有个由小到大的进程,镜头最终以这个主体为落幅画面的结构中心,并停止在这个主体上。

摄像机机位向前运动的前移动镜头,画面中并没有一个具体的主体。而是随着摄像机向前运动,表现了镜头从开始到结束时整个空间或整个群体形象。

跟镜头画面中始终有一个具体的运动的主体,摄像机跟随着这个主体一起移动,并根据主体的运动速度来决定镜头的运动速度,一般情况下主体在镜头的开始至结束均呈现为一个相对稳定的景别。

下面,我们举个例子来具体地说明这三者之间的区别。比如在一个阅兵仪式上,三军仪仗队排成整齐的队列接受首长的检阅。倘若镜头从方阵的全景画面推到陆、海、空三名领队军官的中景画面,这显然是一个推镜头。倘若摄像机从队列前侧角度取景,随着摄像师的走动向前运动,则士兵逐一从画面中划过,这就是一个前移动镜头。如果摄像机跟随阅兵的首长一起移动,首长始终在画面中处于相对稳定的位置,而被检阅的士兵不断划过画面,那么这个镜头就是跟镜头。

分清这三种拍摄方式的不同特点,目的在于了解三种不同拍摄方式所形成的三种不同的画面造型效果,及其各自不同的表现重点。这并不是一件多余的事。

一、跟镜头的作用

(1)跟镜头能够连续而详尽地表现运动中的被摄主体,它既能突出主体,又能交待主体的运动方向、速度、体态及其与环境的关系。

跟镜头是通过摄像机跟随被摄对象一起移动的拍摄方式,它用画框始终"套"住运动中的被摄对象,将被摄对象相对稳定在画面的某个位置上,使观众与被摄对象之间的视点相对稳定,形成一种对动态人物或物体的静态表现方式,使动体的运动连贯而清晰,有利于展示人物在动态中的神态变化和性格特点。

比如在一部讲述一名早年丧夫的农村妇女,靠种菜供养两个儿子上学的专题片中,有这样一个跟镜头:深秋时分,天刚破晓,这位妇女就起床劳动起来,她挑起水桶到菜园浇菜,由于她非常瘦小,两个水桶似乎显得有些夸张地大。她那举步维艰的背影和姿态在这个挑水的背跟镜头中给观众非常深刻的印象,不仅能够从中想象到她供养儿子上学的艰辛和磨难,也为她顽强的毅力和母爱的奉献精神所感动。

(2)跟镜头跟随被摄对象一起运动,形成一种运动的主体不变、静止的背景变化的造型效果，有利于通过人物引出环境。

跟镜头的摄像机运动是以运动的被摄对象为契机和依据的。人物的运动"带"着摄像机的运动，摄像机随着人物将其走过的环境逐一连贯地表现出来。比如，在一部表现上海下岗工人自强创业的电视片中，记者跟随一个下岗男青年到他自办的家电修理铺拍摄采访时，运用了一个很成功的跟镜头。画面从这个男青年走进家居的弄堂开始跟起，跟着他穿过狭窄的弄堂，来到他父母的一间旧屋，又跟着他爬上逼仄的阁楼，这才到了他居住的不足4平米的小屋，只见里边摆满了电子仪器和待修的家用电器等。观众通过这个跟镜头了解到这位下岗男青年工作环境和居住条件的简陋、寒伧，更加激发起了解他在如此条件下自强不息的创业故事的兴趣。

这种跟镜头重点在于通过人物的运动引出其所在的环境。人物运动仅仅是摄像机运动的由头，它使摄像机"追随"人物而出现的运动显得自然而合理。如果摄像机的运动不是追随画面中某个人物而是以自己的运动节奏和速度来运动，从画面造型上很容易使人感觉到，摄像机作为一个独立的视点而存在于拍摄现场，处理不好时常使镜头运动生硬、牵强。

（3）从人物背后跟随拍摄的跟镜头，由于观众与被摄人物视点的同一（合一），可以表现出一种主观性镜头。

摄像机背跟（背后跟随）方式的跟镜头，使镜头表现的视向就是被摄人物的视向，画面表现的空间也就是被摄人物看到的视觉空间。这种视向的合一，将观众的视点调度到画面内跟着被摄人物走来走去,从而表现出一种强烈的现场感和参与感。比如在电视剧中,当镜头跟随主人公进入到一间阴森幽暗的房间中时,观众从画面看来,也仿佛走进了这个令人毛骨悚然的场景中去,平添了许多紧张和不安。

背跟方式所表现出的观众视向与被摄人物视向的一致,在电视剧中,是导演将观众直接引入剧情,使观众产生与剧中人物相似的主观感受的有力手段之一。在纪实性节目中,是加强画面现场感和调动观众的参与感的有效方法。在电视新闻片中,常见到摄像机镜头跟随记者、新闻人物或节目主持人走向新闻现场,走向被采访对象,走向被介绍物体,将观众的视线"带"进新闻现场,"带"到被采访对象或被介绍的物体的跟前,这些都是背跟方式在新闻节目中积极运用的结果。比如,在系列片《望长城》中"寻找王向荣"的段落里,镜头跟随主持人焦建成而运动,只见焦建成时而上坡,时而下沟,时而向村娃打听地址,在整个背跟的画面中都给观众很强的参与感和关注感,似乎也进入到场景中焦急地盼望和找寻着"歌王"王向荣。

(4) 跟镜头对人物、事件、场面的跟随记录的表现方式,在纪实性节目和新闻节目的拍摄中有着重要的纪实性意义。

跟镜头中被摄人物的运动直接左右着摄像机的运动,摄像机跟随被摄人物的拍摄方式体现了一种摄像机的运动是由于人物的运动而引起的被动记录的表现方式。

跟镜头的表现方式,不仅使观众置身于事件之中,成为事件的"目击者",而且还表现出一种客观记录的"姿态"。

它使我们从画面造型上感觉到电视摄像记者在事件现场不是事件的策划者和组织者，而是事件的"旁观者"和记录者。尽管摄像机是运动的、活跃的，但表现的方式是追随式的、被动的，恰当而有力的造型表现方法能让观众对这条新闻所报道的事件确信无疑。比如，纪录短片《潜伏行动》记录了我武警突击队员击毙罪行累累、民愤极大的犯罪团伙头目刘某的过程。在整个"设伏"、"追击"、"毙敌"的实战中，摄像师始终是跟随拍摄，尽管有时因跑速太快而造成画面的颠晃，但却表现出极强的真实性。观众从跟镜头中看到我武警战士荷枪实弹地迅即包围刘宅，看到战士们牵着警犬快速追击受伤逃窜的刘某等过程，直至最终将其击毙。可以说，这些真实性极强的跟镜头都是非常珍贵的。

在新闻摄像中提倡不干涉被摄对象的纪实性拍摄，是保证电视新闻真实性的重要环节。我们应当在电视新闻摄像中大力提倡记者对新闻人物和事件"跟踪追击"、"围追堵截"等"被动"式的纪录表现方法，摈弃"导演、摆布"和"指挥、调度"等"主动"臆造式的表现方式，客观地、忠实地记录发生的事件和活动。在这方面，跟镜头所表现出的摄像机追随人物和事件的被动式画面造型效果，是加强电视新闻画面真实感的有效方法。

二、跟镜头拍摄时应注意的问题

（1）跟上、追准被摄对象是跟镜头拍摄的基本要求。运用运动的方式去记录表现一个运动的人物或物体，常会出现两种运动速度的不一致。反映到画面上就会出现被摄人物在画平面上不断的位移,使观众在对这种画面观赏时需不断调整视线落点追随不断位移的人物,继而产生视觉疲劳和厌烦心理。在电视画面中一个运动的物体越是稳定的表现,画面具有越大的美感价值和视觉价值。无论对于运动速度多么快多么复杂的人物或物体都应力求将他(它)稳定在画面的某个位置上。

不管画面中人物运动如何上下起伏、跳跃变化,跟镜头画面应基本上是或平行、或垂直的直线性运动。因为镜头大幅度和次数过频的上下跳动极容易使观众产生视觉疲劳,而画面的平稳运动是保证观众稳定观看的先决条件。

(2) 跟镜头是通过机位运动完成的一种拍摄方式,镜头运动起来所带来的一系列拍摄上的问题,如焦点的变化、拍摄角度的变化、光线入射角的变化,也是跟镜头拍摄时应考虑和注意到的问题。

第六节 升降拍摄

摄像机借助升降装置等一边升降一边拍摄的方式叫升降拍摄。用这种方法拍到的电视画面叫升降镜头。

升降拍摄是一种较为特殊的运动摄像方式,我们在日常生活中除了乘坐飞机、乘坐建筑工地的升降电梯等情况外,很难找到一种与之相对应的视觉感受。可以说升降镜头的画面造型效果是极富视觉冲击力的,甚至能给观众以新奇、独特的感受。

升降拍摄通常需在升降车或专用升降机上才能很好地完

成。我们有时候也可肩扛或怀抱摄像机，采用身体的蹲立转换来升降拍摄，但这种升降镜头幅度较小，画面效果并不明显。升降镜头在作上下运动的过程中也形成多视点的表现特点，其具体运动方式可分为垂直升降、斜向升降、不规则升降等。

一、升降镜头的画面造型特点

一般来说，升降拍摄在新闻节目的拍摄中并不常见，而在电视剧、文艺晚会、音乐电视等的摄制中运用得较为广泛。这大概也跟升降镜头对特殊升降设备的依赖性不无关联。这可说是升降镜头与其它运动镜头相比，一个突出的特点了。除此之外，升降镜头在画面造型上有以下一些显著特征：

（1）升降镜头的升降运动带来了画面视域的扩展和收缩。摄像机的机位就如同人的站位。所谓"登高而望远"，当摄像机的机位升高之后，视野向纵深逐渐展开，还能够越过某些景物的屏蔽，展现出由近及远的大范围场面。而当摄像机的机位降低时，镜头距离地面越来越近，所能展示的画面范围也渐渐逼窄起来。

（2）升降镜头视点的连续变化形成了多角度、多方位的多构图效果。在一个镜头中随着摄像机的高度变化和视点的转换，给观众以丰富多样的视觉感受。比如有一个陕北腰鼓队的集体表演是在黄河的壶口瀑布边进行的，摄制人员运用升降设备，拍摄了这样一个镜头：画面开始是一个腰鼓队员欢蹦乱跳、笑逐颜开的全景镜头，然后逐渐向侧后方升起；

画面中由个体到群体,又由群体转换到壶口瀑布入画后的大全景场面,只见众人齐舞、飞瀑急流,非常好地表现出了那种欢天喜地的气势和民族振兴的雄心。这个镜头从单人到众人再到人河共容的画面转换是一气呵成的,构图样式的变化和运动形式的升起与所表现的内容和主题非常吻合。我们可以利用升降镜头中构图连续转换的特点,通过造型上的变化传达出情绪的波动和情感的变化。

二、升降镜头的功能和表现力

1. 升降镜头有利于表现高大物体的各个局部

升降镜头在垂直地层现高大物体时不同于垂直的摇镜头,垂直的摇镜头由于机位固定、透视变化,高处的局部可能会发生变形;而升降镜头则可以在一个镜头中用固定的焦距和固定的景别对各个局部进行准确地再现。以拍摄同一幅悬挂起来的巨型竖幅标语为例,用竖摇镜头从最上一个字摇到最下一个字,本来一样大的字体会在画面中呈现出由小到大的变化;而用升降镜头拍摄时,画面中的字从头至尾基本还是一样大。

2. 升降镜头有利于表现纵深空间中的点面关系

升降镜头视点的升高,视野的扩大,可以表现出某点在某面中的位置;同样,视点的降低和视野的缩小能够反映出某面中某点的情况。比如说电视剧中表现战争场面时常常用到升降镜头,假设画面从战壕中发出射击命令的军官升起来,展现出整个壕沟里应声开枪迎敌的众多战士,这就说明了"点"(军官)与"面"(士兵)的相互关系。再比如晚会中歌伴舞的节目中，也可以从众多伴舞者的大场面起幅把镜头向演唱者降下去，表现"众星"（面）捧"月"（点）的表演实况。

3．升降镜头常用来展示事件或场面的规模、气势和氛围

升降镜头能够强化画内空间的视觉深度感，引发高度感和气势感。特别是在一些大场面中，控制得当的升降镜头能够非常传神地表现出现场的宏大气势。比如前面提到的那个拍摄陕北腰鼓队数百人齐舞的升降镜头就是个例证。再比如大型运动会开幕式的集体舞表演时，升降镜头从小景别升起后展示出大景别画面中的群舞场面，给人一种此起彼伏、规模浩大的现场感，这是固定镜头所难以表现的。

4．镜头的升降可实现一个镜头内的内容转换与调度

升降镜头从高至低或从低至高的运动过程中，可以在同一个镜头中完成不同形象主体的转换。比如，升镜头中较远的景物或人物最初被画面中的形象所遮挡，随着镜头升起后逐渐显露出来。反之，降镜头可以实现从大范围画面形象向某一较近的形象的调度。举例来说，升镜头的起幅画面中两个日本监工正站在树荫下吃西瓜，随着镜头升起，这两人出画，观众看到了在不远处的探石场里，众多中国劳工正顶着烈日拼死干活。在电视剧中这样一个镜头中的意蕴并不难懂，这种画面主体形象的调度也不难实现。换言之，如果把上述升镜头的顺序颠倒过来用降镜头加以表现，也就完成了从"中国劳工"到"日本监工"的形象调度和内容转换。

5．升降镜头可以表现出画面内容中感情状态的变化

升降镜头视点升高时，镜头呈现俯角效果，表现对象变得低矮、渺小，造型本身富有蔑视之意；当其视点下降时，镜头呈现仰角效果，表现对象有居高临下之势，造型本身带有敬仰之感。这种俯仰角度的情感效应与固定的俯仰镜头是一致的，但升降镜头感情状态的变化却是在连续的升降运动中得以表现出来的，因此又与前者有很大程度的不同。比如在一部反映中学生活动的电视剧中，与同学们产生"矛盾"而被称为老师的"马屁精"的班长放学后走出教室，她本想跟几个同学一起回家，可是大家都"避之唯恐不及"地把她甩在了身后，她站在那里发呆似地低头思索着什么。这时候镜头缓缓升起，她变得越来越小，与同学们越来越远，这种镜头运动表现出了这个"不受欢迎的班长"被同学们孤立、冷落的尴尬情境。此外，镜头的升降运动还可以起到深化画面意境、发挥情感余韵等造型作用，常在情节性电视节目的段落结尾或全片结束时得到运用。

总之，升降镜头借助特殊装置所表现出的独特画面造型效果，可以给我们提供丰富视觉感受和调度画面形象的有效手段。特别是当我们把升降镜头与推、拉、摇及变焦距镜头运动等多种运动摄像方式结合使用时，会构成一种更加复杂多样、更为流畅活跃的表现形式，能在复杂的空间场面和场景中取得收放自如、变化多端的视觉效果。当然，由于升降镜头所带来的视觉感受比较特别，容易令观众感到节目编摄者的主观创作意图，容易让观众产生一种对画面造型效果的"距离感"，因此，对升降镜头应当慎用，特别是拍摄新闻纪实类节目时尤其需要慎重考虑，否则，画面造型的表现性可能会影响节目内容的真实感和客观性。

第七节　综合运动摄像

综合运动摄像是指摄像机在一个镜头中把推、拉、摇、移、跟、升降等各种运动摄像方式，不同程度地、有机地结合起来的拍摄。用这种方式拍得的电视画面叫综合运动镜头。

综合运动摄像呈现出多种形式，我们可以把它们大致分为三种情况：一种是先后方式，诸如推摇镜头（先推后摇）、拉摇镜头（先拉后摇）等；一种是包容方式，即多种运动摄像方式同时进行的，比如移中带推、边移边摇等；第三种是前两种情况的混合运用。如果按排列组合方式，至少可以将运动镜头分为成百乃至上千种不同形式。我们不可能、也没有必要对综合运动镜头的各类形式逐一加以分析。这项工作有待于摄像人员在实践中不断地摸索和总结。在这里，我们仅就各种运动摄像方式糅合在一个镜头中的情况，对其所表现出的画面特点和共性作一个基本的、概要的分析：

（1）综合运动镜头的镜头综合运动产生了更为复杂多变的画面造型效果。综合运动镜头中的各种运动摄像方式不论是先后出现还是同时进行，都在一个电视镜头中形成了多景别、多角度的多构图画面和多视点效果。

（2）由镜头的综合运动所形成的电视画面，其运动轨迹是多方向、多方式运动合一后的结果。综合运动镜头在电视屏幕上为人们展示了一种新的视觉效果，而人眼在现实生活中一般而言是很难产生这种对应的视觉体验的,因而它开拓了再现生活、表现生活及观察和认识自然景物的新的造型形式。

一、综合运动镜头的作用和表现力

1. 综合运动镜头有利于在一个镜头中记录和表现一个场景中一段相对完整的情节

不管是先后出现还是同时进行,综合运动镜头在一个镜头中存在两个以上的运动方向,都比单一运动方式呈现出一种较为复杂多变的画面造型效果;另一方面,由于综合运动镜头把各种运动摄像方式有机地统一起来,在一个镜头中形成一个连续性的变化,给人以一气呵成的感觉。例如:电视剧《新闻启示录》表现一群报社记者"跟踪追击"来到教授家采访,镜头从楼道开始随着记者们退进教授家,在他们热烈讨论的场面中,随着讲话者的转换时而从左摇到右,时而从右摇到左。当一位农民企业家为解决教授的交通工具问题扛来一辆自行车时,镜头又随着开门人移向门口。一个镜头纪录表现了一个场景内一段相对完整的情节。在这个镜头中它既不像固定画面那样一个机位一拍到底,画面沉闷缺少变化,又不像单一运动镜头,或一推或一拉,镜头运动单调刻板缺少生气,而是通过综合调度镜头的各种运动形式,随着情节中心的转移不断变换着画面的表现空间和形象内容,把多样的形式有秩序地统一在整体的形式美之中,构成一种活跃而流畅、连贯而富有变化的表现样式。综合运动镜头在复杂的空间场面和连贯紧凑的情节场景中显示了独特的艺术表现力。

2.综合运动镜头是形成电视画面造型形式美的有力手段

综合运动镜头的运动转换点更为流畅、圆滑，画面视点的转换更为顺畅、自然，每一次转变都使画面形成一个新的角度或新的景别。从造型上讲，它构成了对被摄对象的多层次、多方位、立体化的表现，形成了一个流动而又富有变化的、其本身就具有韵律和节奏的表现形式。这种运动的表现使得画面中仿佛流动着一种富有意蕴的旋律，从而引发了观众的视觉注意和审美感受。现在许多的音乐电视作品中都注意运用综合运动镜头以形成画面语言的美感和韵致，可以说正是由综合运动镜头形式上的造型表现力所直接决定的。

3.综合运动镜头的连续动态有利于再现现实生活的流程

尽管在一个综合运动镜头中景别、角度、画面节奏等因素不断变化，但画面在对时间空间的表现上并没有中断，镜头的时空表现是连贯而完整的。它使画面空间在一个完整的时间段落上展开，在纪实性节目中保证了事件的进程受到尊重。它不是经过镜头剪辑，而是通过镜头运动再现了现实时空的自然流程，因而更有真实感。比如，在《东方时空》的《生活空间》栏目中，许多节目都是在大量综合运动镜头的基础上得以客观而鲜活地再现老百姓的生活和故事的。此外，在电视剧、专题晚会等电视节目中，综合运动镜头使导演通过镜头运动有意识地组织观众对情节和场景的认识成为可能，保证了场面调度的随意性、多样化和连续性、完整性。

4. 综合运动镜头有利于通过画面结构的多元性形成表意方面的多义性

综合运动镜头在一个连续不断的时间里，将事件、情节、人物和动作在几个空间平面上延伸展开，形成一种多平面、多层次、多元素的相互映衬和对比，使画面内部蒙太奇更为丰富。这种画面结构的多元性，形成表意方面的多义性，加大了单一镜头的表现容量，丰富了镜头内的表现含义。比如，在反映一对盲人夫妇养育孩子经过的日本电视纪录片《望子五岁》中，拍摄者用一个篇幅颇长的综合运动镜头记录了"望子受罚"的过程：当父亲繁男得知望子在幼儿园欺负别的同学后，狠狠地批评了她，还把她抱进房间里"体罚"了一下，镜头从紧闭的木门摇推到外屋的母亲玲子，只见她表情严峻、神态沉重的样子；然后镜头转回头，父亲抱着大哭的望子从屋里出来了，望子哭喊着向母亲跑去，母亲玲子置之不理，最后非常生气地向门外走去。望子又哭喊着跟了出去，这时摄像师扛起摄像机跟着望子一起"追"母亲玲子，玲子起初步伐非常之快，后来终于忍不住停了下来，只穿着袜子的望子终于扑向了母亲的怀抱，这时摄像师在远远的街角处把镜头推了上去，只见母亲半蹲在路旁，不时对望子说着什么，还摸索着给望子穿上快要跑掉的袜子，望子在母亲的教诲和抚慰下也渐渐停止了抽泣。像这样一个复杂多变的连续过程，单用推、拉、摇、移等运动摄像方式，恐怕很难像片中的综合运动镜头那样记录和传递如此丰富的内容和画面信息。一方面，这对盲人夫妇教子之严厉可见一斑，但观众同时也看到了母亲既严厉又慈爱的性格流露。正是通过一个从屋内到室外的多元素、多背景、多视点的综合运动镜头，极大地丰富了单一镜头的容量和表现力，给人物以展示不同行为、不同性格的空间和时间。

5.综合运动镜头在较长的连续画面中可以与音乐的旋律变化相互"合拍"，形成画面形象与音乐一体化的节奏感

综合运动镜头将多种运动摄像方式有机地结合起来不间断地一次完成，一般镜头长度较长，能够在一个镜头中包容一段完整的音乐，不因画面分段和出现场景的变化破坏音乐的整体性和旋律美。同时，当镜头内多种运动形式所构成的节奏变化和运动韵律与音乐旋律和节拍相同步，会产生一种画面运动与音乐旋律变化相"谐振"的效应，强化声画的节奏感。

音乐是时间艺术，它所表现的音乐形象是在时间上展开的。综合运动镜头不论从时间长度上，还是运动变化上都比其它拍摄方式与音乐的结合更有表现力。纪录片《喜浪藻》在表现老科学家和睦的家庭时，用了一个综合运动镜头。镜头从小外孙女弹钢琴的手的特写开始，先后出现外孙女的母亲在钢琴旁为女儿翻乐谱，外孙女的父亲与老科学家夫妇一同在旁边聆听，最后小外孙女在弹完琴后扑进姥爷（老科学家）的怀抱。随着乐曲的旋律变化，乐曲的节拍处，就是镜头每次运动的转换处，声音与画面达到一种谐振效果，很好地表现了老科学家一家人和睦的关系和欢快的情绪。这种处理既保持了音乐的完整和连贯，又保证了现场气氛的完整和连贯，使画面和音乐结合得和谐流畅。

二、综合运动镜头的拍摄

综合运动镜头的拍摄是一种比较复杂的拍摄，由于镜头内变化的因素较多，需要考虑和注意的地方也较多，归纳起来首先要处理好的问题有：

（1）除特殊情绪对画面的特殊要求外，镜头的运动应力求保持平稳。画面大幅度的倾斜摆动，会产生一种不安和眩晕，破坏观众的观赏心境。

（2）镜头运动的每次转换应力求与人物动作和方向转换一致，与情节中心和情绪发展的转换相一致，形成画面外部的变化与画面内部的变化完美结合。

（3）机位运动时注意焦点的变化，始终将主体形象处理在景深范围之内。同时注意到拍摄角度的变化对造型的影响，并尽可能防止拍摄者影子进画出现穿帮现象。

（4）要求摄录人员默契配合，协同动作，步调一致。比如升、降机的控制，移、跟过程中话筒线的处理等，如果稍有失误，都可能造成镜头运动不到位甚至绊倒摄像师等后果。越是复杂的场景，高质量的配合就越发显得重要。

最后，我们来谈一谈肩扛摄像机拍摄综合运动镜头的有关问题。随着电视摄录设备的日益小型化、轻便化和一体化，加之运动肩架等减震装置的不断完备，在电视新闻、电视纪录片、纪实性专题节目，甚至在许多电视剧中，通过拍摄者肩扛摄像机拍摄综合运动镜头的情况越来越普遍了。概括说来，肩扛方式拍摄的综合运动镜头具有以下三个优点：

①人的视点：肩扛摄像机使镜头的拍摄高度为正常人眼

睛的高度，在这个视点上拍摄的画面是人们生活中最常见到的，看起来也最为熟悉和亲切，画面中景物的透视关系处在一个相对稳定的状态中，较少极低视点或极高视点画面中透视关系变形所内含的某些表现性。

②运动节奏的"人化"效果：通过拍摄者自身运动完成的运动镜头，画面不同于通过移动轨或升降机等机械手段完成的运动镜头，其运动的速度是人物行进的速度，画面运动的起伏直接受人物步伐、步频等影响。观看这种画面使人强烈地感受到摄像机的存在———一种由于画面起伏变化使观众感到拍摄者运用摄像机在拍摄现场记录表现的创作活动。此时此刻，摄像机镜头在拍摄现场作为拍摄者的眼睛，在电视屏幕前又成为观众的眼睛，把观众带到了拍摄现场。在电视新闻片和其它纪实性的节目中，肩扛摄像机完成的电视画面具有浓郁的现场氛围，是电视新闻记者加强画面真实性和现场感的有效表现手段，也是情节性节目中表现剧中人物主观镜头常用的拍摄方法。

③镜头调度的随意性：肩扛摄像机拍摄使拍摄过程中各操作动作集于拍摄者一身，如：机位运动、焦点调整、光圈转换、变焦距推拉、俯仰角度和拍摄方向等的变化均由拍摄者控制。镜头调度自由、灵活，应变能力强，具有较大的随意性，随着摄像机托架装置的进步和完善，肩扛摄像机也能拍出非常平稳的画面，不论是以较快的速度行进，还是在较小空间里自由的运动，变换角度、距离和方向都已成为一件不难做到的事。当然，如果没有特殊的减震装置，仅靠摄像师控制对于保证画面的清晰和稳定就是一件十分困难的

事了。

但是，正如我们在前面的有关章节中一再强调的那样，我们无论是拍摄固定画面还是运动画面，都应当把内容和主题的需要摆在首先考虑的位置上，要对所采取的拍摄方式或镜头运动有充分地、全面地的思考和准备，并在具体操作中加以准确、严密、流畅而到位的表现，动其所当动，静其所当静。而决不应把运动摄像所提供的技术手段当成是炫耀和卖弄的资本，"为运动而运动"，结果是画面不知所云，不知所"动"，反而干扰了观众对画面信息和内容形象的正常收视。

本章思考与练习题

1. 何为运动摄像？运动摄像如何划分？

2. 请说出各种不同运动摄像方式的造型特点、功用及拍摄时的注意事项。

3. 摄像机机位前进的推镜头、前移动镜头和跟镜头三者之间有何异同，请举例说明。

4. 用肩扛方式拍摄的综合运动镜头有哪些优点？请结合实例分析说明。

第五章　光学镜头及其运用

本章内容提要

★镜头的光学特性由焦距、视场角和相对孔径三个因素组成，它们的技术性能及组配关系将会直接影响摄像师所能达到的技术可能性和艺术可能性。

★光学镜头不仅是一个技术手段，同时也是一种艺术手段。在焦距、视场角和相对孔径这三个光学特征中，对画面造型的影响最直接、最根本的因素是镜头焦距。长焦距镜头、广角镜头及变焦距镜头各自具有其造型特点、表现潜能和不足之处。

镜头在不同的语境下，有两种不同含义：一种是指摄像机每次开机至关机所摄取的一段连续视听素材，即电视画面；另一种即是本章所将讨论的光学镜头，是指摄像机上的光学透镜组，是一个技术性名称。

第一节　镜头的光学特性

光学镜头是电视摄像机的重要部件，一般是由多片正透镜和负透镜与相应的金属零件组合而成的。质量较好、档次较高的摄像机镜头还带有自动光圈、电动变焦距等装置。

光学镜头是摄像机的门户，它的最基本作用是把被摄物体成像于摄像机内的摄像管上。镜头的光学特性是指由其光学结构所形成的物理性能，由焦距、视场角和相对孔径三个因素组成。任何一种光学镜头，都可以由这三种光学特性的技术参数来表示和区分（见图5-1）。

对电视摄像人员来说，镜头焦距、视场角和相对孔径对画面拍摄都会产生影响，它们的技术性能及组配关系直接决定了摄像者所能达到的技术可能性和艺术可能性。

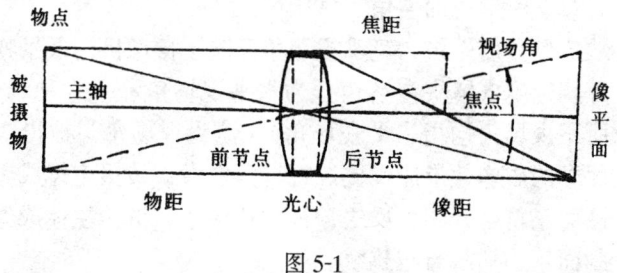

图 5-1

一、焦距

摄像机的镜头都可被看成为一块中间厚、边缘薄的凸透镜，光线穿过透镜会聚成焦点，焦点至镜头中心的距离即为该镜头的焦距，焦距的单位是毫米（mm）。

镜头焦距的长短与被摄对象在摄像管光电靶面上的成像面积成正比。如果在同一距离上对同一被摄对象进行拍摄，镜头焦距愈长，那么成像面积越大，放大倍率越高；反之，镜头焦距愈短,则成像面积越小,放大倍率越低。

通常,我们把焦距与像平面对角线接近或相等的镜头称为标准镜头。一般的摄像机光电靶面成像面积约等于16毫米电影摄影机的画幅像平面,标准镜头焦距通常为25毫米。焦距大于像平面对角线的镜头,称为长焦距镜头。焦距小于像平面对角线的镜头,称为广角镜头。焦距可发生变化的镜头,称为变焦距镜头。

二、视场角

镜头的视场角是指摄像管有效成像平面(视场)边缘与镜头后节点所形成的夹角。

从造型角度上讲,镜头视场角反映了摄像机记录景物范围的开阔程度(镜头视场角分为水平视场角和垂直视场角,本章所用视场角均指水平视场角)。镜头视场角与被摄对象在画面中的成像效果成反比。视场角愈大,被摄主体成像越小,画面景物越开阔;反之,视场角愈小,被摄主体成像越大,画面景物的视野越狭窄。

视场角主要受镜头成像尺寸和镜头焦距这两个因素制约。由于摄像管成像靶面在实际拍摄中是不变的固定因素,所以直接影响视场角的就是镜头焦距了。我们拍摄时一般只能通过变换不同焦距的镜头来改变视场角。

摄像机在同一距离上对同一被摄对象进行拍摄时,使用不同焦距的镜头会改变该对象在画面中的成像面积和背景范围。这实质上是由于视场角发生了相应的改变。比如,一个视场角为50°的镜头所拍得的被摄主体在画面中只有视场角为 5°的镜头拍得的图像面积的 1/10。镜头焦距越长，视场角越小；焦距越短，视场角越大。标准镜头（25mm 镜头）所呈现的视场角大约在 45°左右。广角镜头，（焦距小于 25mm）的水平视场角均大于 60°，一般处在 60°～130°之间。130°以上到 180°之间的镜头被称为超广角镜头，又称为鱼眼镜头。长焦距镜头（焦距大于 25mm）的水平视场角小于 40°。

三、相对孔径与光圈系数

镜头的相对孔径是指镜头的入射光孔直径（D）与焦距（f）之比，其大小说明镜头接纳光线的多少。相对孔径是决定镜头透光能力和鉴别力的重要因素。

相对孔径（D/f）的倒数（f/D）被称为光圈系数（F），被标刻在镜头的光圈环上。摄像机的镜头光圈系数分为若干档，常见的有 1.4、2、2.8、4、5.6、8、11、12、16、22 等，相邻两档光圈 F 值的比值均为$\sqrt{2}$，曝光量相差一级。由于像平面照度和相对孔径的平方成正比，所以 F 值变化一档，相当于摄像机镜头的光通量变化一倍。在摄像时我们说开大光圈，实际上是从光圈调节环上大 F 值向小 F 值的一端运动，即减小了光圈系数值；而缩小光圈，则是从小 F 值向大 F 值一端运动，光圈系数值加大。比如，从光圈 8 调到光圈 5.6，就是开大了光圈，光通量增大一倍，曝光值增加一级。反之亦然。

对相对孔径和光圈系数的调节，决定了镜头的光通量和镜头景深。对摄像机的镜头进行光圈选择，实质是一个曝光控制的问题。现在的摄像机通常都有手动光圈和自动光圈两种控制方式。自动光圈只能对被摄场景的曝光控制作出技术性处理，而有意识、有目的的动态用光和艺术处理只能由手动光圈才能更好的表现。在拍摄同一照度下的同一场景时，光圈越大，景深范围越小；光圈越小，景深范围越大。对镜头曝光的有意图控制和不同景深的选择性运用，是摄像人员实现创作意图、取得最佳画面效果的有效手段。

综上所述，焦距、视场角和相对孔径（光圈）这三个表示镜头光学特性的参数，它们之间的关系是彼此联系又互相制约的。它们都直接构成了对画面造型的影响，不同焦距、视场角和相对孔径的镜头所能记录的画面及其造型效果是大不一样的，为摄像人员准备了技术基础，提供了创作上的便利条件。在这三个因素中间，对画面造型影响最大，实际拍摄时作用最为突出的是镜头焦距的变化。因此，要想做好摄像工作，就必须了解和掌握不同焦距镜头所呈现的画面造型特点，充分认识到光学镜头不仅是一个技术手段，同时还是一种艺术手段，从而在电视摄像创作活动中扬长避短，发挥不同焦距镜头所能获得的最佳画面造型效果。这也正是我们下面将要讨论的主要内容。

第二节 长焦距镜头

长焦距镜头是指视场角小于 40°、焦距大于 25mm 的镜头；对于摄像机的变焦距镜头而言，是指焦距调至大于

25mm 的状态下的镜头。诸如：焦距值为 50mm、75mm、100mm、150mm 时等等。长焦距镜头又被称为望远镜头、远摄镜头、窄角镜头等。

一、长焦距镜头的画面造型特点

在实际拍摄中，我们可能直接使用专门的长焦距镜头，也可能是运用摄像机变焦距镜头中的长焦距部分，所拍得的画面效果和造型表现是一致的，具体有以下一些特点。

1. 视角窄

长焦距镜头视场角窄于 40°，例如：

镜头焦距 25mm，视场角为 45°左右。

镜头焦距 50mm，视场角为 23°左右。

镜头焦距 75mm，视场角为 14°左右。

镜头焦距 100mm，视场角为 12°左右。

镜头焦距 150mm，视场角为 8°左右。

(以上数值均为近似值)。

2. 景深小

景深是指当镜头针对某一被摄主体调焦清晰之后，位于该主体前后方的景物也能形成清晰影像的纵深范围。景深受光圈（F 值）、物距（拍摄距离）和镜头焦距三个因素影响，在 F 值、物距不变的情况下焦距愈长景深愈小，例如：焦距 25mm、F 值为 4、物距 6 米，景深从 4 米至 11.5 米，景深范围为 7.5 米。

焦距 50mm、F 值为 4、物距 6 米，景深从 4.8 米至 7.9 米，景深范围仅得 3 米。

如果用150mm焦距的镜头、F值为4、物距6米,景深范围仅为0.3米。

3. 画面包括的景物范围小

由于长焦距镜头视场角窄、景深小,从图5-2中可以看出,画面中呈现的景物范围受到前后(景深范围)、左右(视场角)的"夹击",因而画面中只能表现出较小的空间范围。

4. 长焦距镜头压缩了现实的纵向空间

长焦距镜头压缩了纵深方向的景物,画面的纵深感和空间感弱,使镜头前纵深方向上的景物与景物之间的距离减小,多层次景物有远近相聚、前后重叠在一起的感觉。

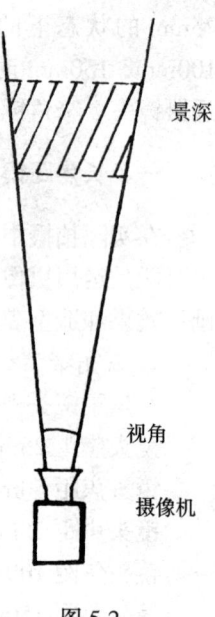

图 5-2

5. 长焦距镜头有"望远"的效果

长焦距镜头拍摄的画面有将远处物体拉近的视觉效果,如同人们生活中用望远镜观察远处的物体那样。由于长焦距镜头的造型特点,远在10米之外的细小物体如同就在眼前伸手即可触摸到似的。观看这种镜头拍摄的画面,很难对景物与摄像机之间的实际距离作出准确的判断。

6. 长焦距镜头在表现运动主体时,对横向运动表现动感强,对纵向运动表现动感弱

长焦距镜头对横向于摄像机镜头轴线方向的运动物体表

现动感强,主要原因是由于长焦距镜头视场角比较狭窄,当运动物体作横向运动时,在较短的时间内就可通过镜头视角内的视域区,表现在电视画面上的形象是,物体从画框一端入画,很快地通过画面从画框另一端出画(见图5-3)。此时画框的两端实际上就是镜头视场角的两条边线,狭窄的视角使画面表现的空间也很狭窄,人物从中通过时在画面上产生了迅速的位移,使观众觉得人物的运动速度很快。

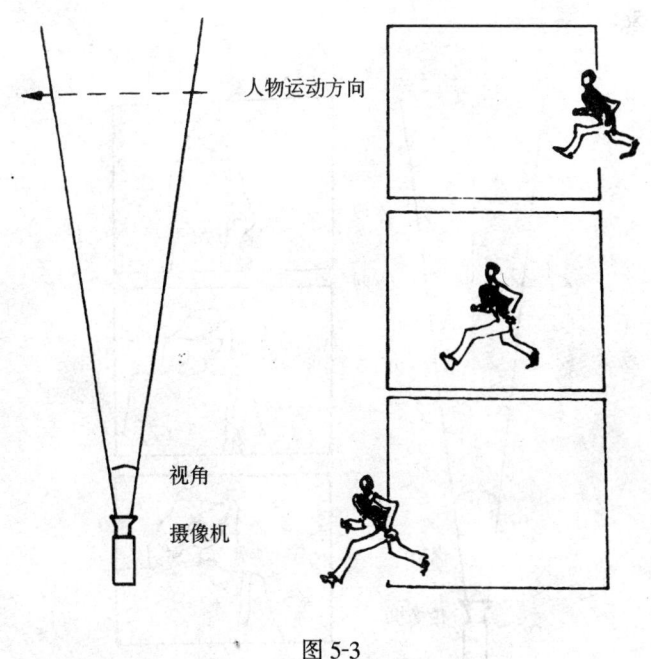

图 5-3

长焦距镜头对于迎着摄像机镜头方向而来,或背着摄像机镜头方向而去的运动物体表现出一种动感减弱的效果。主要原因由于长焦距镜头压缩了景物的纵向空间，一段"漫长"的道路被挤压在一起，减缓了物体由远而近或由近而远的运动所应引起的自身形象的急剧变大或变小的变化速度。人们对纵向运动物体速度辨别的重要标准——物体由小到大或由大到小的视差比例变化减慢了，使人觉得该物体运动速度缓慢，好像位移变化不大，总是处在一个位置上似的（见图5-4）。

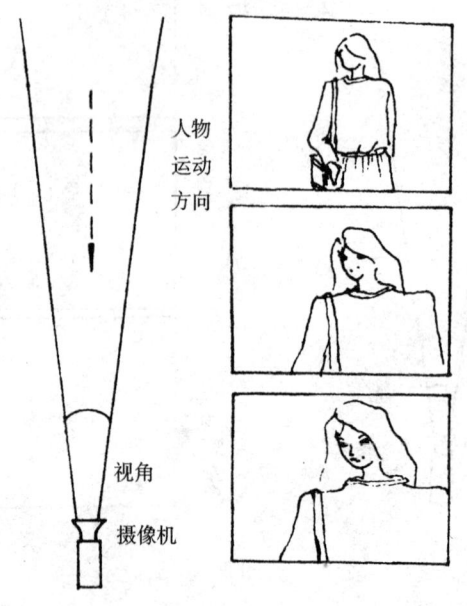

图 5-4

长焦距镜头减弱纵向运动物体动感的效应，给电视摄像师提供了一种新的造型表现手段。

我国电视剧《三个护士》也运用了这种造型表现方法，在故事的开头和结尾，给我们展示了这样两个画面。开头，三个护士从远处向我们走来，结尾，还是这三个护士从镜头前向远处走去。她们边走边谈，边说边笑，时儿用手撩起散落在额头上的秀发，时儿手拉着手一同向前。正常的动作，缓慢的位移，使人觉得她们好像走在一段稠密的空气中间，周围都是阻力使她们行进艰难，尽管她们脸上带着走向新生活的喜悦和笑容，似乎也很难驱散她们周围来自各方面的压力和阻挠。

当然，上面提到的例子，光靠长焦距镜头造成的空间幻觉还是不够的。这类镜头大多需要将长焦距镜头的压缩空间效应和变焦距镜头保持运动空间连续性的功能结合起来，在人物向摄像机走来时，将镜头由长焦状态缓慢均匀地向广角状态变焦，始终保持人物在画面中的景别相对稳定，也就是说，保持人物在画面中的形象比例相对稳定，这样才能打破人眼的常规感觉，从而造成一种异常的空间幻觉。

二、长焦距镜头的运用

(1) 调拍距离较远的被摄对象，追求真实自然的艺术效果。

在电视节目的拍摄过程中，常会遇到下面这样几种情况：

①被摄对象不希望、害怕甚或拒绝摄像机的拍摄，也许

他不愿在当时的场景下于公众面前"曝光"亮相,也许他正在做不光彩乃至触犯国家法律、法规的事,也许他自知理亏害怕新闻媒介对事件的揭露和传播,等等。总之,不管是出自哪种具体原因,拍摄者遇到的麻烦是不能接近他,或不能让他发现正被拍摄。

②被摄人物从未或很少接受电视记者的采访,面对距离较近、紧"盯"着自己的摄像机时老是紧张、不自然,出现一些明显失常的神态和动作,不能与摄制人员很好地合作。此时如果不采取恰当的拍摄距离和拍摄方法,很难让被摄人物摆脱不适应、不自然的心理状态,很难取得真实、自然的画面效果。

③与被摄对象可接近的程度只能处于有限的范围之内。比如,拍摄野生动物时,一方面一些野生动物害怕人类,摄像师只能在非常远的地方隐蔽拍摄,否则将会"打草惊蛇";另一方面在拍摄某些大型的食肉动物时,诸如狮、虎、豹等,距离太近可能造成摄像人员的人身安全难以保障。显然,拍摄《动物世界》的摄像师们会经常遇到这样的问题。

解决以上问题简单而有效的办法是远离被摄对象,使摄像机处在一个不易被发现的位置上进行拍摄。这种方法称为偷拍。偷拍的目的是为了拍摄出被摄对象表情自然、动作自如、场面真实的画面。即使在第二种情况下,被摄人物知道摄像机在对他拍摄,摄像机拍摄位置的远离,对被摄人物的心理压力也会减小,容易消除紧张感。

摄像机远离被摄对象,并运用长焦距镜头进行调拍,这在当前的电视新闻中成为抓拍真实场景、获取确凿图证的有力手段。比如中央电视台《新闻 30 分》播出的一条反映双休日里某些领导干部公车私用去鱼塘钓鱼的新闻，记者为避免被当事人发现，就躲在距鱼塘很远的树丛中用长焦距镜头调拍了现场的汽车，甚至还把各辆汽车的车牌照拍得一清二楚，然后记者根据车牌证号很快查清了这些挪作私用的公车的所属单位，并就有关情况前往各单位进行了调查采访，引起了社会各界的强烈反响。再比如，美国某地方电视台的新闻摄像师乘直升飞机偶然抓拍到的美国边境警察殴打墨西哥移民的新闻，也是运用长焦距镜头在高空调拍的，正因为摄像机的远距离拍摄才能够获取到这些客观记录的生活实景，使得这条新闻产生了很强的真实性和震撼力。据报道，墨西哥政府还因此新闻向美国当局提出了强烈的外交抗议。试想如果记者是在那些边境警察的视野之内进行拍摄的话，所有的这一切肯定会因为摄像机的"存在"而很快"不复存在"了。

此外，在一些电视剧中为了追求真实自然的艺术效果，在处理现实生活的题材时把演员或主人公放到有群众的现实生活环境中去，摄像师通过长焦距镜头在远处隐蔽的地方调拍混在人群中的演员或主人公，从而获得一种群众表情、活动自然而生活化的近似纪录片的现场气氛和画面效果。比如轰动一时的电视剧《九·一八大案纪实》中多次运用这种手法来凸显全剧的纪实效果，在处理我公安人员对罪犯的监视、追踪及抓获罪犯等多场戏时把演员安排到住宅小区、宾馆、车站等生活实景中去，使得观众看起来好像就是"正在发生"的"真人真事"一样。可见，正确而有效地运用画面造型手段，能够在很大程度上影响观众对画面形象和内容的真实性、客观性的感受。

（2）利用长焦距镜头远距离拍摄小景别画面的造型特点，跨越复杂空间拍摄和表现不易接近或无法接近的人物和场面。

比如说，当摄像师要表现成百上千的人群中间的某一个人物；或者隔着山丘、隔着河流拍摄对面的物体；或者隔着铁栅栏要拍摄院子里面的活动；或是在一个双方枪炮正酣的战场上拍摄新闻；或是拍摄宇宙飞船点火升空、火箭发射，等等。他如果没有长焦距镜头或变焦距镜头的倍数不是足够的大，那么所有的创作意图都将难以实现。

由于长焦距镜头视场角窄，并有"望远"效果，即便在远离被摄主体时也能够拍摄出被摄主体的小景别画面，从而对被摄主体作出突出地表现或是细节的展示。在摄像师面临复杂的不可逾越的环境和空间而又要以小景别画面表现其中的人物和场面时，这一点显得尤为重要和可贵。比如说，当出访某国的国家领导人在飞机场走出机舱、走下舷梯时，摄像师往往都是运用长焦镜头在较远的欢迎人群中得以拍到该领导人的仰角中、近景别的画面。倘若用标准镜头或广角镜头想在同样的场合中拍摄相同景别的画面，摄像师恐怕只能站到舷梯上去了，这显然是不可能的。

下面，让我们看看不同焦距的镜头在拍摄同一人物时，获取同一景别画面的不同拍摄距离（所列数值均为近似值）：

从表5-1可见，用焦距为10mm的广角镜头拍摄人物的近景，需在0.7米的距离上拍摄，而用焦距为150mm的长

表 5-1　　　　　　　　　　　　　　　　　　　　　　　单位：m

焦距 景别	10mm	16mm	25mm	50mm	100mm	150mm
特　写		0.65	1.45	3	8	12
近　景	0.7	1.4	2.5	6.9	16	20
中　景	1.8	3.9	5.1	12.5	24	40
全　景	4	7	10	23	50	80

焦距镜头在20米的距离上就能拍出人物面部的近景画面。拍摄人物的全景，10mm镜头需在4米的距离上拍摄，而150mm镜头可在80米之外距离上拍摄。长焦距镜头居远而摄的优势是显而易见的，也正因为长焦距镜头具有这种造型优势，有人又称之为远摄镜头。如果用广角镜头拍摄不易接近或无法接近的人物和场面时，由于拍摄距离过远，被摄人物在画面中所占比例太小，而"淹没"在场景之中。用长焦距镜头拍摄，就可以得到主体人物成像大、鲜明、醒目的画面效果。

(3) 长焦距镜头适合于表现人物的面部特写。

人脸在人际交流中是首先被对方视觉注意到并仔细观察的部位，人与人之间的形象差别也主要反映在人脸五官形象的差异上，人的脸部稍微有一丝一毫的变化都能引起细心人的注意。特别是人脸五官的比例和彼此之间的位置在人们长期的交往和相互认识中早已形成"定式"。如果某一个发生了哪怕是细微的"位移",也会使人强烈地意识到,并觉得异常。另一方面人脸又是人物表情最为丰富、性格特征最为明显的地方。因此,在电视画面上表现好人的面部形象就不仅仅是一个形象美的问题了。

　　用长焦距镜头拍摄人物的面部特写,其主要优点在于能够正确还原出人脸的五官比例。长焦距镜头没有广角镜头容易产生的几何(曲线形)畸变现象,能够较为准确而客观地还原出物体水平线条和垂直线条。而这一点,对于广角镜头,特别是视场角在100°以上的广角镜头来说是很难实现的(见图5-5)。

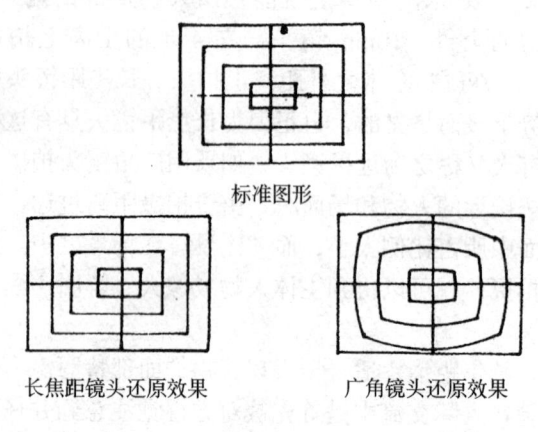

图 5-5

　　通过图 5-5 我们看到广角镜头的镜像透视效果,使画面中的水平线条和垂直线条变得弯曲,而且越是接近画框边缘，这种现象越为明显，只有在画面中央，图像畸变比较小，接近物体的实际情况。如果广角拍摄人物面部的正面特写，为使人脸充满画面摄像机需在极近的距离上拍摄，而镜头距人脸愈近畸变愈明显，结果是人物的额头显得宽大，鼻子显得大而高，两个耳朵则有向后"收缩"的感觉，使人物形象面目全非。如若用广角镜头加之大幅度的仰俯角度拍摄，人物形象的失真和变形将更加严重。因此，用广角镜头拍摄人物的面部特写会出现丑化人物形象的问题。而用长焦距镜头拍摄人物的面部特写，这些问题将不会出现。

此外，由于长焦距镜头景深小的特点，在拍摄人物特写时能够很容易做到"虚"化背景，把人物从较为纷乱复杂的背景环境中"摘"出来。否则，杂乱的背景势必破坏对人物大景别画面的表现，干扰了观众的视觉注意力。长焦距镜头的焦点调在人物面部之后，其背后的景物处于景深范围之外，成为模糊虚幻的影像，从而反衬出人物清晰鲜明的特写。

国际上著名的人像摄影艺术大师在拍摄人物肖像时，几乎无一例外地使用135mm以上焦距的镜头（近似于摄像机上的75mm焦距镜头）。这种焦距的镜头不仅没有几何畸变现象，能够准确还原出人脸的五官比例，而且还具有简洁背景、突出主体、线条清晰、质感细腻等优点。

（4）利用长焦距镜头压缩纵向空间的特点，拉近纵向景物之间的距离，使画面形象饱满，烘托环境气氛。

压缩纵向空间是长焦距镜头的一个重要造型功能。它使镜头前的物体远近相聚被"挤压"在一个平面空间上，现实中稀疏的景物在画面上显得稠密起来。第二十三届洛杉矶奥运会开幕式实况转播中有一个几十个鼓槌上下击打军鼓的画面。"稠密"的鼓槌，层层叠叠的军鼓烘托了开幕式热烈而隆重的气氛。这个画面是摄像机在一排鼓手侧面用长焦距镜头拍摄的。长焦距压缩纵向空间的效应使镜头前的形象重叠在一起，产生了一种在一个较小的空间里拥挤着较多形象的造型效果，画面形象饱满，烘托了环境气氛，直接调动了观众对画面形象的注意和兴趣。

由于纵向景物被"压缩"，长焦距镜头所拍的画面能够表现出异乎寻常的空间纵深感。比如，电视片《前进中的鞍钢》第二个镜头中所表现的工厂大门前成千上万名上班工人潮水般地涌来的画面，电视剧《巴桑和她的弟妹们》中巴桑骑着自行车穿过熙熙攘攘的街道的画面，专题片《岳阳龙舟竞渡》中十几条龙舟齐头并进似龙腾虎跃的画面，第二十四届汉城奥运会闭幕式实况转播中几百面彩旗如林招展的画面，都是运用长焦距镜头压缩纵向空间的成功例子。1996年由于卢旺达国内动乱造成的扎伊尔、卢旺达边境难民潮中，西方新闻记者拍摄成百上千的难民涌向扎伊尔时就用了高视点的长焦距镜头，只见画面中密密匝匝、源源不断的人流在缓缓向前走着，仿佛总有人在前仆后继地加入，仿佛走向那无法预知的灾难。正是由于长焦距镜头压缩了纵深空间，才能够形成这种头叠头、人贴人的画面效果。

（5）利用长焦距镜头景深范围小的特点，通过调整镜头焦点形成画面形象的转换，完成同角度、不同景物或不同景别的场面调度。

景深范围小是长焦距镜头重要的造型特点，在画面表现上它既是一个弱点同时又是一个优势。它的弱点是画面成像清晰范围小，因而不适合于用来表现宏大的场面和宽广的空间。但这也为我们利用焦点不同所造成的景深区段变化提供了客观条件。

用长焦距镜头拍摄时，如果调整镜头焦点，画面景深区段就会发生变化。反映到画面形象上的变化是，或者前景清楚、背景模糊；或者前景模糊、背景清楚。这种通过调焦点来改变景深区段的方法常被用来在不动机位和角度的情况下完成场面调度。比如，表现一对夫妻对话的场景，就可以把两人安排在前景和后景的位置关系上（见图5-6）。当丈夫说话时，焦点调在前景的丈夫上，此时妻子处于焦点之外，形象虚化；当妻子讲话时，把焦点调至后景的妻子脸上，则丈夫处于焦点之外，形象虚化。从这个简单的例子中，我们可以看到焦点的变化形成景深区段的位移，在画面上就是清晰点和主体形象的位移。它能够决定画面上具体哪个形象清楚、哪个形象虚糊，是拍摄者调动观众视线，通过形象和情节的转换，组织观众思维的重要手段。

调整焦点的这种拍摄方法还可以实现同角度、不同景别的场面调度。例如：焦点在前景时，画面上是一支向前探出的枪头和准星（特写），当焦点调至背景处时，画面前景上的枪头虚化"消失"，远处一个人正迎着枪口走来（全景）。焦点的变化使镜头前纵向方位上的两个形象分别出现，构成戏剧因素，场面的转换就存在于这此显彼浮的过程中。再比如，在一些风光片中还常见到这样的镜头，画面开始前景处

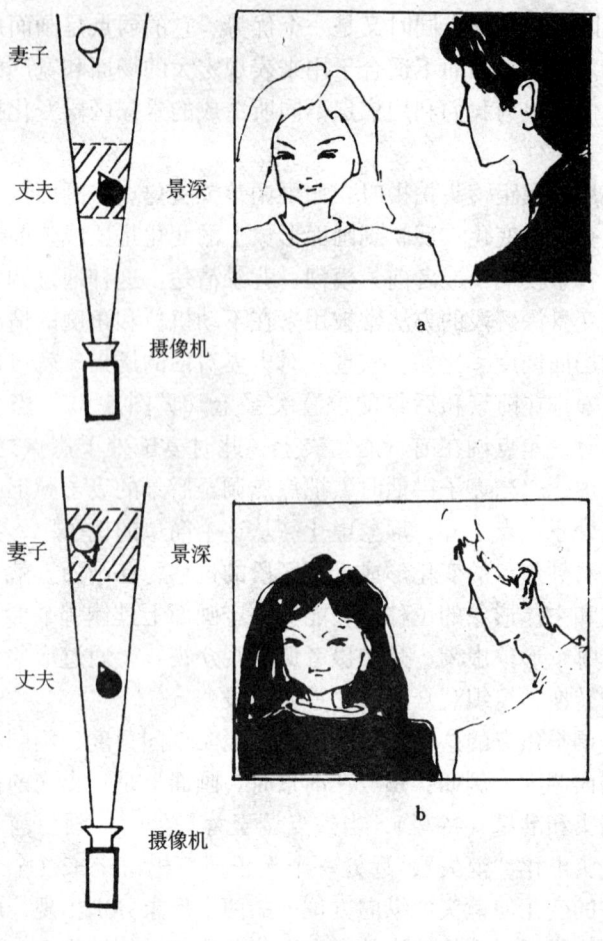

图 5-6

是一串盛开的迎春花（特写），一会儿迎春花虚化"消失"（变焦点的结果），远处显现出一片绚丽的鲜花（全景）。这种镜头不仅实现了场景的转换，而且还具有"一花引来万花开"的意味。

（6）利用长焦距镜头创造虚焦点画面。

如果把焦点有意不调到被摄主体上，而是在或前或后的某个位置上，画面形象就会出现虚化现象。这种曾在过去被认为是技术失误的画面现在却成了拍摄者美化画面的一种特殊形式。画面形象的虚化，使物体轮廓线条消失，整个画面反差降低，力度减弱，变得朦胧而柔和。特别是拍摄明亮物体时（如：灯光、水面亮点、物体反光处等）原来轮廓清晰的光点变成一个个○型光斑，这种○型正是镜头内光圈的形状构成的一种独特的造型。

电视风光片《层林尽染》的第一个镜头是一个个橙色、黄色、绿色的光斑所构成的一幅富有虚幻色彩的衬底，当片名划过之后橙色、黄色、绿色的光斑逐渐缩小变成一片片橙色的、黄色的、绿色的树叶，给人一种新颖、梦幻的感觉。这个镜头是用150mm的长焦距镜头拍摄的，开始通过摄像机上的寻像器观察，将焦点调至被摄物体（树叶）前端使树叶成为一个个大小恰当的光斑，开机一段时间后逐步匀速变动焦点使树叶逐渐清晰成为实焦点画面。这类画面用广角镜头是无法完成的。画面的成功之处正是在于拍摄者对长焦距镜头景深小这一特性创造性运用的结果。再比如，《东方时空》的《东方之子》专栏有一期是介绍一位轮椅作家的奋斗历程的，片子结束时出现这样一个虚焦点画面：一株挺立在风中的小草隐约可见其形状，虽已虚化但能辨清大概的轮椅渐渐入画，向远方走去，消失，剩下那株影影绰绰然而充满盎然生机的绿草。画面的隐寓之意可谓不言而喻了，这种虚焦点的画面造型形式是非常符合含蓄深远的画面内容和主题意蕴的。

长焦距镜头产生的虚化画面可分为虚出、虚入两种。画面形象由实到虚的叫虚出，由虚到实的叫虚入。当把虚出运用在上一个镜头的结尾，把虚入运用在下一个镜头的开始，两个镜头的转换就有一个形象从实到虚又从虚到实的过程。这种画面效果比较接近淡出淡入的画面效果。用于镜头转换处使得画面转换流畅而不跳跃，并由于虚出、虚入本身所占用一定的时间，给人一种时空转换的感觉。因此，我们可以利用这些虚出、虚入画面作为节目中的转场镜头。

（7）长焦距镜头可以摄取人眼不常见到的景象，创造诗意画面。

长焦距镜头由于其特殊的镜片组合方式所呈现的望远效果，从某种意义上讲是对人眼视觉范围的一种延伸。通过长焦距镜头拍摄的画面不同于我们生活中仅凭肉眼所见到的景物现象。它所具有的压缩景物纵向空间、拉近景物之间距离、景深范围小等一系列造型特点，对现实景物的空间方位在不改变前后顺序的情况下进行了重新排列组合。它可以将天上的太阳在画面上拍得离我们如此之近好像同处在一个地球上；它可以将天安门城楼"镶嵌"在离市区40里之远的西山山脉之中；它可以把十里长安街"压缩"成一个平面；它可以把人类的目光带进细小的花蕊底端；所有这一切都给人们带来了全新的生活中不常见的景观。强烈、新颖的造型形式，有力、奇特的视觉效果，直接叩击了人们心灵的门扉。生活中难以言说的情感，通过电视画面中的形象展示出来供我们理解，诗情画意不露痕迹地溶化在这些画面所呈现出的空间和时间结构中，使造型形式富有了生命和灵魂。比如在一首音乐电视作品中，歌手在歌曲结束时走向了金色的落日。长焦距镜头所拍摄的画面中，她仿佛已经走进到太阳的内部，进入到那种灿烂辉煌的光明中去。"走进太阳"当然是不可能的事情，但这种富于美感价值的画面却为歌曲内容的传达塑造出极有诗情画意的视觉形象，因而观众也是能够接受和欣赏的。

三、长焦距镜头拍摄应注意的问题

(1) 长焦距镜头的景深较小，特别是在物距较近，光圈口径较大（F 数值小）时，这种现象更为明显。因此在拍摄过程中焦点必须调准，力求精益求精。最好不采用目测距离或估计距离，尔后直接将焦点调到估计数值上的拍摄方法。因为这种方法常会出现误差，使被摄主体处于景深范围之外，画面形象模糊，出现我们常说的焦点不实的现象。

用长焦距镜头拍摄时一般多用通过摄像机上的寻像器调整焦点的方法，将画框中心对准被摄主体，用手调整焦点环，直至寻像器上形象最清晰时为止。如果焦点环上的数值与实际物距有误差时（例如：物距 5.8 米而焦点环调到 6 米数值时形象最清晰），也以寻像器中形象是否清晰为准。

在低照度、画面亮度不够的情况下，通过较大尺寸屏幕的监视器来调整焦点能够得到焦点更为准确、形象更为清晰的图像效果。

　　如果用长焦距镜头以运动摄像的方式拍摄两个以上物距不同的物体时，对拍摄者操作技术上的要求更为复杂，用前面提到的拍摄方法很难保证准确地跟焦点。在这种情况下，一般采用的方法是，先用摄像机分别测出几个需在画面上清楚表现的物体的距离并在镜头焦点环上分别做上记号，拍摄时，由摄像和摄像助理两人配合共同完成。摄像主要负责画面构图和镜头运动，摄像助理则在镜头运动到不同位置时，根据事先测好的数值分别调整焦点，这样就容易得到一个焦点始终准确，各个不同距离上的物体都是清晰的画面。

　　(2) 由于长焦距镜头视场角窄，拍摄过程中摄像机上下左右方向稍微一颤动都将会引起画面的抖动。这种抖动不论是在固定镜头还是在运动镜头中都会干扰和影响观众对屏幕形象的观看，破坏观众的审美心境，甚至出现对画面表现意义的误解。因此，在用长焦距镜头拍摄时应尽量运用三脚架支稳摄像机。在没有时间或无法用三脚架的情况下，肩扛摄像机时应尽量利用依托物，稳定住身体或手臂，在开机至关机这一段拍摄过程中屏住呼吸并尽量使左臂、右臂及右肩部肌肉放松，保持摄像机的稳定。如同射击运动员要有一个正确的操枪姿势，电视摄像师也需要一个正确而有效的持机姿势。它不仅是保证画面稳定和镜头运动灵活的重要前提，也是摄像师在公众场合拍摄活动中形体美的重要表现，有人说摄像师的创作活动是融艺术、技术、技巧于一身，脑力劳动与体力劳动同时并进的特殊劳动，这话是有一定道理的。

第三节　广角镜头

广角镜头又称短焦距镜头，是视场角大于 60°的镜头。对于摄像机上的变焦距镜头而言是焦距小于 25mm 以下的那一段镜头。诸如：焦距值在 16mm、12mm、10mm 等。

一、广角镜头的画面造型特点

用广角镜头或用变焦距镜头中的广角部分拍摄的电视画面具有以下一些特点。

1. 视角宽

广角镜头的视角要比人的正常视角宽。一般来说广角镜头的视角宽于 60°。例如：

镜头焦距 16mm，视场角为 65°左右。

镜头焦距 12mm，视场角为 86°左右。

镜头焦距 10mm，视场角为 98°左右。

（以上数据为近似值）。

2. 景深大

广角镜头不仅能包容视域更宽的景物，而且能够展现纵深方向上更深远的景物。例如：

镜头焦距 25mm，F 值为 4，物距 6 米，景深从 3 米至 11.5 米，景深范围为 8.5 米。

镜头焦距 16mm，F 值为 4，物距 6 米，景深从 3 米至 25 米，景深范围为 22 米。

如果用 10mm 焦距的镜头，F 值为 11，物距 6 米，景深从 1.8 米至无限远,景深范围有近百米甚至更远。

3. 画面包括的景物范围大(见图 5-7)

广角镜头不仅视场角宽,而且景深范围大,因而能将镜头前纵横两个方向的大部分景物收进画面,

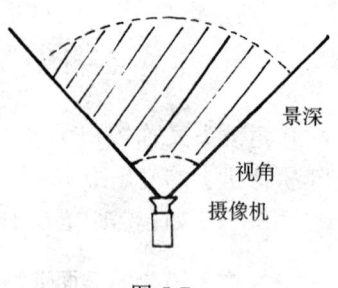

图 5-7

呈现一个视野开阔,包容众多景物的画面。广角镜头与长焦距镜头相比,在表现空间方面具有更强的能力。

4. 广角镜头有曲像畸变现象

焦距很短、视场角很大的广角镜头近距离拍摄某些物体时,由于镜头曲像畸变原因,线条透视效果强烈,线条倾斜、变形,具有某种夸张效果。摄像机位置离被摄体距离越近,这种变形与夸张的效果越明显。

5. 广角镜头在表现运动对象时有两个重要特征

对横向运动的对象表现动感弱,并且物距越远越弱;对纵向运动的对象表现动感强,并且物距越远越强。

广角镜头对横向于摄像机镜头轴线方向的运动物体表现动感弱的主要原因是由于广角镜头视场角比较宽,画面表现的横向空间远比长焦距镜头要开阔得多,当运动物体在镜头前作横向运动时,在画面上位移缓慢因而显得动感较弱。特别是画平面景深处的每一个点实际都占有较大的空间,即便是一个运动速度较快的物体,要想从画框的一端行进到画框的另一端也需要一个较长的时间。比如,用广角镜头拍摄一

列高速行驶的列车，从画面直观看来，仿佛车体行驶了较长的时间却并未走多远，因而使观众产生了速度较慢的印象（见图5-8）。

广角镜头对于迎着摄像机镜头方向而来或背着摄像机镜头方向而去的运动物体

图 5-8

表现出一种动感加强的效果。主要原因是广角镜头强烈的纵深线条变化使镜头前纵向运动物体由小到大或由大到小的梯度变化加快了，纵向而来的物体由小到大急剧变大、背向而去的物体由大到小急剧变小。这种变化速度快于生活中人们对纵向运动物体的经验速度，当观众以自己的经验为标准去辨别广角镜头所表现的纵向运动物体时，即觉得该物体运动速度快、动感强。许多摄像师利用广角镜头这种独特的造型特点，纵向低角度拍摄运动物体，使运动物体的动感强烈而明显。比如，在一些武打电视剧中，摄像机用广角镜头低角度正面拍摄主人公手持兵械向观众"刺"来的画面，这时纵向直奔而来的兵械由小急速变大，似乎是从观众头顶划过一样，从而强化了主人公刚劲有力的动作和动势。

6. 广角镜头便于肩扛拍摄，画面易于平稳清晰

广角镜头与长焦距镜头相比较，在相同情况下还具有画面清晰度高（减少了长焦距镜头容易出现的画面雾化现象）、色彩还原好、肩扛摄像机拍摄时画面容易稳定、拍摄成功率高等优点。即便是发生了相同程度的轻微摇晃，用广角镜头

拍摄的画面从直观上看，要比用长焦距镜头拍摄的画面平稳得多。

二、广角镜头的功用

1. 有利于近距离表现大范围景物

全景画面和远景画面在电视节目中占有重要的位置，如果用长焦距镜头拍摄全景和远景画面，不仅摄像机要退到一定远的距离之外，而且长焦距压缩空间的特性使其所呈现的远景画面缺少纵深感和空间感。广角镜头视场角宽、景深大，具有表现开阔空间和宏大场面的有力条件。用广角镜头拍摄全景、远景景别时，容易获得视野开阔、空间纵深感强的画面效果。

广角镜头呈现的画面不仅视野开阔，而且直观画面造型有拉开镜头前景物之间距离的感觉。例如：同样一个房间内的家具，用长焦距镜头表现，它们好像堆挤在一起，用广角镜头表现，它们之间好像还能再放些东西。这正是广角镜头空间透视效果强的原因所致。广角镜头表现景物近大远小的梯度变化，产生了一种强烈的深度效果，并且这种梯度变化速度大于人眼正常情况下对类似空间景物感知的梯度变化。因此，对一组同等距离上相同数量的物体，用广角镜头表现时，从视觉上不仅觉得这段距离较长些，而且觉得物体与物体之间的距离也较大些（见图5-9）。

广角镜头还具有在较近距离表现较大范围景物的功能。特别是在室内或其它一些拍摄距离不可能延长的地方，这一造型优势就更为明显。比如，当你在自然博物馆内拍摄高大

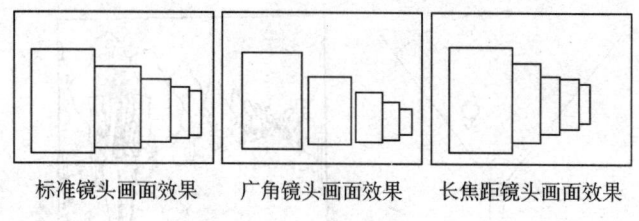

标准镜头画面效果　　广角镜头画面效果　　长焦距镜头画面效果

图 5-9

的恐龙化石的全景时,当你在通往黄山顶峰的小路上既想拍下远处的景物又想保留近处的人物时,当你在拥挤、狭窄的劳务市场拍摄急于找到工作的人群时,当你在地形起伏的山乡拍摄一所新的"希望小学"的揭幕仪式时,广角镜头都是你最佳的助手,它能够将近距离和远距离的人物、景物更多地收进画面,表现出一种集纳四面八方景物于一体的容量。

2.广角镜头适于展现画面主体及其所处的环境

在表现人物主体的同时表现人物所处的环境有着以环境烘托人物,进一步说明人物身份、刻画人物性格、交待人物动作目的等方面的作用,是电视画面通过形象的对列表达思想、表现意义的一种方式。广角镜头在这方面具有较强的表现力。广角镜头与标准镜头和长焦距镜头相比,其画面前景和背景(后景)的概括范围大,拍摄同等比例的人物肖像时,它既能把人物推近观众,又能适当地在画面构图中交待人物所处的环境(见图 5-10)。

由图 5-10 可见,由于广角镜头视场角宽,能将人物身后较大范围的背景空间收进画面,在表现人物动作和神情的

217

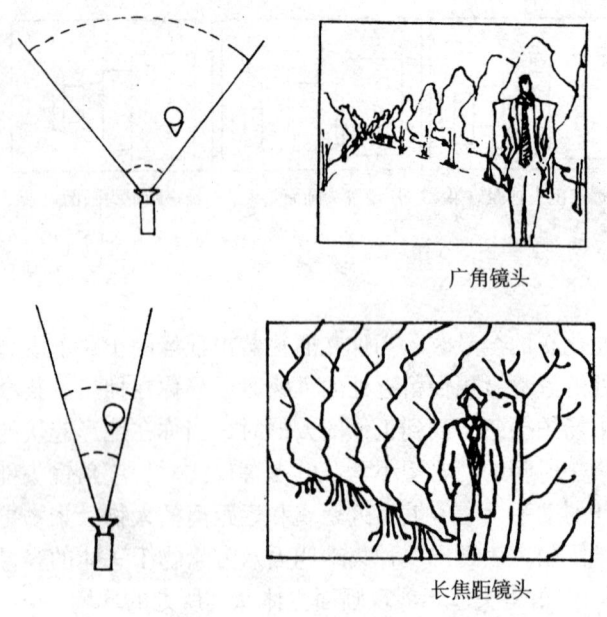

图 5-10

同时在画面中保留了一些对空间环境和人物背景的介绍。而长焦距镜头只能表现出人物身后一个狭长的空间，人物所处环境特征不明显，甚至由于长焦距镜头压缩纵向空间的特性，人物与背景空间景物形成新的组合，使观众从画面上无法判断人物所处的实际位置。

由于广角镜头能够在主体人物的前后保留一些适当的前景和背景，因此在纪实性节目和新闻节目中能够起到交待环境、地点等作用。比如在中央电视台《世界报道》播出的一条反映意大利威尼斯进入1996年10月份以来，降水骤多导致"水城"水位猛增、雨鞋俏销的国际新闻中，记者用广角镜头拍摄了一个非常有趣的画面：前景中是卖鞋小贩高高挂起以招徕买主的大雨鞋，画面主体是一对足登高帮雨靴、站在积水中拍照留影的老年夫妇，在他们身后，是一些穿着雨鞋在水中嬉戏玩耍的孩子们，画面深处是那些极富民族特色的威尼斯民宅。这个画面可以说做足了"水"和"鞋"的文章。广角镜头的大景深和大视角，使得这样一个环境特点突出、新闻内容明显的画面的拍摄成为了可能。

　　同时，在表现人物动作、神情的同时，适当地在画面中保留一些环境信息、背景和道具等视觉符号，能够起到"绿叶衬红花"的作用。现在不少的电影和电视导演都十分重视环境对人物的陪衬作用和呼应作用，以及通过人物与环境的对列所表现出的隐喻、对比等作用。比如，在一部电视剧中，表现一个商业局长在办公室里同行贿者蝇营狗苟、密谋交易时，用广角镜头略带俯角进行拍摄。只见这个局长和行贿者在画面下角显得"缩手缩脚"，倒是挂在办公室墙壁上的一幅精心装裱的"天下为公"的横幅显得格外引人注目，无形中形成了一种反讽揶揄的画面效果。

　　3. 利用广角镜头景深大的特点，对被摄物进行多层次地表现，增加画面的容量和信息量

　　景深的概念在电视造型表现中有着重要的意义，这里不仅涉及到它决定了画面的清晰范围这一技术问题，而且还涉及到将人物（或物体）安排在不同的景位上所形成的场面调度这一艺术创作问题。

现代电视的画面造型追求在一幅画面上或一个镜头中的大容量、多信息，即在一个画面中形成几组事物的相互对比、映衬、烘托等，像生活本身那样不去"净化"我们所看到的世界，而是通过摄像机的镜头将客观景物和事件有秩序地组织到画平面上，还原出生活的本来面貌并赋予它一定的表现意义。

广角镜头景深大的造型特点为在画面上多层次表现人物、景物及情节创造了条件。它可以把一个更大范围的深远的空间保持在画面的焦点上，使前后景物都处在清楚的视域区内。如果摄像师珍惜广角镜头这一造型特点的话，他在经营他的画面时，就不再把画面看成是一个单层次的意义单一的平面，而是充分利用镜头前的景物空间——前景、中景、后景（背景），在画面上呈现出立体的、多层次的、多义性的造型效果。电视短片《北京风情画》中有一个画面，前景是一个白发老者正专心致志地看书，后景处是一男一女两个黑发青年正搂抱在一起亲亲热热，前后景形象自身意义的对比丰富了画面的表现内涵，单一形象画面需要几个镜头组接才能出现的蒙太奇对比，在大景深的广角镜头中通过对空间的利用和形象的调度在一个画平面上被表现出来了。

充分利用广角镜头再现现实的大景深特点，在平面画框中呈现出景物的多层横断面，可以在电视屏幕上显示出视觉的立体化效果。这一方面是通过富有空间深度感的画面造型增加了画面的容量，同时也能够在此基础扩展情节点、增添信息量。比如在优秀电视剧《凤凰琴》中，导演颇有深意地设计和利用广角镜头来拍摄一些大景深的场面，经常是一个演员处在室内的前景中，透过窗户看到室外其他剧中人的活动，观众不仅看到了室内人物的表情和反应，也了解到同一场面中的其他人物活动和相关情节。这反映出编导者场面调度上的功力，剧中实景的门、窗成为分划不同表演区域、表现多重生活空间的有效道具，但是这一切无疑还需借助广角镜头在景深上的特点和优势才得到了充分地表现。可以说，广角镜头的景深有着与人眼的视觉空间更大程度上的接近性，它在美学上有着积极的意义，它使影视画面超越了戏剧舞台的囿范而走向生活、走向自然。

4. 利用广角镜头近距离接近拍摄对象，完成抢拍和偷拍

在新闻摄像中，摄像记者既要通过寻像器取景构图，又要移动身体去追随运动中的人物，如果再加上用手调焦点常常会顾此失彼。利用广角镜头景深范围大的特点，拍摄时摄像记者就可以减去调焦点这一动作，集中精力去抓取抢拍下有价值的新闻形象。甚至在拍摄现场混乱、人物众多的情况下，记者可以用手臂托起摄像机，采用不看寻像器，估计距离、估计方位的方法直接拍摄。

采用不看寻像器非正常持机姿势的拍摄方法还可以完成偷拍。在一般人的心目中只有摄像记者肩扛摄像机对准他时才是在拍他。如果我们有意避开人们这种心理定式，采用拎着或抱着，甚至背着摄像机的持机姿势大胆接近被摄人物，在其不加防备的情况下进行拍摄，就可以出奇制胜，偷拍下人物真实、自然的表情和动作。电视片《广州见闻》就有一个用非正常操机姿势拍摄的镜头，画面记录了一群在东方宾

馆内小花园中休息的游客。这个镜头拍摄时并没有引起他们的注意，他们对几个电视记者"不屑一顾"依旧干着自己的事情，这与一分钟前当摄影记者采用正常操机姿势向他们"瞄准"准备拍摄时神色紧张，双目紧盯镜头的表情形成了强烈的反差。现在有很多新闻节目由于被摄者害怕曝光，摄像者往往运用偷拍技术获取画面资料。他们将摄像机藏于包内，通过包上的特制小孔用广角镜头深入生活进行拍摄，拍到了非常客观和真实的实际情况。比如《焦点访谈》中播出的《"托儿"现形记》、《订货还是"订祸"？》节目，比较成功地偷拍到了不良商贩欺诈顾客和以色情录像带诱骗订货客商的"黑加工厂"的真人实事。但是，偷拍必须把握好一个"度"的问题，这涉及到记者的职业道德问题甚至包括人身安全问题，不能不要求摄制人员深思熟虑、慎而行之。

5. 利用广角镜头线条透视的夸张形变和曲像畸变效果形成某种特殊的表现意义

广角镜头改变景物空间透视关系的功能不仅仅反映在画面的深度空间，也反映在画面的纵横两度空间之中。在纵向空间它的夸张效果使景物显得更加高大、雄伟，并以一种对客观景物变形和夸张的造型效果撞击着观众的审美心境，赋予画面以某种特殊的表现意义。电视连续剧《高山下的花环》在表现连长中弹倒下的动作时，镜头是用广角仰角度拍摄的，画面中连长的身躯显得异常高大，他的倒下像铁塔倾斜、泰山坍塌，除情节的力量外造型本身就渲染了一种悲壮的气氛。纪录片《国庆阅兵》中长安街中央低角度大视野的摄像机镜头将迎面而来的陆海空三军仪仗队表现得威武雄壮，坦克、装甲车及导弹运输车在画面近端非同寻常的巨大，似钢铁长城，隆隆而过，画面中涌动着赞颂的旋律和情感。再比如，电视纪录片《深山船家》中表现以原始方式在急流险滩中艰难前行的船队时，摄像师在船头低角度顺纤绳方向拍摄岸上赤膊拉纤的船工，由于广角镜头的线条夸张变形效果，使得前景中结实粗大的纤绳向着侧前方突然变细了很多，伸长了许多，仿佛不堪重荷即将崩断的感觉，更显示出绳索的另一端那些占据画面很小面积的拉纤者的行路之难和用力之苦。

广角镜头独特的变形与夸张效果既有褒义又有贬义，当用广角镜头近距离表现一个人的面部特写时，五官比例的改变及位置的"移动"，使之面目全非，画面具有诋毁和丑化的意义。比如，我们时常在一些新闻节目中看到某些被摄者粗暴地用手遮挡摄像机镜头的画面，由于这种情况下摄像师一般都是用广角镜头肩扛拍摄的，因此从画面看来这些过于凑近镜头的被摄者面部五官发生了形变，有些人的"巨大"的手掌在镜头前晃动，手臂却不成比例的纤细无力，从而表现出一种极强的嘲讽和丑化的画面效果。

6. 广角镜头有利于在移动摄像中保持画面的稳定

在前面一节我们分析了用长焦距镜头拍摄时画面容易出现抖动。如果你用变焦距镜头的另一端广角镜头来拍摄，你会发现画面极易稳定住，除非你用眼睛盯住画面边沿在画框与景物微弱的位移中才能看出画面的微动，而这种晃动在画面中央是感觉不出来的。这主要是由于广角镜头视场角宽，在摄像机同样的抖动幅度中反映到画面的抖动要比长焦距镜头小得多。广角镜头这一特点在摄像机运动起来的移动摄像中显示了它的巨大优越性。无论是摄像机架在移动车上的拍摄，还是摄像者肩扛摄像机的拍摄，使用广角镜头都能获得比长焦距更为稳定的画面效果。比如在中央电视台《东方时空》的《生活空间》栏目中，由于主人公活动的不同和环境的转换，摄像师在跟随拍摄时，往往以广角镜头来进行记录和表现，一方面保留了较多的"生活空间"，增加了容量和信息量，另外一个很重要的原因就是广角镜头具有较好的画面平稳性，便于移跟等拍摄过程中保持画面的稳定和平衡，避免出现焦点虚掉、摄像机水平不准等"显而易见"的毛病。

三、广角镜头拍摄时应注意的问题

（1）广角镜头表现较为开阔的空间时，画平面上横向线条一丝一毫的倾斜都容易被观众感知到，从而唤起一种紧张或造成一种刺激。这方面与远景画面倾斜给人一种不安定感有共同的原因。因此在用广角镜头结构画面时，注意画框上下两端的横线与画内景物横向线条的水平是一个不容忽视的问题（特殊的艺术表现除外）。特别像地平线、房屋顶篷结构线、门窗边缘线等，是人们日常生活中惯见的具有参照意义的线条，如果在画面中发生了倾斜，恐怕很难逃过观众们"雪亮的"眼睛。

（2）广角镜头的曲像和形变问题也应引起摄像者创作中的注意。如果是有目的、有意识地进行主观创作自然另当别论，但是，由于摄像机的寻像器画面较小，摄像师在紧张的拍摄中可能难以及时看清由于广角镜头造成的人像畸变，等到编辑台上看素材时再发现这些问题难免有"悔之晚矣"之憾。所以，这要求摄像人员对造成人像畸变的一般距离和大致情形捻熟于胸，从而在现场实拍中通过目测和有关经验加以控制和避免。

第四节　变焦距镜头

变焦距镜头是相对于定焦镜头而言的一种可连续变换焦距的镜头。它是由多组正、负透镜组成，除固定镜组外，尚有可移动的镜组，通过镜筒的变焦环，移动活动镜片组，改变物镜镜片之间的距离，可以连续变动镜头的焦距。

目前，各生产厂家提供的摄像机大多只配有一个变焦距镜头。常见的变焦距镜头的变焦范围有 12mm～75mm，10mm～150mm，9.5mm～143mm，9mm～117mm 等。用最长焦距值除以最短焦距值就是这个变焦距镜头的变焦倍数，例如 10mm～150mm 焦距的镜头是 150mm÷10mm＝15（倍）。变焦倍数越大，变焦范围就越大。一般来讲，变焦倍数大的镜头记录景物和表现空间的能力比变焦倍数小的强。但由于其在制造工艺上需要消除像差等原因，镜头的构造也复杂得多，并且镜头的长度和重量也长于和重于变焦倍数小的镜头。因此，选择摄像机的变焦距镜头并不是镜头的变焦倍数越大越好，而应从实际出发，根据所拍摄的题材及制作上的要求选择适当的镜头。

摄像机上所用的变焦镜头一般都包括广角镜头、标准镜头、长焦镜头三个部分，一个镜头可以替代三种镜头，并分别表现出这三种镜头的造型效果，同时还可以通过连续变换焦距使画面景别出现由大到小或由小到大的变化，形成一种变焦距推拉镜头的效果。变焦距镜头具有广角至长焦各种镜头的功能，给电视实况转播和拍摄电视纪录片的摄像师带来了极大的方便。摄像师在一个机位上就可以拍到整个场面的全景和某一个人物的面部特写，而不必为变换景别跑前跑后、爬上爬下地来回奔忙了。

然而正像任何事物都有它的两重性一样，变焦距镜头造型表现上的优势给电视摄像艺术的发展带来了新的问题。在一些电视节目中运用变焦距镜头无目的地推推拉拉的画面随处可见。有的是为了追求变焦距镜头奇特的画面运动节奏，有的是为了炫耀变焦距镜头呈现的目不暇接的新奇景象，有的则迷恋于不断地推推拉拉所形成的画面动荡不安的造型效果。所有这些使一些人开始怀疑变焦距镜头是否还有使用的必要，电视界也因此留下了一个滥用变焦距镜头的名声。因此，正确而有效地运用变焦距镜头，充分发挥这种镜头的造型优势，避开它的不足之处，使变焦距镜头成为电视观众可以接受并喜闻乐见的一种艺术表现手段，在丰富电视画面的造型形式中发挥更大的作用，就成了我们每一个电视摄像工作者所面临的课题。另外，大多数专业摄像机都只配置一个变焦距镜头，除非特殊情况很少换卸。而我们在拍摄纪实性节目特别是新闻节目时，被拍摄的场面和新闻事件又是"一次过"的，这也要求摄制人员必须很好地运用变焦距镜头"一次性"地拍好画面。所以说，变焦距镜头的使用不仅是一个重点，也是初学摄像者的一个难点。

一、变焦距镜头造型表现上的优势和不足

变焦距镜头给摄制人员的实际拍摄带来了很多便利条件，同时给编导者提供了更为充分地实现创作意图的技术保障，其画面造型的优势主要有以下几个方面：

(1) 一个变焦距镜头可以替代一组不同焦距的定焦镜头。在实际拍摄过程中不必为变换焦距而更换镜头，加快了现场摄制速度，便于摄制人员对拍摄中的意外情况做出现场应变和快速反应。

(2) 在摄像机机位不动的情况下即可完成变焦距推拉，实现画面景别的连续变化。在一个位置上即可拍到场面的全景和人物（物体）特写。

(3) 可以跨越复杂空间完成移动机位所不能完成或不易完成的推镜头和拉镜头，并且还能完成仰角度或俯角度的推拉镜头。比如，在机位不前移的情况下，我们可以用变焦距镜头推到河流对面的山坡上，拍摄牧羊人的小景别画面。再比如仰拍攀岩运动员的登山过程时，变焦距镜头能够非常方便地实现从悬崖大全景画面到运动员手部特写画面之间的推、拉镜头。

(4) 摄像机镜头上的电动变焦距装置可以使画面景别的变化平稳而均匀，如用手动变焦，可以完成急推和急拉，产生一种新的画面运动，形成新的画面节奏。

(5) 在摄像机机位运动的过程中变动镜头焦距可以构成一种更为复杂的综合运动镜头。它的主要特点是机位运动与镜头焦距变化的合一效果，产生一种人们生活中视觉经验以

外的更为流畅多变的画面运动样式。

（6）运用变焦距镜头，一个人即可以完成移动机位又变化焦距的综合运动镜头，增强了画面造型表现的随意性和灵活性。

变焦距镜头在画面造型表现上的不足和局限主要表现在：

（1）用变焦距镜头拍摄的推拉镜头虽然画面景别连续发生变化，有着一种接近或远离被摄主体的感觉，但实质上它是通过镜头焦距的变化形成的视角变化，这种画面效果不符合人眼观看物体的视觉习惯，人们在生活中没有这种对应的视觉感受。因此，从这方面讲它所表现出的画面运动形式是不真实的（这种真实与否的标准不是画面表现的内容，而是画面的表现形式是否符合人对物体的视觉规律）。

（2）变焦距推拉镜头的画面变化带有某种强制性，它是通过技术的手段强行在电视屏幕上呈现出的一种人们在生活中不曾有过的视觉印象。观众所面对的画面形象是一个被技术手段加工的形象，特别是这种推拉镜头的运动与画面内容相脱离时画面中更是露出一种技术表现的痕迹和人为表现的痕迹。

事实上任何一个电视画面都带有一定程度的强制性和主观色彩，都是编摄者利用各种造型表现手段对客观景物再加工后的一个创造结果，反映了节目制作者对现实生活的一种认识和态度。那种认为电视画面可以对现实纯而又纯的"复制"是不合实际的。问题的关键是我们前面所讨论过的各种画面表现形式从某种程度上都是对人眼视觉经验的一种模拟，人们在生活中都可以找到其对应的视觉感受。例如：摇镜头反映了人在观察事物时转动头部的视觉效果；移动镜头反映了人在活动物体上或自身行进中的视觉效果；固定镜头反映了在静止状态看着某个物体的视觉效果。因此观众在观看这些电视画面时对画面的强制性特点感觉不明显。而在变焦距镜头拍出的推拉镜头中人们就找不出所对应的视觉感受，加之变焦距推拉运动具有明显的指向性，电视画面的强制性和主观性特点，在变焦距推拉拍出的画面中体现得就格外明显和强烈。

尽管变焦距镜头拍摄的画面有着如此明显的不足和局限性，但是纵观今天世界各国电视屏幕都不难找到用变焦距镜头拍摄的画面，变焦距镜头在电视界已经被广泛地运用，这是一个不可否认的事实。不符合人们视觉感受的变焦距镜头为什么能够得到电视观众的承认？这里就涉及到电视美学中的一个重要问题。一般来讲，人们对电视的感受主要来自两个方面：一是生理感受（主要通过视觉和听觉），一是心理感受。这两个因素的共同作用完成了观众与电视画面的交流。人们对变焦距镜头拍摄的画面虽然没有生理上对应的感受，但却有着心理上的对应感受。这种建立在心理上和情绪上的合理性，正是变焦距镜头存在的价值。

比如纪录片《败家子》，在揭露上海某仓库因官僚主义严重，致使大量存放的羊毛腐烂变质时，镜头从一个全景（仓库货场）急推成大特写（被虫蛀蚀的羊毛）。用变焦距镜头才能产生的画面景别急速的变化，给予观众以强烈的视觉冲击，不仅强化了画面形象的力度，同时还通过造型的表现方式反映了编导者对事件的主观评价态度。再比如中央电视台《焦点访谈》播出的"收棉——何人窃喜何人忧"中，当记者了解到国家指定的棉花收购站里空空如也的情况后，赶往一家违反国家法规高价私收棉花的加工厂，并取得了第一手调查资料后，镜头从记者的中景画面拉开成她所在的私人加工厂储棉货仓的全景画面，只见记者身后是堆积如山的棉垛。显然，国家专营收购站何以"空空如也"的问题这时候找到了真正的答案，至于"何人窃喜何人忧"的答案也就尽在画面里了。此时观众专注的是画面的内容，这个与画面内容紧密结合并有效地为内容表现服务的造型形式——变焦距拉镜头并没有使观众感到生硬和反感，反而从画面的造型表现中悟出了一些道理。可见，变焦距镜头通过画面造型形式与表现内容的有机结合，是能够给予观众相应的视觉信息，给予观众画面以外的联想并调动观众的心理反馈的。

另一方面，现代生活中科学技术与艺术的相互渗透、相互影响，不断地改变着人们的视觉观念，人们希望更加自由、更加随心所欲地表现生活和认识生活，不希望拘泥于造型表现上的"仿真"和"逼真"，甚至对视觉经验以外的视觉现象表现出更为浓烈的兴趣和好奇心。变焦距镜头所表现出的灵活、随意、多样的造型效果，从一定程度满足了人们的这种心理愿望。可以说，变焦距镜头在电视中的出现是现代文明进步在视觉文化上的一个具体表现。

二、变焦距推拉镜头与移动机位推拉镜头的不同

从画面变化的运动特点和形式上来看，变焦距推拉镜头

与移动机位的推拉镜头有着相似之处。比如说：

（1）两种推拉都引起了景别的系列变化，这种变化是连续的而不是跳跃的，是递进的而不是无序的。

（2）被摄主体由于镜头的推拉，或由小到大，或由大到小，都表现出一种接近或远离的视觉效果。

特别是有些角度变化不大，推拉速度平稳而均匀的变焦距推拉与移动机位推拉的画面效果极其相似，不仔细观察很难分辨出到底是用哪种方法完成的。因此有的人就把这两种推拉混淆起来，认为它们的造型效果是完全一样的。这种将变焦距推拉等同于移动推拉的认识是一种模糊的认识。事实上，变焦距镜头在技术上和美学上有着自己丰富的内涵，与移动机位推拉镜头相比有着不同的现实依据，呈现的是一种不同的画面造型效果。我们将变焦距推镜头和移动机位推镜头的俯视平面图（见图5-11a和b），以及这两种推镜头呈现的画面造型效果画出（见图5-12a和b），从中可以看出这两者之间的不同点（拉镜头可由其反向推知）：

（1）视角方面，变焦距推镜头的视角变化了，移动机位推镜头的视角没有变化。

（2）视距方面，变焦距推镜头的视距没有变化，移动机位推镜头的视距变化。

（3）景深方面，变焦距推镜头由于焦距的变化画面景深发生了变化，移动机位推镜头的焦距固定，景深没有明显变化。

（4）变焦距推镜头是通过视角的收缩达到画面景别的变化，其落幅画面仅是起幅画面中某个局部的放大，没有新的

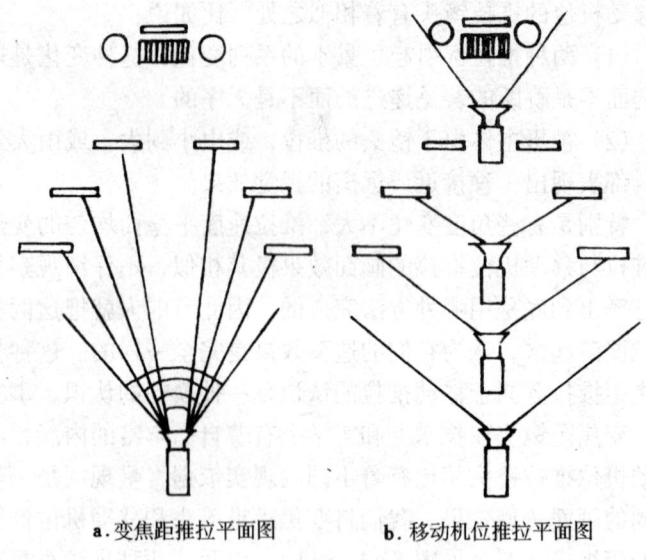

a．变焦距推拉平面图　　b．移动机位推拉平面图

图 5-11

画面形象和内容；移动机位推镜头则是通过机位向前运动形成画面景别的变化，随着机位向前，视觉空间会出现新的形象和内容。

（5）如变焦距推镜头 a 中始终未出现那两盆小树，而在移动机位的推镜头 b 中，落幅中出现了新的形象，即两盆小树。观看移动机位的推镜头，随着摄像机的不断向前运动，观众有视点前移身临其境的感觉。而变焦距推镜头很难使观众产生身临其境的感觉。

正确认识这两种镜头的异同和造型特点，有助于我们在电视摄像实践中对其正确地把握和运用。

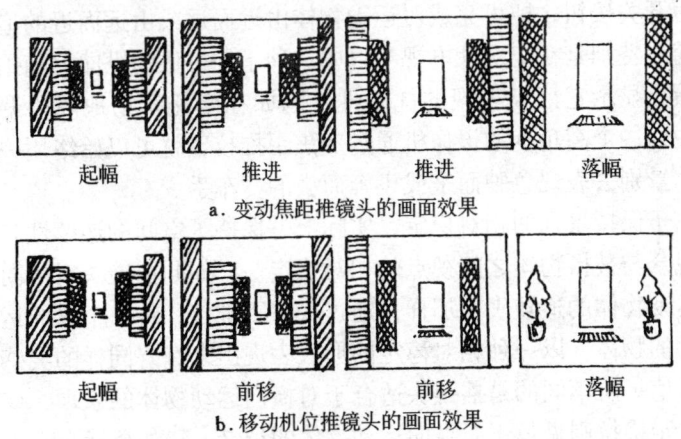

a. 变动焦距推镜头的画面效果

b. 移动机位推镜头的画面效果

图 5-12

三、变焦距镜头的功用

1. 实现变焦距推拉

变焦距镜头常被用来实现变焦距推拉。这种推拉镜头的表现意义在运动摄像一章中我们已作了较为细致的分析，这里就不再赘述。

2. 通过变焦距推拉追随运动中的被摄主体，保持画面景别的相对稳定

被摄主体的纵向运动直接改变着画面的景别，在此种情况下如果想保持画面景别的相对稳定就需要或者移动机位去追随人物，或者变动焦距追随人物。而变动焦距在实际拍摄

中比较容易实现,并且操作简单,拍摄者只需按压电动变焦距开关按钮,即可完成对运动物体由近而远或由远而近的追随。特别是在纪实性电视节目中这种不动机位的纵向追随拍摄更显示它记录表现的优越性。例如在摩托车场地障碍赛中,一个高角度的摄像机通过变焦距推拉,就可以始终用一个景别去表现急驶而来或飞奔而去的赛车手。

保持景别的相对稳定,实际上是保持了空间的连续性和观众与被摄物体之间视点的相对稳定性,如同摇镜头对横向运动物体的追随表现那样,通过变焦距推拉,将一个纵向运动的物体,以一种相对稳定的形式表现出来有着同样的美感价值。所不同的是摇镜头适合于对横向运动物体的表现,变焦距推拉则见长于对纵向运动物体的记录。比如奥运会百米决赛时,有数个机位是从终点附近正对起跑线上的运动员进行追摄,这通常都是对准那些成绩突出、可能夺冠的著名选手。当裁判鸣枪、运动员起跑之后,镜头随着运动员向终点的冲刺不断进行变焦距后拉,使得画面中的运动员基本保持在同一景别上(一般为中景或全景),记录下短暂的十余秒之间运动员鲜活生动的起跑姿态、挥臂情况和面部表情等。比赛结束时这些变焦距拉摄镜头立即进行慢镜头重播,从而让观众对选手的夺冠赛程和竞技英姿有仔细欣赏的机会。

3. 变焦距镜头在运动摄像中便于调整画面构图,选择最佳景物,突出视觉重点

变焦距推拉可以是规则的——画面均匀地一推到底或一拉到底,也可以是不规则的——推中有拉或拉中有推。其目的在于随时将多余的形象排除在画外,将富有表现力的那一

部分形象保留在画内，保持画面构图的始终严谨和合理。在电视风光片《层林尽染》中我们见到这样一个画面，随着镜头的渐次拉开，映入我们眼帘的是满目青山翠柏，一片郁郁葱葱。不知内情的观众通过电视画面以为摄像机镜头前全是这种景象，其实这是一个通过变焦距推拉对景物进行了选择的画面，摄像机镜头前并非是一片森林，而是一个有的地方树林茂密，有的地方树木稀少的山梁。拍摄时摄像者利用变焦距有效地控制了画面的表现空间，当镜头摇到树木茂密的地方时画面拉开，摇到树木稀少的地方时画面推上，使画面中树木这一重点形象始终饱满，成为这个镜头的视觉重点，给人以突出的印象。

需要说明的是这种推拉结合的变焦距拍摄与打气筒式的一推一拉的变焦距拍摄有着明显的不同。前者是通过推拉在运动中调整画面构图，选择最佳景物和最佳表现空间。推拉的依据是画面形象和空间的变化，同时推拉的范围是有限度的并常与摇镜头相结合形成推拉空间的转换；而后者则是单一方向的推去拉来，镜头运动并非是对形象或人物的追随，而仅仅是通过镜头焦距的变化形成一种画面外部的动势，镜头的推拉范围大而急，并在一个空间点上变化，给人一种忽而被拉近忽而被拉远的动荡感觉。这种打气筒式的推拉镜头已引起了许多观众的反感。这是我们在变焦距镜头运用时应当注意的问题。

此外，当我们在纪实性摄像过程中，采用肩扛方式进行运动摄像时，熟练地运用变焦距镜头有利于我们捕捉重要信息，突出主要形象。比如在电视纪录片《远在北京的家》

中,当摄制者跟随那几个安徽小保姆来到北京的家庭服务中心时,由于现场人多景杂,为了跟上被摄主体又不得不肩扛跟移拍摄;于是,变焦距镜头使得摄制者能够通过推、拉接近在人群中与人讨价还价的小保姆,并保持画面构图的选择性和目的性,排除多余的人物和景物,控制主要人物在画面中的位置和景别。再比如当新闻记者跟随中央领导深入地方实际考查时,一方面由于随行人员众多,另一方面由于视察的地点经常变换,摄像师不可能总在构图的最佳位置上进行拍摄。这时候变焦距镜头正好派上用场,当领导人在纺织车间与团团围聚的工人握手谈天时,你可以把镜头推到适当的中小景别上去;当领导人在炼钢高炉边询问产量的时候,你可以从小景边画面拉出来,把炉火正旺的炼钢炉纳入画面以交待环境,等等。总之,变焦距镜头能够帮助我们在运动摄像过程中较为便利地调整和选择构图。

4. 有助于实现被摄对象处于焦点之外的拍摄

当对一个物体的细部和整体连续表现时,移动机位的推拉镜头会因摄像机为达到小景别画面过于接近被摄物体,以至超出镜头最近焦点的距离使画面形象模糊。如果用长焦距镜头移拍则很难实现从被摄物体细部到整体的景别转换。此时如用变焦距镜头完成景别变化,就可以发挥广角和长焦两个镜头的长处。当镜头调至长焦段时,一方面可以将机位放在离被摄物较远的位置上(镜头最近焦点之外)进行拍摄,以保证物体在焦点之内;另一方面画面景别可以表现得很小,使物体细部在画面中占有较大的空间。当镜头调至广角、在机位不动的情况下,画面即可从特写逐渐转换成全景，广角大景深的特点又使得画面有一个较大的表现空间容纳下物体的整体，并且画面形象从头至尾都是清楚的。比如，当拍摄一个具有重要考古价值的刚刚出土的青铜鼎时，我们就可以在较远的位置上先用镜头的长焦距一端把画面推至铜鼎上的花纹局部，然后逐渐变焦拉出成全景画面，让观众从局部到整体地看清这件文物。

5. 变焦距急推急拉镜头可以产生某种特定的节奏变化

运用手动调焦距可以产生急速的推拉镜头，这种造型效果，移动机位推拉是难以实现的。急速推拉镜头强化了画面框架移动的速度，并超出了人眼观察物体的感知速度，画面内形象除中心点相对清晰外，其它部分全部虚化，呈现一种放射状急速收缩或扩张的画面，形成一种特殊的画面节奏。这种画面对人眼的视觉冲击力极强，极易引起观众心理上的不稳定感，常被用来表现某种主观视线，反映剧中人物恐惧、愤怒、惊异、狂喜等爆发性的心理变化和情绪，或通过闪电般的景别变化引起观众对画面形象的注意。

电视片《某师合成演练纪实》一连用了4个急推镜头表现某汽车连因战备思想松懈，十几辆军车残破无法投入演练的情景。急剧变大的画面强调了破碎的车灯、瘪了的轮胎、关不上的车门、已腐蚀的电瓶等，有力的造型表现形式使这几个残破处给我们留下了深刻的印象。再比如，对一些歌舞节目进行电视转播时，根据音乐的节拍或舞蹈的动作作急推急拉处理，能够取得贴合歌舞情绪和节奏的画面效果。中央电视台播出的一个反映东北某农村的姑娘们赶集看花灯的舞蹈，当高潮部分音乐节奏加快、舞蹈演员各自摹拟不同的村妞看灯的"千姿百态"的表情动作时，画面时而急推成某个舞蹈演员的中景景别的静态动作造型，时而急拉成众多演员的全景群像。从画面效果来说，由变焦距急推急拉形成的爆发力和节奏感是与舞蹈本身欢快喜庆的节奏和气氛相吻合的。

急速推拉使变焦距镜头强制性的特点表现得更为明显，它使画面的运动力度加强、节奏加快。它如同语言文字中的惊叹号、音乐旋律中的重音符，是出情绪、出节奏、出气氛的地方。运用得适时和恰当会给人以震撼的力量，而运用得不当或过多过滥则会使人产生视觉疲劳，以及在被迫接受一种强加于人的画面的感觉，从而出现逆反心理，结果造成编导者最得意之处正是观众最反感之时的败笔。

6. 变焦距镜头的推拉与其它运动摄像方式相结合可使画面内部的蒙太奇更为丰富

变焦距镜头可以在远离被摄人物的情况下，通过变动焦距及焦点，完成定焦镜头几个机位和镜头才能完整表现的机位调度，使人物和环境浑然一体，画面景别和视点转换，更趋向于平稳、连贯、柔和，形象和情景的表现更加生动、真实、可信。屏幕上给予观众的直观感受不同于镜头组接所产生的画面外部蒙太奇，使电视画面的造型表现更加接近生活、接近人们对现实的视觉认识规律。

在纪实性节目中，变焦距的运用使长镜头拍摄成为可能，从某种意义上讲它是长镜头理论的技术支柱。纵观世界各国纪实性节目中优秀长镜头实例，绝大多数是用变焦距手段完成的。这里恐怕主要应归功于变焦距镜头造型表现上的种种优势。近年来,我国的一些优秀电视纪录片也在这方面取得了长足的进步。诸如《回家》中大段跟拍熊猫活动的镜头,《沙与海》中拍摄小女孩独自玩沙的长镜头,都呈现给观众一种较完整自然的生活流程,给中国的纪录片创作界吹来一股清新的风。作为摄像人员,我们应该从这些成功的作品中吸取经验,学习优点,不断提高自己运用画面造型形式和不同的镜头语言来记录生活、传递感情和表达思想的能力。

四、变焦距镜头拍摄应注意的问题

(1) 运用变焦距镜头拍摄十分重要的一点是对变焦距动点、动向、动速的控制。所谓动点是变焦距推拉的起动点和停止点;动向是变焦距的推拉方向;动速是变焦距的推拉速度。而在这三个方面中,动点因素最为重要。正确控制变焦距动点的基本要求是将变焦距推拉的起动点安排在运动物体(人物)动势最大的那个点上,把停止点安排在运动物体动势停止或消失的那个点上,形成一种你(被摄物体)动我(变焦距)动;你停我停的镜头运动方式。这种处理可以使画面外部的运动(变焦距推拉)和画面内部的运动(被摄物体的运动)有机地结合和对应起来,减少观众对变焦距镜头起动和停止的注意,好像镜头的运动是由被摄物体带出来的一样,观众在对被摄物体运动的观看中不知不觉地接受了这种画面运动。如果被摄物体动时变焦距不动,被摄物体不动时变焦距却在"运动"(推拉),两种运动形式就会重复影响观众的视线,迫使观众不断地调整视线去"追随"变化中的形象，使观众觉得变焦距的运动是一种多余的运动，不但没有帮助观众对画面形象的认识，反而干扰了观众的视知觉活动，使本来带有某种强制性的变焦距形态更为明显。

对变焦距动向的把握主要依据下面三点：

①根据被摄物体的运动方向决定变焦距推拉方向。如：人物往远走镜头推上去；人物从远来镜头拉开来。这种镜头运动是顺势的。

②根据画面内情绪的要求决定变焦距推拉方向。如：情绪激动、气氛紧张镜头推上去，使画内情绪更为饱满、强烈；情绪放松，气氛低落时镜头拉开，使画面空间更为空旷更易发挥感情上的余韵。

③根据情节对造型的要求决定变焦距推拉方向。如：情节要求视点前移时镜头推上去，情节要求视点远离时镜头拉开来。

对变焦距动速的把握主要考虑下面三点：

①依据被摄物体的运动速度决定变焦距推拉速度。一般情况下是你（被摄物体）快我（变焦距速度）也快，你慢我也慢。这种镜头运动也是顺势的。

②依据画内情绪和内容节奏决定变焦距推拉速度。节目节奏快、画内情绪紧张时变焦距推拉速度快，反之则慢。

③依据对观众视点调度的快慢决定变焦距推拉速度。快速调度观众视点，满足观众对被摄主体认识的某种急切心理时变焦距推进速度应快些；反之，抑制观众对被摄物的识别速度、延长观众的某种感情节奏时，变焦距推进速度则应慢些。

总之，对变焦距拍摄的动点、动向、动速三要素的把握和处理应根据具体的被摄对象及节目总体构思统筹考虑。一般来讲，在电视剧和非纪实性节目的拍摄过程中这些环节都可以在反复演练中得到最佳画面效果。而在纪实性节目中掌握好这三个方面就有一定的难度。首先纪实性原则要求现场拍摄一次完成，不能组织动作多次拍摄。另外，人物和物体的运动和停止具有某种突然性和多变性，动体由动到静，由静到动的过程正是动速变化最大、动感最强的时刻，摄像机准确而不失时机地跟上运动人物和物体，需要拍摄者敏锐的观察能力和反应能力。特别是人物和物体运动轨迹复杂多变时，镜头运动的方式也要相应变化，而每一次推拉的转换都是一次动点的转换，使整个镜头运动更为复杂。在这种情况下拍摄要注意处理好下面三点：

①拍摄过程中对运动物体要边拍摄边观察，并要有预见性，根据自己的生活经验，对物体运动规律的认识以及前期采访时对被摄对象运动特性的了解，力争在运动物体每一次变化前作出正确的判断和选择，否则将会处处被动，使每一次推拉都"慢半拍"。

②最好运用肩扛式拍摄方法，增加机位运动的随意性和灵活性，拍摄时身体应保持随时可自由转向运动的姿势。在身体运动过程中睁开左眼，用右眼观察寻像器里的构图，用左眼的余光观察被摄对象及其周围环境。

③如用三脚架时，纵向和横向锁机旋钮宜全部放松，使云台有最大的灵活性。

（2）变焦距推拉的起动和落幅要果断。如同摇镜头起落幅要果断一样，犹豫和迟疑都会影响镜头运动的流畅甚至引起表现意图的混乱。

（3）不动机位对同一物体单一方向的变焦距推或拉最好跨一级景别。例如：从全景推至近景或中近景（跨过了中景）。否则，极短距离的推拉，画面景别变化不大，镜头表现性贯彻得不彻底会引起一种误解：这不是在推拉镜头，而是技术上整理画面构图，给人一种一个构图失误的镜头进行了调节的感觉。

第五节　特殊效果镜简介

在实际拍摄过程中，根据照明光线、实景环境和拍摄内容的不同，为了使画面造型更加丰富多彩，以实现摄制人员所想达到的某些特殊效果，增强画面的造型审美感和艺术表现力，常需用到各种各样的效果镜来辅助完成特殊的拍摄任务。这些效果镜是经过特殊工艺加工制作出来的。

下面，我们对拍摄中可能会用到的一些常见特殊效果镜作一个简略的介绍。

1. 柔光镜

柔光镜在电视节目制作尤其是电视剧、文艺节目、电视广告、音乐电视等的拍摄中应用比较广泛，它能够降低被摄对象的总体清晰度，但并不影响画面的色彩和反差。比如，拍摄波光粼粼的湖面时，加柔光镜后会形成一种光芒漫射的画面效果。在拍摄人物特别是小景别画面时，加用柔光镜可以使得人物形象细腻柔和，弥补皮肤质感上的某些不足。如拍摄一位老年女士的特写画面时，柔光镜可以改善老年女士满面皱纹的醒目形象，通过对一些皮肤细部的损失获取皮肤质感较为柔和的画面形象。

2．星光镜

星光镜的镜面上刻画了格状的细纹，这些纹线的交点能够把光线放射成"十"字形的光芒。当我们用星光镜拍摄阳光照射下的河水时，平静流淌的水面在画面中会形成波光潋滟、流光溢彩的生动效果。星光镜在风光片、广告片和文艺节目的拍摄中运用较多。

3．彩虹镜

彩虹镜又叫虹光镜、色散镜，这种效果镜的镜头上被特殊工艺腐蚀出极细的水平槽线，能将光线绕射成七色的长条形和圆形的晕光，造成长形的或圆形的彩虹。当拍摄中加用彩虹镜后，被摄对象的光点周围将呈现出色彩纷呈的彩虹效果，构成千变万化的神奇画面。

4．雾镜

雾镜是一种具轻微漫射作用的效果镜，它能使来自被摄对象的光束得到漫射，并使漫射光均匀分布在画面中，从而一定程度上减弱了画面整体形象的清晰度，仿佛呈现出一种雾霭朦胧的特殊效果。

当实景有雾时加用雾镜，能够在画面中强化雾状效果；当无雾时使用，能够使画面中的形象犹如笼罩在一层薄雾之中。拍摄人物时用雾镜能收到类似柔光镜的柔化作用，拍出带有某种虚幻、朦胧感觉的人物形象。

5．多棱镜

多棱镜又叫做幻想镜、多影镜，这种效果镜能把同一画面形象分解为几个相同的影像，相互重复、交叠起来。多棱镜的种类很多，如平行的三棱镜、圆周的六棱镜等，可以获得不同的重复影像的排列形式，形成不同的艺术效果。

使用多棱镜时，一般要给予曝光补偿。如光圈太小，重叠的影像相互干扰比较少，效果不明显。但如果光圈过大，重叠现象又会过于严重，效果同样不理想。

6．双焦点镜

双焦点镜是一种能将画面分成同样清晰的前景和后景的附加镜。一般拍摄远景时距离镜头较近的前景可能处于景深范围之外，模糊不清，采用双焦点镜就能够使画面前景一侧的景物成像清晰，同时在画面另一侧的远景景物也能保持清晰，其中间部分是模糊的。但使用双焦点镜时会碰到掩饰两个焦点区域之间的衔接边缘的问题。因此，双焦点镜常用在一些特殊场景中。

7．晕化镜

晕化镜又称叫晕光镜，分为背景晕化镜和色彩晕化镜两种。此类效果镜能够使画面中间的被摄主体成像清晰，而其背景虚化或周围景物的色调受到改变，以突出主体形象。

此外，还有一种中心焦点晕化镜，又称作魔幻镜。这种镜片的中心部位能使光线正常通过，四周却影像模糊，界域分明，形象突出。这种效果镜多用来拍摄人像、花卉、静物等。如拍摄车灯、舞台灯、信号灯等，光源周围会形成筒形色圈，得到犹如光源放出炫光的图案效果。在艺术类电视节目中它还常用以表现人物的回忆、幻想、梦境等。

8. 渐变滤光镜

渐变滤光镜分为灰渐变和有色渐变两种，其镜片一部分有色，一部分无色或他色，并在两部分之间渐变过渡，以免出现画面中上下两部分的色调影调突变。

灰渐变镜主要是用以调节天空的影调，压低其亮度，平衡画面内的亮度范围。有色渐变镜则在上下两部分有不同颜色，可以强调画面中上下或左右两部分的色调。比如，蓝和绿的双色渐变镜，蓝色部分可用以强调天空，绿色部分可以用来强调草原。这种镜片使用时可根据画面中的形象位置灵活安放，比如横放、竖放、对角线斜放等均可。

9. 近摄镜

摄像机的变焦镜头或微距功能只能在一定范围之内有效，如果被摄景物与镜头的距离更近，就需使用专门的近摄镜进行拍摄。

比如，我们想把极近距离下的小物体的某些细部拍摄成大影像，就可以加用一片或两片近摄镜。使用近摄镜时需要注意的是，微小的移动都会影响到画面的质量，因此最好用专门设备锁定架牢之后再拍；还需尽量用小光圈拍摄，以获取较大的景深范围。

10. 偏振镜

偏振镜是一种减弱或消除不必要的强光和反射光的效果镜。但这种反光必须是非金属表面反射形成的，比如玻璃、瓷器、水面、漆面等。偏振镜能够消除这些反光和炫光，而被摄对象的其余光线并不受太大的影响。比如，戴眼镜的人由于镜片反光使得双目"消失"了，加用偏振镜就能够去掉反光，拍出镜片下面的眼睛。再比如，拍摄商店橱窗内的商品或是透过汽车玻璃窗拍摄时，也常使用偏振镜。此外，偏振镜在拍摄风光时可以调节天空的影调和角调，它能够加深天空的蓝色，但又不影响画面中其它景物的正常角调。

本章思考与练习题

1. 镜头的光学特性是指什么？由哪些因素组成？各对画面造型产生什么影响？

2. 怎样区分标准镜头、长焦距镜头、广角镜头和变焦距镜头？

3. 请分别谈谈长焦距镜头、广角镜头和变焦距镜头的造型特点、功用和拍摄注意事项。

4. 变焦距镜头对长镜头纪实有何意义？

5. 特殊效果镜主要有哪几种？

第六章　光线与色彩的画面表现

本章内容提要

★在电视画面诸造型元素中，光线是第一位、最基本的元素。电视用光与图片摄影用光相比，最突出的特点是动态性。

★摄像师必须能够科学地观察光线并正确地运用光线，对自然光和人工光画面表现的各种复杂情况都能游刃有余。

★如果说光线赋予电视画面以生命和灵魂，那么色彩就给画面注入了感情。通过色彩的感情倾向以达到对色彩的感情运用，并在画面造型表现中强化色彩构成意识和色彩表现意识，获取尽可能完美的画面色彩构图，是摄像人员的重要任务之一。

光线是人类生活中不可或缺的物质现象。有了光线，我们才得以认识和观察我们周围的一切。光线在揭示我们周围的世界时，为我们提供了看清景物的外部形态、表面结构、位置关系和不同色彩的必要条件。离开了光线，我们就无法在电视屏幕上呈现形象，一切造型手段都可谓无从谈起。

在电视画面的诸种造型元素中，光线是第一位的元素。之所以这样说，不仅是因为光线是电视画面造型艺术的基础，而且光线还具有其它造型手段无法替代的造型作用和艺术表现力。摄像师必须能够科学地观察光线并正确地运用光线，正确而有效地选择光线效果以及运用各种照明效果是电视节目摄制过程中的的一项重要环节。

同时，当我们在光线的照明、揭示和映现下，在电视屏幕上再现丰富多姿的现实生活时，我们发现它也是绚丽多彩的。色彩，不仅作为一种电视画面造型手段在电视节目制作中发挥了重要作用，它还成为渲染氛围、烘托形象、引发情感、传递思想的重要载体。在这一章中，变幻的光线、美丽的色彩将成为我们讨论的主题。

第一节 电视用光概述

电视摄像的用光及照明与图片摄影的原理是基本一致的，因此，在电视用光的实践中我们大量继承和借鉴了图片摄影用光的经验和做法。

但是，由于图片摄影造型的记录表现是在一个画幅上，是相对静止的瞬间造型，而电视摄像的造型表现是在连续的、运动的画面之中，是一种具有时空变化因素的动态造型。所以，电视用光在对光线的选择、处理及布光、照明的控制上又存在自身的诸多特点，其中最为关键的一点就是电视用光是一个动态用光的过程。

一、电视用光的特点

有比较才有鉴别。我们不妨先从与图片摄影用光的对比来看看电视用光的特点。

（1）时间上：图片记录的仅是某一瞬间的光色变化，只要瞬间中光线满足了造型要求，就能得到一幅完美的图像。因此，许多新闻摄影常用闪光灯等瞬间光源来进行现场实拍照明。

电视画面记录的是一段时间的光色变化。它不仅对光源产生了时间上的可持续性要求，而且还涉及到光色正确还原和影调、色调衔接等问题。所以，瞬间光源是不能用作电视用光的光源的。电视用光通过记录一段时间内的光色、影调变化，形成了图片所无法表现的动态的光影节奏。

比如说，在一天之中太阳光的色温是随时间而不断变化的，你在早晨用色温为3200K的人工光源对所拍人物补光，到了中午还用它补光就要发生偏色的问题，因为这时的阳光色温已升到5500K左右。再比如，同一个镜头里刚刚还是阳光普照，转眼云层遮住了太阳，光线就由直射光转变为散射光效果。诸如此类的情况在电视用光中可说是司空见惯的事情。

（2）空间上：图片记录的是照相机确定了拍摄方向和角度之后，相对固定的对象和空间。图片所表现的空间固定了，相对瞬时的光线所形成的空间效果也确定下来。可以说，图片摄影师的选择要受到很大的局限，他往往要重点考虑好一个方向、一个角度和一种拍摄情况。

电视摄像则随着被摄主体的移动和摄像机的运动，画面表现的空间是多样化的。在一个镜头中摄像机的拍摄方向和角度可能始终处在变化之中，画面内的光影结构及影调、色调也会随着画面表现空间的变化而变化。这就对电视摄像人员的光线造型能力提出了更全面的要求。电视用光是个动态的变化过程，甚至带有较强的不可预知性，摄像师在选择、处理光线时就必须随时随地考虑画面表现空间、方位等的变化对画内光影结构的影响。

比如，在同一间阳光照射下的房间里，有的角度能看到明显的影子，空间显得明朗；而有的角度则看不到影子，空间显得暗淡。我们在拍摄时或许会面临这两种不同角度的选择问题，或许要在移动摄像中先后经过这两种角度的造型空间进行曝光上的调控，等等。

（3）造型上：图片摄影造型对光线的要求相对来说较为简单，光线的造型作用凝聚在拍摄的瞬间之点，一般没有新的变化，是一次完成的。

电视画面对光线的要求则要复杂而多样，光线随着环境、被摄主体、机位甚至光位的变化直接影响着画面的造型效果，并使之发生变化。例如：一个人从阴影中走进光线明亮的区域，他的形体轮廓和表情动作由不清晰变成清晰，服装由消色变成色彩鲜明，显然，人物造型在一个画面中形成两种效果。这种由于光线原因造成的造型上的变化，在单画幅的照片中是无法见到的，而在电视画面中，它是强化光线塑型效果、改变画内影调结构、渲染环境气氛、刻画人物性格等常见的方法。而且，这种动态用光意识和动态光线造型能力，对一位优秀摄像人员来说是尤为难能可贵的。

再比如，同样是在日出时分拍摄天安门广场上的人民英雄纪念碑，摄像人员可以在一个镜头中完成运动摄像和俯仰角度的变化。从而在画面中形成从顺光下的纪念碑到侧逆光下的纪念碑直到逆光剪影效果的纪念碑的连续变化过程，这在图片摄影中是难以做到的。

由上可见，电视用光具有动态性这一显著特征。一方面，我们要在电视画面造型过程中捕捉动态的光线效果；另一方面，我们还应在动态用光和动态造型的基础上更好地完成画面造型任务；既能够客观真实地再现和表现现实生活的各种光效，也善于运用光线造型手段来实现创作意图、塑造画面形象。

二、光线与造型

光线在电视画面造型中有着基础性、决定性的作用。可以说，作为一名电视摄像师，在工作中须臾也不能离开光线，离不开对各种光线所构成的特定画面造型效果的甄别、判断和选择。对电视摄像师来说，光线就如同是画家手中的画笔和调色板。那么，怎样认识光线？如何理解电视用光的造型作用呢？

1. 光的基本特性

光，是宇宙中客观存在的一种物质运动形式。在现代物理学的理论中，认为光就其本质来说是电磁波的一种。

（1）光谱成分：我们人眼所能看到的可见光仅占目前人类所认识的电磁波谱中的一小部分。它的波长只限于从390

毫微米至760毫微米之间（见图6-1）。波长短于390毫微米的紫外线和波长长于760毫微米的红外线肉眼是不能直接感知的，不过通过特殊的感光材料和各种测试仪器还是很容易记录下来的。

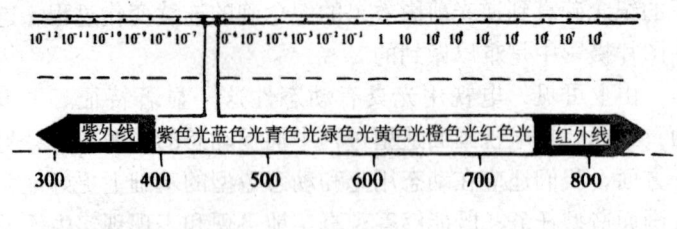

图 6-1

在能引起人眼视觉的可见光波中，不同波长的光呈现不同的颜色使人获得不同的光感，形成不同的颜色（见表6-1）。

表 6-1

波 长 （毫微米）	390～430	430～460	460～490	490～550	550～590	590～620	620～760
视觉颜色	紫	蓝	青	绿	黄	橙	红

我们平时所看到的"白光"是可见光波中不同颜色（不同波长）的光混合的结果。最纯正的"白光"是日光。日光的可见光谱是一个连续光谱，通过棱镜折射，能得到红、橙、黄、绿、青、蓝、紫各种色光，因此，日光被称为全色光源。

日光的七种色光可以归纳为三种主要色光,即红、(包括红、橙色光),绿(包括黄、绿色光),蓝(包括青、蓝、紫色光)。这三种色光等量混合就形成白光。红、绿、蓝三种色光若按不等量混合则会形成丰富多彩、颜色各异的各种不同色光。

自然界一切景物色彩的形成,都是由于它们对这三种主要色光不同比例的透射、反射和吸收的结果。因此我们把红、绿、蓝三种色光称为三原色光。彩色电视系统也是根据三原色光的机理在电视屏幕上还原出景物的各种颜色的。红色花朵之所以是红色,主要是由于花朵吸收了其余色光而只反射红色光的结果;灰色的物体则主要是由于该物体对所有的色光部分吸收、部分反射的结果。

景物的色彩也受到其所在环境光线的光谱成分变化的影响。例如:在红光照射下的绿色树叶,由于红色色光大部分被叶子吸收而又没有绿色色光可以被反射,结果叶子的色彩变成暗绿色或近似于黑色。又如:夕阳下的白色景物(白雪、白衣、白墙等),均会呈现一定程度的橙黄色,这是由于白色物体将各种色光等比例反射的结果。光源的光谱成分反映了该光源的显色性,显色性好坏是电视光源的一个重要参数,物体在全色光谱的照射下,反映的色彩最为真实。因此,在电视摄像用光中,选择全色光源是正确还原景物色彩的重要前提,而选择偏色光源则有助于表现出带有倾向性色调的画面效果。

(2)光源:光源是指能发光的物质。我们把世界上的光源大致分为自然光源和人工光源两大类。

自然光源是指自然界固有的非人造光源,诸如天体(日、月、星等)光源和萤火虫等生物光源。

人工光源又可分为火焰光源和电光源两类。在电视摄像中,除了自然光源和人工光源中的火焰光源(柴火、烛火等)之外,对电光源的开发和利用有着尤为重要的意义和作用。具体到电视用光,室外拍摄虽多采用日光照明,但有时也需要用适当的电光源作补充;室内拍摄在很多情况下都要依靠电光源来进行照明,以完成拍摄任务。电光源给电视摄像工作带来了极大的便利条件。不断发展、日趋完备的多种电视照明灯具和装置,能够根据电视创作人员的创作意图和现实条件的客观情况,提供不同强度、多种色温的人工照明光线。

(3)色温:色温是电视光源的一个重要参数,它从一个方面反映了光源的颜色质量。色温是以"完全辐射体"(一个不反射入射光的封闭的绝对黑体——如碳块)的温度来表示一个实际光源的光谱成分。色温凯尔文温标,以绝对零度(-273℃)为基准,以°K(或K)为符号。当把这个绝对黑体逐渐加热,随着温度的升高,其颜色便会发生相应的变化,从黑到暗红,又从暗红转为黄白,最后就成青白色。这种现象说明在不同温度下,"完全辐射体"辐射出来的光谱成分会产生一系列的光色变化。把温度的变化与"完全辐射体"发射出来的波长谱线相对照,就可以制出色温的曲线表。任何一种实际的光源,凡是有类似的光谱质量,就可以列为具有这种"色温",尽管它们实际的工作温度可能完全不同。

在彩色电视摄像中，由于摄像机内的摄像管对光源成分记录表现的"敏感而客观"，不同色温的光线对画面色调的影响十分明显。一些在拍摄现场人眼不易感知的光色变化，在电视画面中都会强烈地显露出来，电视摄像机"忠实"再现现场光源颜色的这一特性，要求电视摄像人员不能以人眼对现场光源颜色的感知为基准，而必须严格按照摄像机的操作程序，在不同色温的光线照射下，首先调整摄像机内的白平衡，实际上是使摄像机"适应"该光线色温条件下的光色变化，在电视屏幕上正确还原出该场景的真实光线效果和该场景景物的真实颜色。

前面我们谈到阳光是一个全色自然光源，具有最好的显色性。但太阳的色温并不是固定不变的，随着时间、地点、所处方位、照射环境的不同而不尽相同。以各类灯光为主的人工光源，由于各自的发光材料、发光原理、灯管材料及形状不同，其显色特性和色温也不尽相同。因此，了解和熟记一些常用光源的色温值对于摄像者来说就是一件十分重要和必要的事情。下面列出一些光源的典型色温表，供参考（见表6-2）。

2．光线性质

光线的性质首先取决于光源的性质。自然界的光线基本上是以三种状态出现的，即：

（1）直射光线（又称为硬光）；

（2）散射光线（又称为软光）；

（3）混合光线。

表 6-2

典型色温（°K、K）	
标准蜡烛	1 930
家用钨丝灯（25～250 瓦）	2 600～2 900
石英溴钨灯（500～10 000 瓦）	3 100～3 200
硬质玻璃齿钨灯（500～5 000 瓦）	3 100～3 200
管形石英卤钨灯（800～3 000 瓦）	3100～3200
镝钬灯（1,000～5 000 瓦）	5 000～6 000
铟灯（100～400 瓦）	5 000～5 500
高强度弧光灯	6 000
家用日光灯（15～40 瓦）	6 000～7 000
日出，日落	2 800～3 500
没有太阳的昼光	4 500～4 800
中午前后的阳光	5 400～5 500
室内漫散阳光	5 500～6 000
阴沉的天空	6 800～7 500
烟雾弥漫的天空	8 000
晴朗的、蔚蓝色的北方天空	10 000～20 000

直射光线（硬光）是指在被摄体上产生清晰投影的光线。诸如晴朗天气下的阳光、聚光灯照明都属于直射光线。

直射光线的造型优点是：①有明确的投射方向，便于造型和布光控制；②能在被摄体上构成明亮部分、阴影部分及其投影，并以此拉开画面反差；③能强化出被摄体的立体形状、轮廓形式、表面结构和表面质感；④能够显示时间性；⑤光源集中，容易限制和控制。

直射光的缺点是：①容易产生局部光斑，特别是在明亮金属等反光率极高的物体上产生的强光反射，可能超出摄像机记录景物的宽容度；②单一光源时造型效果可能生硬，多光源时投影处理不好又容易出现光影混乱的现象。

散射光线（软光）是指在被摄体上不产生明显投影的光线。比如阳光经云层遮挡形成的散射天光，经柔化的灯光照明都属于散射光线。

散射光的优点是：①照明均匀，光调柔和，能用光调描绘被摄物的外观形貌；②没有明显的投射方向，物体受光面大，易表现其细腻的层次；③由于被摄体表面均匀受光，其亮度反差取决于各自的反光率，容易控制在摄像机的宽容度内记录和表现。

散射光的缺点是：①不易显示被摄体的立体形态和表面结构、质地等；②当被摄体反光率平均时，不易拉开画面影调反差；③发光面大，因此难于限制和控制，限定被摄体的被照部位比较困难。

混合光线是指既有直射光线又有散射光线的混合照明光线。在实际的拍摄现场这种光线经常出现，它具有上述两种光线的特点并有较完美的造型性。

3．光线方向

光线方向，即光源位置与拍摄方向之间所形成的光线照射角度。光线照射到被摄对象的方向是相对于视点而言的，它主要是按观看者（即摄像机机位）与光线照射方向的关系来分类，而不管被摄对象的朝向如何。

当摄像机与被摄对象的方位确定之后，以被摄对象为中心的水平360°一周内，可粗分为顺光、侧光、逆光三种光线形态，在它们之间还可再细分为顺侧光、侧逆光两种不同形态（见图6-2）。此外，还有来自被摄对象垂直方向上的顶光和脚光两种光线形态。

（1）顺光：顺光又叫平光、正面光。光源从摄像机方向照明被摄对象，其影子直接投在背光面而被遮没，被摄对象表面均匀受光，画面上看不到较暗的调子及由暗到亮的影调变化，能较好地表现景物固有的色彩，构成一种平调照明。

顺光照明由于能防止多余的或干扰性的阴影，因而用以表现人物面部，能掩饰皮肤皱纹和松弛的部分，能使人物显得年轻。顺光用来处理杂乱的场景可使画面背景显得较为干净和明亮。

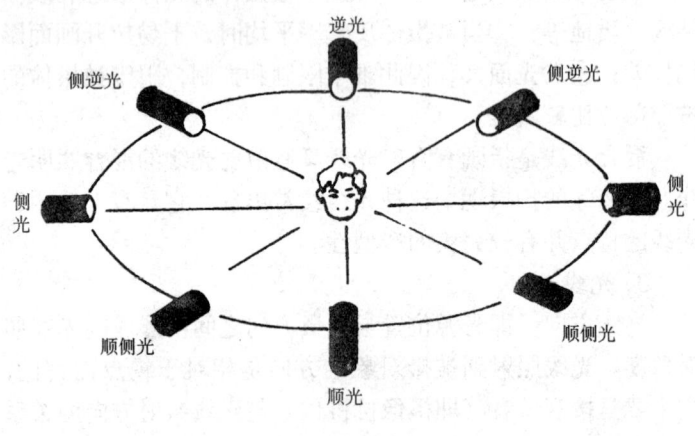

图6-2

顺光照明由于不能通过光线形成影调变化，因而不适于用来表现物体的立体形状和表面质感。它不适宜表现大气透视现象，被照明对象的立体感和空间感不强。

(2) 侧光：侧光又叫侧面光。当光源照射方向与摄像机镜头光轴方向成左右90°角时，被摄对象受光面和背光面各占一半，投影于一侧。被摄对象（特别是圆柱体）会形成由亮面到次亮面、明暗交界线、暗面和次暗面等一系列极为丰富的影调变化，层次感和立体感较强。

侧光不仅突出了物体表面的细微起伏和凹凸不平的变化，而且使整个被摄物投射出很长的夸大了的阴影。表面粗糙的物体在侧光照明下可获得鲜明的质感。

在场景布光中，用侧光容易得到明暗对比强烈、景物亮度反差较大的画面效果；在表现人物的全身形体动作时，侧光所形成的光影对比能加强人物动作的力度。但如果用侧光表现人物的头部，其整个外貌可能会由于某些部位的突出或隐没而变形。

(3) 逆光：逆光又叫背面光。当光源照明方向与摄像机镜头方向相对，并处于被摄对象身后时，被摄对象处在逆光状态。此时光源、被摄对象和摄像机形成了约为180°的水平角。除一条明亮的轮廓线外被摄对象正面看不到受光面，只能见到背光面。如被摄体是半透明或透明的，那么被逆光透射的被摄体在画面上显得更加明亮，色明度大大提高。例如：暗黄色的树叶在逆光下变成了金黄色、明黄色。

逆光照明能突出在暗背景中的被摄对象的轮廓线条，形成暗背景、亮轮廓、暗表面的强反差画面。逆光还能加强大气透视效果，增强画面的空间感。

当人物处在逆光照明下，头发会出现闪烁的耀斑效果，增添画面的绚丽色彩。在生活中，逆光条件下的物体背光部分由于天空散射光和环境反射光的照明，并非是漆黑难辨或模糊不清的。特别是在现代影视技术条件下，逆光拍摄成为丰富画面色彩、创新画面造型的有效手段。

（4）顺侧光：顺侧光又叫前侧光。当光源处于顺光照明和侧光照明之间的角度上，即构成顺侧光照明。顺侧光条件下被摄对象大面积受光，小面积不受光，形成了较丰富的影调变化，物体的立体感和质感都得以较好地表现。

顺侧光对于各类人物和各种物体都能得到比较理想的造型效果，是一种常用的照明光线，在摄影艺术中常用作主要的塑型光。

（5）侧逆光：侧逆光又叫后侧光。光源位于被摄对象后侧方向，即处于侧光照明和逆光照明之间的角度上。侧逆光具有逆光和侧光的特点，它使被摄对象一个侧面受光，大部分不受光，突出了对象的轮廓和形态，使其脱离背景而呈现出一定的空间感。

侧逆光使被摄对象表面特别是水平部分的质感得到突出的显现，低俯角度的侧逆光还会使垂直的物体留下长长的投影，使画面影调层次丰富而有变化。

（6）顶光：顶光是来自被摄对象的顶部的光线。顶光照明下地面风景的水平面照度较大，垂直面照度较小，反差较大，能取得较好的影调效果。

顶光条件下人物头顶、前额、鼻梁、上颧骨等部分发亮，而眼窝、两颊、鼻下等处较暗，嘴巴处在阴影中，近于骷髅形象，通常是一种丑化人物的手法。但在自然光照明下，只要加以适当的补光和控制，不一定形成反常效果，有时还能表现出特定的环境氛围和生活实景光效。

（7）脚光：脚光是从被摄对象的底部或下方发出的光线。与顶光一样，脚光的光影结构也是反常的造型效果，与人们日常所见的日光和灯光照明相悖。

脚光可抵消顶光的阴影，起到造型上的修饰作用。脚光还常用以表现和渲染特定的光源特征和环境特点，比如夜晚的湖面反光，篝火的真实光效等。

4．造型光的分类

在电视摄像的创作过程中，无时无刻不与光线造型打交道。因此，摄像人员应该对造型光的类别和作用有一个全面的了解，从而更好地完成摄像工作。根据光线在画面造型中的不同作用，我们把造型光分为主光、辅助光、环境光、轮廓光、眼神光、修饰光等。

（1）主光：主光又称为塑型光，是刻画人物和表现环境的主要光线。不管其方向如何，应在各种光线中占统治地位，是画面中最引人注目的光线。

主光处理的好坏直接影响到被摄对象的立体形态和轮廓特征的表现，也影响到画面的基调、光影结构和风格，是摄像师需要首先考虑的光线。

（2）辅助光：辅助光又称为副光，是用以补充主光照明的光线。辅助光一般多是无阴影的软光，用以减弱主光的生硬粗糙的阴影，减低受光面和背光面的反差，提高暗部影像的造型表现力。

通常主光和辅助光的光比决定了被摄对象的影调反差，控制和调整主光与辅助光的光比就成为十分重要的问题（光比是主光和辅助光形成的亮度比值）。

（3）环境光：环境光又叫背景光，是指专用以照明背景和环境的光线。环境光主要是通过环境光线所构成的背景光调与被摄主体形成某种映衬和对比，达到突出主体的目的。

环境光除烘托主要被摄对象外，还有表现特定环境、时间或造成某种特殊气氛和影调等作用。

（4）轮廓光：轮廓光是使被摄对象产生明亮边缘的光线。其主要任务是勾画和突出被摄对象富有表现力的轮廓形式。由于轮廓光是从被摄对象背后或侧后方向照射过来的，因此具有逆光的光线效果。

轮廓光具较强的装饰性和美化效果，但这种美化表现手段不宜滥用，特别是在纪实性影片和节目中更应慎用，否则会给人以虚假的感觉。

（5）眼神光：眼神光是使主体人物眼球上产生光斑的光线。它能使人物目光炯炯有神、明亮而又活跃。眼神光主要在人物的近景和特写景别中才有明显的效果，而在大景别画面中难以引人注意。此外，当人物来回走动或频繁转头时也难达到预期效果。在纪实性节目中使用眼神光会使人感到画面中人为的修饰性。

（6）修饰光：修饰光是指用以修饰被摄对象某一细部的光线。当主光、辅助光和照度等确定之后，在被摄对象布光仍不理想的地方，用适当光线予以修饰。例如：提高人物服饰某个部位的亮度；打亮人物身上某个装饰物（勋章、耳环、项链等）；修饰主光与辅助光之间的过渡影调等等。修饰光可以使被摄对象整体形象更加悦目，局部形象更显特点，更富有造型表现力，运用修饰光应注意不显露人工痕迹，不破坏整体效果。最好用亮度便于控制、照明范围较小的照明灯具。

根据光线在画面造型中的不同作用，除了前面我们谈到的这些光线外，还可以再细分为若干种造型光。在实际布光中灯光的这些功能性名称是无关紧要的，它仅仅是我们便于分析和运用这些光线的符号。重要的是正确运用光线的各种不同造型效果，依据拍摄构思创造出特定的光线效果，完成画面构图造型任务。

对被摄现场的被摄物体进行布光时首先应有个总体构思。除了考虑如何更好地表现被摄体外，还要考虑到此段画面光调与前后画面的衔接。在具体的布光过程中基本步骤为：①确定摄像机拍摄的机位及机位运动的路线；②确立主光的光位，对被摄体作初步造型；③配以辅助光来弥补主光不足之处，进一步完善被摄体的造型；④为了区别主体与背景，增强被摄体的空间感可运用轮廓光勾画出被摄体的轮廓线条；⑤根据现场光线条件，使用环境光交代背景空间，进一步突出和烘托被摄主体；⑥如被摄体某个局部不理想或特点不突出，可用修饰光、眼神光等作修饰性照明。

在整个布光过程中应注意各种光线不能互相干扰，在条件允许的情况下最好一个灯一个灯地布置，使该种造型光作用表现明显，然后将所有布好的灯全部调开，最后以监视器屏幕上的画面效果为准，再进一步调整以得到最佳的光线造型效果。电视用光遵循的原则是光线越简化越好。尽管我们前面分析了6种造型光线，但在具体使用中并没有必要在任何一个场景，面对任何一个物体都将这6种光线全部用上。有时一个灯光同时完成了两种造型作用，例如：辅助光在补充暗部的同时又形成了眼神光效果，就没有必要再加一个眼神光。特别是在一个较小范围内照明，能用一盏灯完成造型就不用第二盏灯。一般来讲，光源越少，光线越简单，画面上投影越少，光线间的相互干扰也越少，容易得到光调统一、影像干净的画面效果。同时也减少了拍摄现场灯具设备的使用，可获得事半功倍的成效。

5．电视用光的造型作用

（1）在技术上，离开了光线，电视也就失去了一切。光线是满足摄录系统获取画面影像的必要条件，提供一定的景物亮度和反差范围，使准确曝光成为可能。此外，光线还将影响和决定完成节目的影调、色调及其衔接等。

（2）在造型上，光线至少具有以下几点作用：

①提示被摄对象的形态和形状，造成物体的轮廓、体积、大小和比例、质感等立体幻觉；

②显示被摄对象的周围环境、空间范围和透视关系，创造画面的空间感；

③通过光线的照射及所形成的明暗光调对比突出被摄对象的某些特点，隐没某些部分，突出主要的和重要的视觉形象，把观众的注意力引导到富有意义的形象上；

④控制或决定画面的影调或色调；

⑤形成构图关系，利用光影平衡画面，突出构图线条，加强或减弱画面反差，强化或淡化画面内部节奏。

(3) 在戏剧表现上，光线可以起到以下一些作用：

①利用光线渲染和烘托环境，形成特定的艺术氛围；

②利用光线的光调和光影效果来表现特定的时间概念，如朝、午、晚等；

③通过光线、光调、光影及发光体等表现象征、比喻、借代等艺术效果；

④通过特定的光线效果外化和表现人物情绪，反映内心活动，刻画人物性格，等等。

三、不同类型节目对光线的不同要求

电视用光的动态性特点不仅是由电视摄像的技术要求和造型特点所决定的，它还与不同电视节目对光线的不同要求有密切的联系。我们认为在不同类型的节目中，基于表现形式的不同以及表现内容各异，对光线的要求和用光的指导思想也不尽相同。此外，由于光线在电视画面造型中具有多种作用，也为满足不同类型节目对光线的不同要求提供了条件。

在电视新闻类节目中，除节目主持人或播音员在演播室内主持播报节目的特定演播室环境光效外，记者在新闻现场拍摄时，首先，要保证画面的基本亮度，给观众以清晰的图像。当现场光线满足了摄像机的基本技术要求，就不再运用任何人工光源来修饰现场光线；其二，当现场光线亮度不足以在电视画面中显现出新闻人物和事件的形象特征，则要用

人工光照亮新闻现场,以获得清晰图像为目的,并不追求以光线为表现手段的艺术效果;其三,当新闻现场的光线本身已成为新闻内容的一部分时,比如昏暗的教室或厂矿、黄昏时分的非法交易等,则记录和表现好现场的特定光线效果就成为选择光线、用好光线的重要一环;其四,在一些事件性新闻中,将现场新闻灯源甚至灯光师的布光活动记录在画面中,能起到烘托现场气氛,加强现场拍摄纪实效果的作用。此时新闻光源和灯光师已成为新闻现场客观存在的一个与事件有一定联系的形象而被表现出来。

在纪实性节目中,诸如电视纪录片、电视风光片、纪实性专题片等的造型表现既必须坚持真人、真事、真实场景等真实性原则,同时也在不违背真实性原则的大前提下对光线作一定程度的加工和处理,追求一种更高层次的生活的真实。通常要求在不失真的情况下艺术地再现典型环境中的典型光效,注重实景光线的运用,强调真实自然的光效。

而在艺术类节目包括电视剧、文艺晚会、音乐电视等的造型表现中,电视用光十分注重光线的造型意味和表现意义,追求艺术地再现或表现出特定的光线效果和艺术氛围。有些光线带有很强的装饰性、假定性,这些光线不一定和所在环境的自然光线效果相一致,也不一定有生活依据,而是为了造型的需要和审美的要求。在电视剧中还有戏剧光线处理,往往是用来更好地提示戏剧内容或反映人物心理状态,增强戏剧效果。

一般而言,艺术类节目的用光比新闻纪实类节目要复杂而多样。我们应该注意根据拍摄内容和节目体裁的区别来适度地掌握,而不能把电视用光的动态性理解为随心所欲和无目的性。特别是在新闻节目和纪实性节目中,倘若一味追求特殊光效的表现性和画面造型的装饰性,其结果往往是南辕北辙,使画面的造型表现失去了真实性、纪实性等宝贵品格。

第二节 自然光的画面表现

自然光的主要光源是太阳。自然光随着季节、气候、地理条件和时间的变化而变化,一方面形成了自己的变化规律,同时也在地球表面产生了丰富多彩的自然光效。

一、自然光简析

自然光线主要是阳光,它有三种不同的形态,即直射的阳光、散射的"天光"和环境的反光。

直射的阳光能在被照物上形成明显的受光面与背光面,能形成清晰可辨的影子。散射的"天光"则是由于阳光经过大气层时被尘埃、水汽、云层等反射、折射和扩散,从而形成了漫射状态的光线。它比直射阳光弱许多,只能在被照物的背光面中见到。环境的反光是阳光照射到被照物上,一部分吸收转化为其它能量,另一些被其表面反射回去,形成环境反射光。环境的反光可因环境的色彩而具有色彩特征,比如沙漠中的环境反光呈土黄色,绿茵场的环境反光带有绿色等。

阳光下的所有景物的光效都是由这三种形态的光线所构

成。对自然光这三种形态的认识和把握，是再现和表现画面形象的基础。

阳光有着"自然而然"的变化规律和特性，我们在运用自然光进行拍摄时，只能遵循这种客观存在的规律，选择符合创作意图的拍摄地点、拍摄时间和拍摄角度。对电视画面造型而言，产生直接影响的几个方面主要表现在：

（1）在户外作为主要光源的太阳只有一个。它决定了户外景物都处在一个光源照射之下，在直射光照明下景物阴影只有一个。景物受光面亮，不受光面暗，暗示出太阳的方位，光线呈现出明显的方向性。

（2）在晴天里阳光直接照射到地面呈现一种直射光效果，同时由于受大气层空气介质的影响，部分光线呈散射状，使景物不受光面仍有一定的亮度。如果被摄体周围物体的反光率比较高，该物体还受到周围物体反射光的"投射"，形成一种直射光、散射光、反射光共同照明的效果。

（3）在同一地方随着季节的变化，太阳在空中的方位也发生着变化，在同一季节，随着地理位置的不同太阳的方位也不同。我们不能改变太阳的方位，只能掌握它的变化规律，选择适合于造型表现的时机和光线效果。

在一天时间中，太阳的位置也不断发生着变化，与地平面形成不同的入射角，并由于大气层的影响使光线的色温也发生着变化。我们常把太阳的这种光线变化分成四个时间段（见图6-3）。

①黎明与黄昏：从东方发白到日出之前为黎明时刻，从太阳落山到天空星星出现之前为黄昏时刻。在这两段时间中，

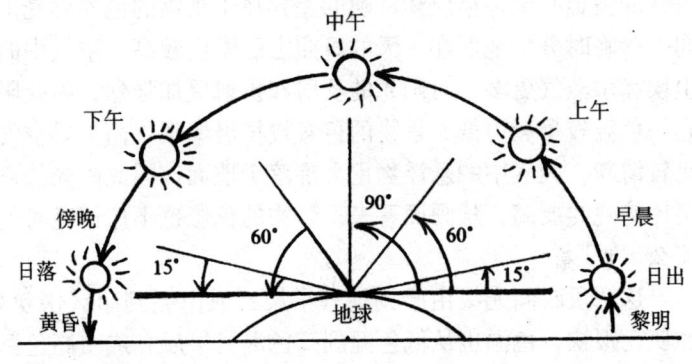

图 6-3

在日出和日落方向,靠近地面的天空较亮,正顶天空较暗,地面上景物被微弱的天空散射光所照明,普遍亮度较低。这种光线不易表现景物的细部层次,而适合于拍摄剪影效果。黄昏时刻运用人工光补亮地面景物,可以拍出背景层次细腻而丰富的夜景效果。

②早晨与傍晚:当太阳从地平线升起到15°角的高度之间为早晨光调,当太阳从离地面15°角的高度降到地平线以下为傍晚光调。在这两段时间中,由于阳光入射角比较低,各种垂直于地面上的物体被照得明亮,并形成长长的投影。如用逆光拍摄,景物受光面与未受光面反差较大。当空气中水蒸气比较多时,天边形成一层晨雾或暮霭,阳光被大量散射,光线较为柔和,在被摄体上构成富有表现力的、为天空散射光充分柔化了的明暗变化。

早晨和傍晚时刻景物色彩丰富，冷暖对比鲜明，是拍摄风景的黄金时刻。早晨和傍晚的差异在于景物的色彩感受不同。傍晚时分，地面在一天的日照之后温度较高，空气中的尘埃和水蒸气更多，对阳光的反射和折射更加强烈，因此阳光的色温较早晨为低，景物的色彩较早晨偏暖。而早晨空气比较清新，大气中的悬浮物也大都落于地面，因此阳光的色温比傍晚时要高，从画面看来，景物的色彩也不像傍晚时刻那么"暖"。

这两段时间光线由暗到亮（早晨）或由亮到暗（傍晚）的变化很快，色温也从低色温到高色温（早晨）或由高色温到低色温（傍晚）变化很快。拍摄时必须抓紧时间，并注意随着光线色温的变化随时调整白平衡。一般日出、日落气氛的镜头都在这一时间段中拍摄。

③上午与下午：当太阳与地平面的夹角由15°上升到60°角，或从60°下降到15°角时，即是我们通常所说的上午和下午。这两段时间中太阳的光线变化不大，色温相对稳定在5400K～5600K之间，晴朗天气时，光照充足，地面景物的垂直面和水平面均能得到较均匀的照射，并形成一定的入射角，能较好地表现物体的立体形态和表面结构。这两段时间是外景自然光下拍摄的主要创作活动时间。

④中午：当太阳由上午60°角移至下午60°角这段时间为中午。在北半球夏季这段时间内，太阳近乎垂直照射成顶光效果且光照强烈。地面景物水平面被普遍照明，而垂直面受光很小或几乎没有。这种光线不利于表现人物的面部造型及物体的质感，镜头俯拍时，由于地平面景物均匀反光画面

中缺少影调层次变化。同时由于阳光照射到地面的路径相对短些，光照强烈且散射光少，阴影部分不能获得足够的散射补光，景物明暗反差显著增大。这段时间不是户外拍摄的最好时间。但在冬季的正午，我国大部分地区太阳光入射角仅在 40°～50°之间，具有夏季上午和下午的光照特点，仍是户外拍摄的有利时间。

二、室内自然光拍摄

室内自然光拍摄，是指电视摄像记者在白天利用直射或漫散到室内的自然光线拍摄室内的人物和景物。

室内自然光是最明亮、是经济的室内摄像照明光源，同时也是真实地再现白天室内环境和人物活动的有效手段。室内自然光与室外自然光相比，光线照射要复杂、多变，常在同一室内同时出现多种光线效果。室内自然光除了受天气阴晴、地理纬度、季节时间等因素影响外，还普遍具有如下特征：

（1）除门窗等开口有部分直射阳光外，大部分空间为散射光和漫射光照明。

（2）尽管都是阳光照明，但室内色温偏高于室外色温，并且越是远离门窗的地方，色温越高，呈灰蓝或青蓝色调。

（3）室内光线投入的地方——室内光源，不由太阳所处方位决定，而由门窗在室内方位决定。如果门窗在北边，该房间光源则不在南边而在北边。如果一间屋内多处有门窗，该屋内光线呈多光源效果。

（4）室内亮度间距大于户外，越是远离门窗的物体，光线亮度减弱越为明显,在同一室内光线亮度可差四五档以上。

(5)室内光线受室内陈设、空间大小、门窗多少、大小、方位、墙壁反光率高低等多种因素影响。比如门窗多的房间通常比门窗少的房间明亮,摆满浅色家具的房间比摆满深色家具的房间亮等。

室内自然光拍摄是电视节目摄制过程中经常会碰到的情况。无论是在电视剧还是在纪录片的拍摄中,根据特定的生活环境选择特定的光线效果,通过室内自然光线下的人物活动和情节发展来渲染生活氛围、凸显真实感、增强感染力都是十分重要的。

但是,室内自然光拍摄会因为客观条件的不同而形成不同的处理办法,要求摄像师依据具体情况作出相应的光线处理和画面表现。概括说来,大致可分为以下三种情况:

1. 直接拍摄

当室内自然光亮度达到摄像机记录景物的最低照度值时,就可采用直接拍摄的方法。直接拍摄的优点是:①画面内无人工光照明,完全现场光效,光线真实、自然。②室内人物不受光线影响,容易抓拍人物真实的表情和动作。

这两个优点对纪实性节目的拍摄尤为重要。比如在荣获1995年四川电视节"金熊猫"大奖的纪录片《龙脊》中,摄制者为捕捉和表现真实自然的生活流程,很多场景都是在室内自然光条件下拍摄的。摄制者利用从门、窗、天棚等漫射进屋的太阳光跟拍人物活动,采用手动光圈控制曝光,一方面表现出真人实景中的自然光效,同时通过这种自然光效表现出强烈的生活气息和纪实意味,在技术上和艺术上都是非常成功的。

但是,直接拍摄也有一些难以避免的缺点。一般来说,采用现场条件的自然光进行拍摄,除门窗等强光位置外,室内其它部分缺少明亮的光调,画面色调容易偏蓝,并且不够透亮,给人一种"发闷"的感觉。

因此,当我们在室内自然光照明的条件下,直接拍摄时,应注意:

(1) 摄像机镜头尽量避开强光窗口,以防止窗外亮度与室内景物亮度间距过大而出现室内景物严重曝光不足的现象。避开强光窗口可以有效地减少画面中的亮度反差和亮度不平衡,通过提高室内景物的曝光量相对提高画面中室内景物的亮度。比如,拍摄室内人物应尽量避免对着窗户,因为如果按窗口的强光亮度来曝光的话,人物就会成为剪影,面部表情难以看清;而如果依据人脸亮度控制曝光,那窗口的强光则将因曝光过度而出现大面积"嗤光"。

(2) 在光线亮度不平衡的室内运用运动镜头时,最好用手动光圈。随着镜头的运动随时调整曝光量,使拍入画面的景物亮度平衡而一致。如用自动光圈,由于摄像机内电子测光系统自动调整曝光量的速度慢于拍摄时镜头运动的速度,画面中会出现忽明忽暗的现象,破坏整个现场的光调气氛。

(3) 注意选择色调和亮度反差大的物体,拉开画面的影调层次。

(4) 在室内光线色温较高的地方调整白平衡,减少画面中的蓝紫光调。

2. 补光拍摄

当室内自然光亮度达不到摄像机记录景物的最低照度值时，或者室内光线亮度极不平衡，光比差距较大时，可用人工光提高室内亮度或平衡室内光线。

由于人工光源色温大多为 3200K，而室内自然光色温普遍高于 5500K，两种色温的光线交叉照明会使画面中人物和景物色调严重偏色。因此在补光拍摄时首先应注意平衡光线色温。

平衡色温一般有两种方法：

一种是提高人工光色温，将低色温向高色温"靠拢"。使室内光线统一在 5500K 的基础上，用 5500K 色温档调白平衡拍摄。具体做法是在人工光灯头前加挂 5500K 色温纸，使通过的照明光线色温由 3200K 变成 5500K（见图 6-4）。一

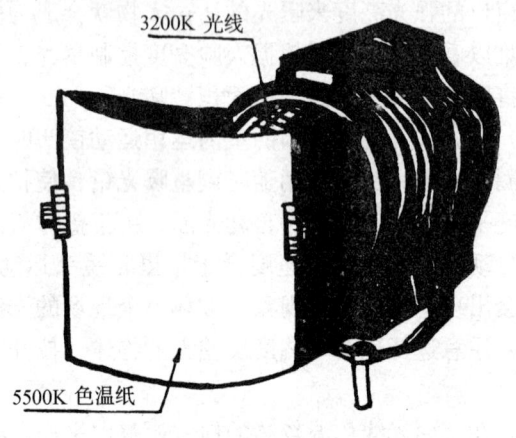

图 6-4

种是降低自然光色温,将高色温向低色温"靠拢"。使室内光线统一在 3200K 的基础上,用 3200K 色温档调白平衡拍摄。具体做法是用 3200K 色温纸粘贴在室内所有的自然光入射处,使通过的自然光色温由 5500K 变成 3200K。这种方法与前一种相比,需要大量的低色温纸且又费时,电视新闻拍摄绝少用这种方法,而多用第一种方法。但第二种方法给室内灯光的布光带来不少方便,一些电视剧室内拍摄采用这种方法。

通过人工光提高室内亮度或平衡室内光线时,还应注意尽量保持室内自然光效气氛。补光时参照窗口光线的入射方向和角度,并通过提高灯位,让人物离开墙壁等方法,尽量减少投影、减少多光源现象。

在室内屋顶较低、四周墙壁反光率较高的情况下,用反射补光法是将人工光不直接投射到被摄体上,而是投射到室内天花板或墙壁上甚至反光伞上,通过光线的反射再投射到被摄体上,形成一种均匀的柔和的照明光线。这种补光法既可以整体提高被摄体的亮度,又不破坏室内原有的光调气氛,是一种理想而简便的补光法。

3. 混合光拍摄

在一些拍摄现场范围很大,拍摄前准备时间较短,为了抢时间、抢形象,以及照明器材紧缺(特别是色温纸不足)的情况下,可采用混合光拍摄的方法。

混合光拍摄是指在拍摄现场有两种色温(一般是高低两种色温)交叉混合的光线条件下的拍摄。

混合光拍摄的关键之点是调整白平衡。这个环节处理好

了,仍可以得到一个色调基本准确而平衡的画面效果。实际拍摄时要注意掌握好以下三点:

(1)按拍摄方向及景别调整白平衡。当每变换一次拍摄方向和角度时,均应调整一次白平衡。

(2)在被摄范围内哪种色温照度高、亮度强,就用哪一档色温片调白平衡。调白平衡当机内录像器中出现"OK"等提示白平衡已调好的信号时,不要马上放开按键,而应多按两三秒时间,使白平衡确实调整到与此时光线最佳的对应值上。

(3)尽量少用或不用摇、移等拍摄方向和角度变化大的运动镜头,以防止在一个镜头中出现两种不同色调的光线效果。

三、户外几种特殊天气下的光线表现

在户外拍摄,或者叫外景拍摄的过程中,如果是晴天,通常来讲是有利于我们的画面造型表现的。晴天条件下,阳光充足,景物鲜明,且光线条件稳定,光线效果易于控制,容易满足摄制人员的光线要求。应该注意的是,充分利用光线的不同照射角度、画面形象间的亮度间距和适当的阴影等来突出画面主体,强化重要信息,并注意运用拍摄角度和景别的变化等因素来活跃画面造型效果。此外,晴天条件下阳光形成了典型的直射阳光、散射天光和环境反光三种光线共同照明的效果,我们在拍摄中尤其是拍摄人物时要注意此种光线效果的自然真实的表现。对摄像人员而言,晴天的外景拍摄可谓是"家常便饭"了,因此,我们在这里不作重

点阐述。

相比之下，在户外几种特殊天气下拍摄时的光线表现就要复杂得多，也困难得多。对初学摄像者来说，诸如雨、雪、雾等天气条件下的拍摄往往不易掌握。所以下面我们将针对这些难点问题展开比较翔实的讨论。

1. 雪天

下雪天，地面景物被白雪覆盖，在阳光照射下反光率极高，一般均超出了录像磁带记录景物亮度的宽容度。因此，拍摄雪景应首先注意控制曝光量。与拍摄一般景物相比，在大多数情况下需减少 1～2 级光圈的曝光量。为做到这点，拍摄时用手动光圈控制曝光，并不能以画面平均曝光值为基准，而以画面中白雪影调层次最为丰富时的曝光值为基准。严格地讲，表现雪的质感不应该把雪仅仅拍成白色，而应在画面上将白雪表现出带有一定消色成分，使雪本身的形象具有一定程度的影调起伏。

用手动光圈控制曝光量，有利于选择表现雪的质感的最佳曝光值；有利于避免因雪花飘动或镜头运动所引起的画面亮度时亮时暗的现象；有利于在镜头运动时随着景物亮度的变化而改变光圈，保持画面内景物亮度的统一与和谐。

当大雪将地面景物覆盖之后，大地变成白茫茫的一片，景物之间的色调差别都变成明亮的白色。它的有利一面是平时看去极为一般化或很不引人注意的景物，此时发生了变化，形成了新的景象和意境。它的不利的一面是画面缺少色调及影调变化。因此在拍摄时应注意选择暗色调及白色以外的明快色彩的景物，来丰富画面的影调色调层次。暗色调景物可以和白雪构成适当的黑白反差，其它色调景物可以和白雪形成某种色调反差，其结果都是丰富了画面的阶调层次。

在直射阳光下逆光拍摄时，地面上凹凸不平的白雪会形成不同程度的反光，造成晕光现象。特别是镜头运动时，不平地面出现的多向反光会直接影响画面亮度，此种情况下可改用顺光拍摄。拍摄雪景选用低角度的侧光或侧逆光常能收到较好的画面效果，使白雪质感得到较好地表现，同时景物的投影还可以使空旷的雪地上增添不少生气和韵律。

在有较多散射光的情况下拍摄雪景，可以使画面中的景物亮度间距减少，适合摄像机记录景物宽容度小的特点，常容易得到景物细部层次丰富，画面影调柔和而均匀的效果。

2. 阴天

阴天中由于天空中浓重的云层遮挡了阳光对地面的直接照射，部分光线透过云层后形成一种散射光或漫射光照明。地面景物明暗反差减弱、影调偏暗，主要靠物体本身的色调和反光率拉开画面影调层次，画面上缺少明亮物体。另一方面由于较短波长光线（蓝紫光）透射过来多，较长波长光线（红橙光）透射过来少，光线色温偏高，被照景物色调偏蓝。如果拍摄时光线处理不好，画面则缺乏明暗层次，色彩灰暗、平淡。

在浓重的阴天即乌云密布的天气中，阳光的方位不易准确找到，阳光完全失去方向性，前面所谈到的一天中的四个时间段此时就没有多大意义。一天中的光线效果差别不大，仅是早晚亮度较低。地面景物受到天空云层中的散射光照明，一般情况是水平面的亮度高于垂直面的亮度。

阴天拍摄选择亮度反差大的物体和色彩明快的物体很重要。在散射光照明下，景物本身的明暗阶调和色彩阶调直接决定了画面的影调和色调。选择反光率高和色彩明快的物体可以打破阴天沉闷的气氛，活跃画面形式。

阴天的天空既是光源又是背景，是画面中最亮的部分。因此拍摄人物时应尽量避免以天空为背景，否则在人脸亮度远不及天空的情况下，人脸会变得灰暗，甚至没有层次。这一点在拍摄上与晴朗天空不同，晴天中蓝天并不是最亮的部分，同时阳光照射在人物面部提高了人脸亮度，用蓝天作背景并不影响人脸亮度。阴天拍摄人脸近景或人物中景最好选择暗色调背景，在暗背景的衬托下人脸亮度相对提高，在缺乏较亮主光照明的情况下仍能表现好人脸的细部层次。在有条件的情况下用人工光给予人脸适当的补光，也是一种提高人脸亮度、加大画面反差的好方法。用人工光照明时应注意不要有明显的影子出现，否则会破坏阴天特定的光线效果。

阴天拍摄调整好摄像机白平衡，是保证画面不严重偏色的重要环节。尽管阴天是一种散射光效果，但光线的色温并不完全均衡，相对来说，阴影处光线色温比开阔地光线色温要高。调白平衡时最好选择该场景光线色温相对较高的地方，以提高摄像机记录低色温（暖调）光线的能力，减少画面中的蓝紫光线成分。如果在该场景光线明亮、色温较低处调白平衡，提高了摄像机记录高色温（冷调）光线的能力，阴影处的景物和人物的色调就会偏蓝，使画面出现偏色效果。

除了乌云密布的阴天外，生活中常见到一种薄云遮日的阴天，我们称之为"假阴天"。假阴天太阳被一层薄云遮住，地面失去强烈的直射光照明，但仍有一部分光线透过云层，在物体一边形成模糊的投影。阳光此时还具有一定的方向性，形成部分直射阳光和部分散射阳光共同照明的光效。景物受光面不像晴天那样明亮，不受光面不像阴天那样灰暗，景物阴影与亮部的间距较小，没有显著的明暗反差。在这种光线条件下拍摄人物和景物，能够得到光线柔和、影调过渡层次丰富、物体固有色还原准确而饱和的画面。

假阴天中既有一定光线亮度，又没有晴天中强烈的光照反差，比较适合摄像机宽容度小的特点，是一种比较理想的拍摄时机。特别是在盛夏阳光曝晒下无法表现的比较明亮且反差大的景物，在假阴天中能够得到较好地表现。

3. 雨天

雨天具有阴天的一系列特点，只是多了一个重要形象——雨水。雨天景物被天空的散射光照明，除天空本身的亮度较高外，地面景物平均亮度较低，显得阴暗。但雨水本身具有较高的反光率，看起来比较明亮，所以雨天画面较阴天画面更容易出现明亮物体的高光点效果。

在雨天表现好雨水形象是拍摄雨景的重点，否则雨天与阴天就没有什么区别了。为了表现好雨水形象应注意以下几点：

（1）表现雨线、雨丝要选择侧逆光和逆光以及暗背景，如果背景明亮，明亮的雨水就会"消失"在明亮的背景中。因此雨天拍摄不宜选用大面积的天空为背景，少要或不要天空；以灰墙、绿树、山峦或建筑物为背景，这样有利于衬托出明亮的雨丝、雨线。雨夜中车灯光柱前、楼房窗口处逆光方向的雨丝、雨线格外明显和清晰，是抓取雨水形象的好地方。如用顺光拍摄，雨水的清晰程度则会大大降低。

（2）利用路面积水处的镜面反射，不仅可以增加地面亮度、增大画面反差，而且还可以看到细雨洒落水面的雨点。这种细雨和雨点即使是在逆光、暗背景中也是很难看到的，而在平静的水面上纷纷扬扬的细雨点可以激起层层涟漪，是雨天富有特点的景象。

暴雨和大雨的雨滴大而急，撞击在地面或硬质物体上会向四外溅射，并折射出比较明亮的光点，构成大暴雨中富有特色的雨花；当雨水打在玻璃上形成斑斑雨点及模糊的水帘；当蒙蒙细雨在树叶尖上、屋檐角上聚集而成一颗颗晶莹透亮的雨珠；这些形象都是各种雨天富有特点的景象，抓住了这些形象，雨在画面中就栩栩如生，具体而动人了。比如，有一则电视广告就利用了雨在窗户玻璃上形成的水帘来表现其创意：一个小男孩身穿某名牌的绒衣坐在自家的窗前，他专注地看着窗外的斜风细雨和打在窗玻璃上的雨点。缓缓滑落的雨点犹如不断滴落的泪痕一样，小男孩突然回过头问他妈妈道——下雨了，为什么小窗户会哭呢？妈妈走过来，看着窗户上明亮的雨痕回答说，因为小窗户的妈妈没给他穿××牌的棉绒衣呀！整条广告抓住雨痕的线条感和象征性来做文章，画面形象与广告创意可谓相得益彰。

（3）除了雨水这一形象直接表现雨景外，还有许多形象可以间接地表现雨景，如：雨中人物所打的雨伞、身穿的雨衣、斗篷，及其它挡雨物等；雨中湿漉漉的地面及人物和车辆的倒影；大雨中天上乌云翻滚、电闪雷鸣的自然景观；夏季东边下雨西边晴时所出现的彩虹等等，都是雨天才有的特殊的富有表现意义的形象。通过这些形象对雨景的表现更富有新意和情趣。

雨天拍摄要使画面中既有明亮的高光部分又有暗淡的低调部分，尽量扩大景物的亮度范围以达到丰富画面影调的目的。雨天的光线变化较大，一般来讲，云层薄且高时亮度高，云层厚且低时亮度低，两者之间的曝光量可以相差几倍。当画面中背景明亮并且范围较大时，应相对减少曝光量以防背景过亮失去层次；当画面中背景是大面积的灰暗色调时应相对增加曝光量提高小面积的明亮物体的亮度，拉开画面影调反差。当然这些都是以手动光圈控制曝光量的结果。

4. 雾天

雾是由空气中的水蒸气形成，具有较高的反光率，所以我们见到的雾比较明亮，浓雾时如同白色的烟云。雾可以造成强烈的大气透视效果，它不仅能形成景物的丰富层次，有效地表现空间深度，而且能改变被摄体的形态与表面结构的清晰度，改变物体的明暗反差和色彩饱和度。

表现雾景一定要选择暗前景和暗背景，通过明暗对比"夹"（衬托）出雾的形象。否则画面上就会出现白茫茫的一片，既没有表现出一定的空间感，又无法看到雾的形象。此外，拍摄雾景时不宜采取顺光角度，而应注意通过侧逆光或逆光的透射来表现纵深感和空间感，以形成光影流动、变幻的生动画面效果。

由于雾是一种明亮的汽体，拍摄时要注意控制曝光量，特别是不要曝光过度,使雾的形象"虚化"消失,失去雾天的特点。另一方面,由于雾天大多为散射光效果,各种景物的色彩饱和度都会降低,应注意选择色饱和度较高的物体,丰富画面的色调。同时雾天的光线色温也偏高,拍摄时应注意仔细调整白平衡。

俗话说"十雾九晴",在雾天阳光初露时,一束束光线穿过雾层照射到地面,构成一种绚丽神奇的景观,此时是表现雾景最好的时机。由于阳光照射地面温度升高,雾汽会很快蒸发,另外,雾也无常形,瞬息即变,因此拍摄时应迅速果断,稍微的迟疑和犹豫都将错失良机。在阳光照射下一定要选用逆光或侧逆光拍摄,不宜用顺光,否则一束束光线穿云过雾的奇妙景观将不会出现。

由于人的皮肤和服装的反光率不如雾高,因此在雾中常呈现消色色调或剪影效果,在大景别画面中不应用增大曝光量的方法提高人体亮度,而应以保证雾景的整体气氛为主,再用小景别单独表现人脸或其它细部。必要时可用人工光对人脸进行适当补光。

四、户外几种大场面的光线选择和表现

大自然不仅有着多种多样的天气变化,同时也在地球表面生成了千姿百态的地形地貌。当我们投身于户外实景的拍摄,经常会遇到一些自然造化而成的大场面,诸如江、河、湖、海、沙漠、草原等。对这些特点鲜明的自然场景进行适当的光线选择和画面表现,是初学摄像者必须过关的技术难点。

1. 江、河、湖、海

江、河、湖、海尽管其外部形态各具特色，但内部构成成分都是水。大景别画面的水具有如下特点：

（1）水面具有较高的反光率，在一般情况下水面比较明亮，当阳光照射与摄像机镜头形成一定夹角时，在画面中会形成强光反射。

（2）水无定形且变化无穷，除江边、河边、海边等水与陆地相接部分受地形线条决定形成明显线条外，其水面线条（水纹、水线等）与静态景物相比不稳定。

（3）在同一水域，在顺、侧、逆三种不同光线照射下，其水面颜色不一样。例如：在顺光或顺侧光照射下，绿色水面的色彩十分浓郁而鲜艳；在侧光照射下，绿水的色彩饱和度会减弱，水面波浪的起伏线条及明暗反差加大；在逆光照射下，强烈的反射光使摄像机光圈收缩，使水面明暗反差进一步加大，绿水色彩会变成以灰色为主的灰绿色或深灰色，同时由于水面波动所形成的片片鱼鳞般的反光，使逆光下的水面富有生气和梦幻效果；在散射光照射下，水面均匀受光，绿水的色彩比较淡雅柔丽，没有明显的反光。

概括来讲，顺光不利于表现水的质感及固有色。当水质比较清澈、水底较浅时，顺光下容易看清水底景物；侧光有利于表现水的形态、波浪线条等；逆光下水面闪烁不定的高光点（反射光线的结果）使画面中水的形象活跃、富有诗意。

平静的水面还容易受到环境光线的影响。蔚蓝色的天光可以使水面色调偏蓝，青山环抱的水面可以使水面色调偏绿，而晨曦中霞光四射的天空和黄昏时金黄色调的阳光都可以使水面变得红光融融或金光闪闪。

用摄像机拍摄大景别的江、河、湖、海，应以水面为基准控制曝光量，力求表现好水的形象和质感。由于水面较为明亮并有不同程度的反射光，故拍摄时最好用手动光圈档"锁住"光圈以避免水面的闪烁引起画面亮度的变化，同时采用收半档光圈的方法，将较为明亮的水面在画面上的影调表现得更加富有层次。

另外，在阳光强烈而直射的情况下并不是表现水面的最佳时刻。选择阳光入射角比较低，或天空中带有一定程度散射光的假阴天中拍摄，常能得到好的水面造型效果。如果表现水边的人物，并以水面为大背景时，也应以水面亮度为准控制曝光量，由于人脸反光率远不及水面，可用补光方法提高人脸亮度，或由顺光或顺侧光拍摄以减少人脸与水面的亮度反差，切忌用增大曝光量的方法提高人脸亮度，使水面曝光过度质感消失，失去特定的环境特点。

为了增强拍摄水面的艺术表现力，水面的倒影是主要表现因素之一。拍摄水面倒影应选择较为平静的水面，如果是表现水边的人物倒影，采用顺光拍摄容易使人物倒影的形象及色调清晰明彻。如果是表现水中直立的芦苇秆采用侧逆光拍摄，可以使苇秆在平静而明亮的水面上投出长长的投影。

2. 沙漠、丘陵、草原、黄土高原

沙漠、丘陵、草原、黄土高原等景物具有一个共同的特点，即景物反光率比较平均、色调比较一致。如果用光选择不好，加之摄像机对相同色调表现层次不丰富这一特性，极容易使景物内部结构线条不清晰甚至消失，画面表现平板无力，缺少变化。为了避免这一现象出现，拍摄时最好选用低角度的侧逆光，它有助于表现景物的轮廓线条，形成明暗影调起伏，拉开相同颜色物体的色调反差，并能产生投影效果，丰富画面的影调层次，使景物更富有立体感。阳光低角度时刻通常也就是日出、日落时刻，光线色温偏低，色调偏暖，使丘陵和草原的色调更为丰富，黄色的沙漠和高原暖调更为浓重。影片《黄土地》在表现陕北黄土高原深厚粗犷的景象时，大多在日头偏西的时刻拍摄，使整个画面色调浓重而层次丰富，具有油画效果。再比如，电视纪录片《青藏高原之旅》中，拍摄者在表现沙漠和生长其间的骆驼刺时，采用侧逆光和逆光进行拍摄，使得沙丘的起伏纵横和影调变化都得到了逼真的表现。试想若以顺光拍摄，那种平沙万里、平板一块的画面是很难令人满意的。

对于沙漠、草原等景物一般不适合于在阴天等漫射光条件下拍摄，因为在阴天很难通过光线形成景物的明暗反差。阴天灰暗偏蓝的光线，会使整个画面缺少明亮物体，色调偏蓝偏暗，给人一种压抑、沉闷的感觉。

五、日出、日落的拍摄

日出、日落是大自然中最壮美的景色之一，具有很高的审美价值，许多风光片和抒情性专题片常把日出、日落作为一个重要表现对象。日出、日落时的光线具有以下几个特点：

（1）阳光照度变化大，以及与之对应的地面景物亮度变化快。日出是随着太阳从地平线上的升起，阳光照度迅速升高。日落是随着太阳逐渐下落，直至消失在地平线下，光线照度迅速减少。

（2）日出、日落时由于太阳光线是斜射到地面上，光波通过地球表面的大气层较厚，波长较短的高色温青、蓝色光被大量吸收，而波长较长的低色温黄、红色光穿过大气层较多，所以日出、日落时刻的太阳色彩往往呈现橙红色、红色或金黄色。在这种低色温光照的影响下，地面景物受光面色调偏暖，明亮反光体反射的高光点不是白色而多为橙黄色、金黄色。

（3）日出、日落时阳光色温变化也很快。日出时色温由低变高，大约从2800K迅速上升为3500K，并随着太阳进一步的升高在上午时刻达到5500K左右。日落时色温由高变低，特别是阳光接近地平线时色温迅速下降，呈暖色调效果。

（4）由于太阳是一种极明亮的物体，只要它在画面中出现其亮度远高于地面任何一个景物，并形成一个较大的亮度反差，因此当以太阳为主体或为背景形象结构在电视画面中时，地面景物大多成剪影效果。

基于日出、日落时刻所具有的光线特点，用摄像机实际拍摄时要处理好以下几个方面：

（1）色温的控制：人们对日出、日落的视觉印象是橙红色或金黄色的，但如果用与日出、日落时色温相一致的色温档（3200K档）拍摄，常常会把太阳拍成一个明亮的白色的或淡红色、淡黄色的球体。为了在画面上再现出人眼在生活中对太阳的视觉印象，在调整白平衡时可用5600K色温档。由于5600K色温片有利于低色温光线通过，较多地阻止高色温光线通过，在日出、日落时刻可以使整个画面色调偏暖，夸张橙红色调，使太阳本身的颜色呈现为橙红色或金黄色。

拍摄日出时不易找到5600K的光线调白平衡，可采用提前一天在5600K阳光下调好白平衡，通过摄像机机内白平衡记忆功能保持机内的白平衡不变，第二天黎明时不再调整白平衡直接拍摄的方法。也可采用5600K人工光照明白平衡板调白平衡的方法进行拍摄。

拍摄日落时可采用改变白平衡基准——即改变白平衡板颜色的方法，提高摄像机对低色温光线的记录能力。调整白平衡时通常用白色板。如用湖蓝色或淡蓝色板调白平衡，可以使白平衡不"平衡"而倒向低色温一边，画面色调偏橙黄色，这种色调整好是日落时的理想色调。采用这种方法实际拍摄时最好通过监视器现场观察偏色效果。

控制色温还可以采用直接在摄像机镜头前加各种颜色的滤色镜的方法。这种方法与前几种方法相比，直观简便，想夸张什么颜色就加什么颜色的滤色镜。其缺点是画面上所有景物都蒙上一层附加色，不仅光线偏色而且景物偏色。而改变白平衡的方法仅改变阳光光线色温，不发光体的颜色改变不大，比较接近人眼生活中观看日出、日落的视觉效果。

(2) 曝光量的控制：拍摄以太阳为主体的画面，曝光量最好以太阳周围的天空亮度为基准。这样既可以不因光圈过于收缩而影响地面景物的曝光，也可以保证太阳周围富有特点的云层、霞光等有一个准确的曝光，表现出最佳的层次。而太阳可能因之曝光稍有过度而明亮一些，但这并没有超出我们对太阳直观的认识范围——太阳是一个明亮的球体。当然这种方法是以手动光圈为先决条件的。手动光圈还可以避免因镜头前物体的出画入画引起画面亮度忽明忽暗的现象。

(3) 当太阳作为主体形象处在画面中时，镜头不宜做过于剧烈的运动，特别是镜头的摇动和横向移动。否则明亮的太阳就会在画面上形成彗尾现象，破坏画面的造型效果及清晰度。

(4) 在拍摄日出、日落时如果阳光光线过强、镜头又长时间对向太阳，很容易烧坏摄像管靶面。因此在实际拍摄过程中要小心谨慎。怎样才能防止烧坏摄像管呢？有两种方法可供参考：

第一，摄像机用自动光圈档将画面从一个较暗的地面景物处慢慢向太阳方向移去，如果太阳还没进入画面，光圈已缩至最小光孔 F22 时，说明此时阳光过强还不能对向太阳拍摄。如果将太阳移进画面，光圈没有收至最小光孔，说明此摄像机能够承受太阳光照强度，即可以进行拍摄。

第二，用双眼直接盯住太阳，如果不到一两秒钟眼睛就被阳光晃得无法睁开，说明此时光线过强，摄像机不能对太阳拍摄；如果双眼盯住太阳能停留 3 秒钟以上，说明阳光光线已比较弱了，摄像机对准太阳拍摄已不会烧坏摄像管。当然必须保护好眼睛不被阳光灼伤。

此外，日出、日落期间光线效果复杂多变，有些光效转瞬即逝，因此，我们在拍摄之前应做好充分的观察、设计和准备，到了拍摄现场必须抓紧时间进行抢拍。如果画面中人物与太阳同时出现，由于反差太大，人物往往处于剪影或半剪影效果。如果画面中不出现太阳，只出现人物，那么采用顺光、顺侧光等角度仍可对人脸细部进行较好地表现。

六、景物亮度间距大条件下的光线处理

由于目前电视摄录设备技术上的局限性，其记录景物亮度的宽容度还不如电影胶片。在电影中黑白胶片的宽容度一般达到1:128，彩色胶片也可达到1:64，而电视摄像机的宽容度仅为1:32左右。也就是说，电视画面在表现过暗及过亮的景物时记录和表现能力较胶片为差。这不仅给摄像人员再现和表现自然景物时造成很大的困难和局限，也客观上限定了摄像人员对光线进行处理的技术依据。特别是在被摄景物亮度间距比较大的条件下，对光线效果的选择和对宽容度的考虑显得尤为重要。

如果画面中最亮的被摄体与最暗的被摄体间的亮度差距过大，往往造成色彩失真、层次压缩等问题。比如，画面的高亮部分会产生局部"击穿"现象，亮与更亮不能区分，都表现为白色的亮斑，甚至造成光量向四周扩散的光晕现象。而在暗部景物层次亦被严重压缩，成为死黑一片，难现质感差异。再比如，夜幕中一枝烛光照射下的人脸，背景处一盏闪烁着的强光灯。用摄影机（胶片）来拍摄，人的脸部和背景处的强光灯在银幕上都能表现出一定的色彩亮度和层次，比较接近生活中人眼在此种情况下的视觉印象。如用摄像机（录像磁带）来拍摄，在屏幕上是人脸"消失"了，强光灯

变成一块亮斑，并向四周漫射着，远非现场真实背景。

我们说景物亮度间距大的原因主要是这样两个方面，其一是光线照射的亮度及方向；其二是景物自身反光率。由于这两方面的影响，造成了同一画面中不同景物过亮或过暗的情况。那么，用摄像机在这种条件下进行拍摄时，也主要是从这两点着手对光线效果加以改造或修饰。

在强烈刺眼的直射阳光下，被摄对象受光面亮，不受光面暗，导致明暗反差过大的问题时，我们可以用平衡光线、降低反差的方法予以解决。这种方法包括：

（1）用反光板提高未受光线直接照射的暗部亮度。

（2）用一块较大尺寸的白布，挡住被照物前方直射阳光光线，使投射到被摄物上的局部光线变成一种散射光光线，降低强光亮度，相对提高了暗部的亮度。

（3）如果被摄景物范围较大，可在摄像机镜头前加用渐变中性灰滤色镜，降低强光部分的亮度，相对提高暗部亮度。

（4）在拍摄景物范围较大时，还可用几个镜头对明暗反差，很大的景物采用分别拍摄，分别曝光或用运动镜头分别表现的方法。

（5）如能改变拍摄方向形成阳光的顺光照明，也可改变景物明暗反差过大的状况。

如果是在景物间反光率差距过大的情况下，造成景物亮度的大间距，可以用下列方法给予适当地弥补或修饰：

（1）过暗的主体避开过亮的背景；过亮的主体避开过暗的背景。使主体与背景之间既有一定的区别，又不要产生过大的亮度间距。

（2）降低反光率高的物体的光线亮度，或提高反光率低的物体的光线亮度。

（3）顺光拍摄，或散射光拍摄，或用漫反射光线拍摄。

以上三种光线形成的光比均较小，有助于减小景物之间的亮度间距和明暗反差。

第三节 人工光的画面表现

如果说自然光是电视用光极为重要的一翼，那么，人工光就是电视用光不可或缺的另一翼。现代科技的飞速发展使得各种电子照明装备日渐完善起来，为我们在摄像过程中运用人工光带来了更为便利的条件。对人工光进行设计、"雕琢"和表现，同样需要我们不断积累的经验和全力以赴的智慧。

一、人工光简析

人工光主要是指灯光的照明。由于目前技术条件所限，电视摄像管远不如人眼的敏感度，因此在许多拍摄中都需要使用各种照明器材来补光和照明。目前我国通用的影视灯具和光源大致为两大类三个系列，即高色温光源和低色温光源两类，及聚光灯系列、迥光灯系列和散光灯系列。高色温人工光源主要用于自然光条件下的实景拍摄和外景拍摄，而低色温人工光源则主要用于演播馆拍摄、摄影棚拍摄等。

人工光与自然光相比较而言有它的优点，但也有它的缺点，不可一概而论。人工光在使用上的优越性主要表现在：

(1) 光位自由、多变，易于调整、控制，创造出多种造型效果；

(2) 光线亮度可以调节，可强可弱，根据不同情况易于达到所需亮度；

(3) 照射范围可大可小，照射对象易于控制；

(4) 人工光源色温可以采用多种方法进行调整和改变；

(5) 人工光不受时空限制，不受季节、气候、地理位置等客观因素限制。

人工光的弱点主要有以下几个方面：

(1) 光线射程较短，随着距离的变化光线照度可能发生明显变化；

(2) 装备、线路和某些附件比较复杂、繁琐，携带较为不便；

(3) 无论交流、直流的人工光源都需以"电"为生命，在某些特殊场合中一旦"没电"，将无法继续正常工作；

(4) 由于灯管质量、电源电压等不稳定因素的影响，人工光源的光效和色温有时不够稳定。

尽管有或多或少的弱点和不便，人工光源仍然是现代电视摄像中的重要造型表现手段之一，在改善现场照度、协调不同色温、修饰画面形象、营造特定光效等方面有其不可替代的作用。

下面，我们将介绍几种在电视新闻片和专题片拍摄时常用的光源和灯具。由于现代电子照明设备日益复杂而多样，规格、品种亦十分繁多，因此，如果做一一列举是不现实的，我们只能概要性的介绍，至于更多更丰富的知识需要在实践中接触、积累和提高。

1. 散光灯

散光灯分单联、双联、四联、六联等，以双联为多。所用灯管（光源）为管状碘钨灯，是管形卤钨灯的一种。

该种灯具有体积小、重量轻、便于携带等特点。光源光通量在 30000 流明（1m）左右，并且比较稳定。色温比白炽灯高，在 3200K 左右。石英玻璃壳热稳定性能好、透光性能好，平均寿命为连续光照 15 小时左右。

这种灯的缺点是灯管及瓷头容易碎裂。照明时散射面较大，不易遮挡，不易加用色温纸。

散光灯照明时，光线散布面积较大并比较均匀，通常被用来作为环境光和辅助光的照明光源。在新闻现场这种散光灯也常被用来作为照明整个现场环境和人物，提高画面亮度的主光光源。

2. 聚光灯

聚光灯是一种透射形式的灯具，光线通过聚光镜片可聚可散。聚光灯多采用石英卤钨灯泡。光线通过螺纹聚光镜照度均匀、光质柔软、光影质量好。由于聚光灯具上装有遮板，容易遮挡光线，形成小范围照明，也易于加用色温纸及纱网等。

聚光灯具有 150mm、220mm、250mm 以及 350mm、450mm、630mm 等各种系列的口径。所用灯泡也有 1000W、1500W、2000W、5000W 等。电视照明，特别是新闻节目照明多用口径较小的灯泡、瓦数较低的灯头和灯具，以便于携带和现场调动灯位。

聚光灯常被用作主光和轮廓光,在特定场合下也可用于作直射光线下的环境光,以及某些特殊部位照明的装饰光和眼神光。

聚光灯的缺点是,体积较大且重量较重,照明时必须用稳定的支架,携带不方便。近年来,出现一些超小型聚光灯,灯具口径仅有 100mm,使用灯泡也仅比普通手电筒灯泡大一点,并具有较好的发光强度和照射面积,用小型铝合金支架即可架稳,是电视照明的理想灯具。

3. 携带式电瓶灯和电池灯

电瓶灯是以镍镉电池组供电的照明灯具。光源采用 $2\times 350W$ 溴钨灯或 500W 球形氙灯。这种灯具的优点是光线能聚能散、体积小、重量轻,便于携带。不需用外接电源,使用电瓶电源可连续供电 30 分钟左右。采用交流充电方式,充电方便,非常适合于新闻采访摄像及无交流电源地方的照明。

电瓶灯的缺点是,供电时间较短,照射范围较小,亮度低,保养及充电比较麻烦。

电池灯是一种以干电池为电源供电方式的照明灯具,它具有电瓶灯的优点,便于保养和携带,是一种十分理想的照明灯具。缺点是电池费用高,照度有限,连续照明时间短。

二、室外人工光运用

我们知道,电视节目的拍摄大致分为两种情况:即演播馆(或摄影棚)拍摄与外景(实景)拍摄。

在室外摄制电视节目,即在外景光线条件下进行拍摄时，主要依靠自然光进行照明，人工光处于次要地位。如果室外光线能够满足摄像机的正常工作要求，通常不再做人工光处理。但是，在一些特殊情况下，为了拍摄到更为出色的画面形象，或者为了更真实地再现生活原貌等，我们仍然需要用人工光来完成诸如修饰、弥补、摹拟等画面造型任务。

1. 用人工光对画面中局部自然光效作出修饰、改善和调整

在室外拍摄时阳光是最主要和最重要的光源，但当我们确定了总体自然光效之后，可能会发现还有某些局部、细节部分不能令人满意。比如说，被摄人物在正午阳光直射下呈现顶光照明的难看形象，或是建筑物的阴影使得人物面部过暗而难以看清表情等。这时我们可以调动人工光对这些局部进行修饰和照明。

比如正午时分拍摄时常常遇到这样的情形：环境和空间的自然光效很好，但人物处于顶光效果中形象不佳。要解决这个问题，除以反光板冲消阴影之外，我们还可以用人工光来冲淡阳光的顶光效果，以较强烈、色温较高的人工光打向人物面部，改善顶光照射造成的眼窝、鼻下等处的阴影，从而改变了人物在画面中的顶光形象。再比如，拍摄人物的特写画面时，由于自然光效难以改变，我们可以灵活地利用人工光对人物的面部进行某些造型上的修饰，诸如打上眼神光，补上一点轮廓光等，使得人物的画面形象符合我们的要求。

2. 利用人工光调整景物亮度间距，平衡和调整被摄对象的亮度范围

在室外自然光中进行拍摄，由于光线照射方向的不同和景物反光率各异，往往碰到景物亮度间距过大的情况。自然光效中亮度范围过大，即最亮部分和最暗部分的反差太大，给拍摄画面带来了不便。比如，景物受光面与背光面亮度反差较大，天空与地面的景物反差较大，闪耀的河面与船舱里的渔夫反差较大，等等。这时也需要进行适当地人工光调节，以平衡画面形象间的光线亮度范围。

比如说，逆光条件下的人物面部过暗，与身侧的玻璃窗形成强反差，曝光难以控制。我们可以用人工光对人物面部进行适度照明，以缩小亮度反差。再比如雪天拍摄人物时，当光线较暗，或画面带有较多的天空，也需用人工光对人物进行照明和加工，否则画面中昏暗一片或是天空亮、人物暗，难以完成造型任务。特别是当人物处于反光率较高的背景前时，往往需要借助人工光照明来提高人脸亮度、平衡画面反差。如人物站在钢化玻璃建筑前，处于熊熊燃烧的火堆旁，或是蹲在波光粼粼的小河边等等。

3. 摹拟某些自然光效，以达到一定的技术要求和艺术效果

在实际拍摄中我们可能由于种种原因，需要用人工光对自然光效进行摹拟和再现，从而以生活中的"不真实"达到艺术上的"真实"。比如说，当我们拍摄野外的篝火晚会时，由于木柴燃烧的光线强度低，难以拍到满意的画面。我们就可以用人工光进行摹拟和加强，不断用树枝在与篝火色温相似的灯光前晃动，造成一种篝火投射在人物上的闪动的光线效果。此外，还可以用高色温的灯光模仿夜晚的月光、星光

等天空光效,以照明较多的人物和环境的暗部,提高晚会现场的整体亮度。

但是需要指出的是,当我们采用人工光对画面形象进行修饰、调整时,应注意尊重和尽量保持原有的自然光效,以免出现"穿帮",让观众一眼即知这是"假"的、"人造"的形象,从而影响到观众对生活真实与艺术真实的认识和理解。

三、室内场景的人工光处理

在电视节目的摄制过程中,进行室内场景布光,提高拍摄现场的照明强度,在电视画面中再现出实景光线效果,并在画平面上创造空间深度感,是照明人员和摄像师需共同配合完成的工作。

室内人工光处理包括电视演播馆内布光和实景环境内布光。一般而言,演播馆布光主要是由编导和专职灯光工作的灯光师等人完成的。我们在这里讨论的是后面一种情况——实景环境布光。所谓实景可以理解为非布景的真实生活场景,诸如建筑物、民居、办公场所等实有景物。实景光线处理既不像演播馆布光完全依赖人工光,也不是外景拍摄时依靠自然光效进行造型表现。可以说,室内的实景光线处理是自然光和人工光相辅相成结合的产物。下面将重点从两个方面来分析实景环境下的人工光处理问题。

1. 主光光位的确定

所有光线的照明方向都是由其与摄像机机位(视点)的角度关系决定的。在任何一种布光活动中首先应确定机位,再根据拍摄方向和角度考虑各种照明光线的运用。在室内实景布光确定主光光位时，也要首先根据该场景主机位的位置来确定主光光位。

所谓主机位就是在该场景中表现全景画面的机位及拍摄镜头数目最多的主要摄像机位。全景是决定整个现场光调气氛的画面，并在镜头组接中对这段镜头的色调影调起着重要的影响和制约作用。观众常通过全景画面来判断其他景别画面是否与这个全景画面是同一场景。处理好全景画面的光线效果是处理好整个现场光线的关键。因此以全景景别的机位确定该场景的主光光位是室内场景布光的第一步工作。

其次，确定主光光位时也要考虑被摄主体人物活动的主要区域，并根据这个区域的具体情况决定是用一盏灯作主光还是用多盏灯作主光。使用多盏灯作主光时还要注意灯光光区的衔接，以造成一个统一光线效果。

如果实际场景的光源富有特点并形成某种特殊气氛时，主光光位的确定也要考虑尽量通过布光照明还原出这种真实的现场光线效果。不能因为使用高强度人工光照明而破坏整个现场实景光线的原有气氛。例如：实际场景内只有一个台灯照明，布置主光时应尽量使照明光线与台灯光线在投射的角度、方向和范围上相一致，从画面上看仅仅是提高了台灯的亮度，而没有多了一盏灯的感觉。

有些节目根据情节及表现意图的需要，对光线提出了特殊的要求。在场景布光中追求一种表现性光线效果，除了光线的造型作用之外，赋予光线种种表现意义和象征意义。在主光运用上也呈现一种多样化、多结构的趋势，对于这些表现方法，在纪实性节目中可以依据具体情况借鉴运用，但不应盲目追求光线的表现性，使节目失去纪实风格和特点。

2．利用人工布光创造空间感

在室内人工光照明过程中，通过光线、影调、色调创造空间感，在电视屏幕上表现出三度立体空间的视觉效果，需要注意下列几个方面：

（1）创造梯次亮度：为达到创造梯次亮度的目的，将最亮的部分处理在画平面的最远处，而在镜头前的空间景物相对暗一些，造成一种近暗远亮、梯次变化的光线效果。明亮的物体是最容易引起视觉注意的地方，将画面深处处理得明亮些，可以引导观众的视线向纵深方向流动，形成一种视幻觉空间。

具体布光时，最亮的灯应放在最远处。在灯光数量较少时，宁可前景景物不打光，也要保证背景空间有足够的亮度。

（2）创造空间层次：对于整个场景的照明最好不要一片通明，一个影调，一个亮度。如果整个场景只有一个亮度，画面上影调表现空间感的作用就会消失，只能靠景物的线条和透视效果来表现空间深度。而在室内，景物的线条透视效果所表现的空间感远不及影调效果明显。在没有影调差别的场景内，视觉上有前、后景物重叠在一起的感觉。

为了避免画面上缺少影调层次的现象出现，布光时应注意用灯光间隔空间、创造空间层次。放置灯位时，注意拉开一定的距离，形成一个个有明暗起伏变化、错落有致的光区，在画平面上造成一明一暗或有明有暗的影调变化和光影层次，以此来丰富画面空间的表现力。

除了通过灯光用影调间隔空间外，还可以通过运用不同色温、不同色调的灯光以色彩间隔空间。特别是通过冷暖色调，互补光调的处理，可以形成明显的不同空间方位感，在画平面上呈现一种空间深度效果。

（3）防止明亮物体对强光的反射：随着室内现代化装饰程度的提高，室内装饰中明亮物体、反光率高的物体被普遍采用。例如：各种玻璃镜面、镀铬及表面抛光的金属物、高级硬木家具、陶瓷、马赛克贴面等。这些物体对于提高室内自然光亮度、扩大室内空间感有着积极的作用，但给我们摄像布光带来一些不利因素。主要表现在这些物体对强光会形成直接而明显的反射，使画面内光线出现不该有的高光点，甚至构成一种新的"光源"。在摄像机运动时这些强光反射还会在电视画面上形成彗尾现象，破坏画面造型美感。

防止这种强光反射的方法有多种：

其一，通过灯位或机位的移动，避开强光直接反射到镜头上。强光反射一般是一盏灯在一个亮平面上产生一个反射点，随着灯位和机位的移动，这个反射点也随之移动，当摄像机镜头轴线与强光反射不在一条直线上时，画面上反光点的亮度就会大大下降，甚至消失。这是由于摄像机避开了反射光的反射角度的结果。

其二，如果不管是灯位移动还是机位移动在亮平面上都避不开反光点的影响时，可采用将反光点"移"至门窗的开口处及室内某个反光率极低的物体上的方法。由于这两个地方基本上无反光或反光率极低，可以使反光点在此消失或减弱。

其三，采用"治本"的方法，在明亮物体多而反射光点多的室内不采用直射光照明，而用散射光或反射光照明。为了造成散射光效果，可以在灯具前加一层耐高温的并有一定透光率的白纸，使直射光照明通过白纸后变成一种散射光效果。散射光和反射光尽管亮度不如直射光强，但能较好地消除明亮物体上的反光点，保证画面整体的造型效果。

四、室内人物光线处理

1. 三点布光——人物照明基本方法

三点布光指人物照明的主光、辅助光和轮廓光处理。这三种光线分别承担着不同的造型任务，并互相制约、互相补充，共同形成对人物照明的一个较完整的光线效果（见图6-5）。

主光作为现场环境中人物的主要塑型光，必须是现场光源特性的再现。在光源方向上要与环境光相统一，并力求通过光线突出画面中主体人物这一主要形象，着重表现好人物的外形特点和脸部特征。

辅助光一方面可以柔化人物身上和脸部的阴影，形成丰富的影调层次；另一方面，辅助光与主光在人物身上形成不同的光比，表现了某种特定的光线特征。例如：光比较小时具有白天光效，光比较大时具有夜景光效。同时，不同的光调层次还表现了不同的现场环境及光调气氛。

轮廓光的主要任务是把前景中的主体人物从背景环境中区分出来。特别是人物与背景阶调与色调非常接近的时候，

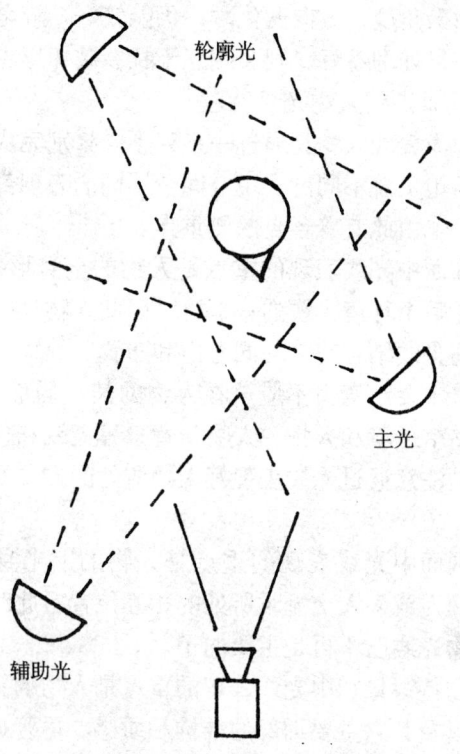

图 6-5　三点布光法俯视图

轮廓光的运用更为重要。轮廓光可以勾画人物的轮廓线条，揭示人物所处的位置。

　　三点布光的三种光线是从三个方向投射人物的，处理得当可以起到相互补充的作用。当人物运动方向变化时，摄像机运动、拍摄角度、方向变化时，仍能较好、较全面地表现形象。但如果处理不好，则会相互干扰、破坏形象的表现。

2．不同景别的人物光线处理

电视画面表现人物是通过一系列不同景别完成的。不同景别的画面担负着不同的表现空间及不同的表现部位，在光线的处理上也由此有着各自的侧重点。

全景画面中光线表现的重点是人物的全身形态及动作。人物光线是整个环境光线的一部分，因此人物光线应与人物所处环境的光线结合起来一同考虑和布置。处理人物全景画面光线时，主要注意力不应放在人物的某一局部或细部上，而应放在整个环境和人物、人物与背景等光线和色彩的对比上。特别是注意通过光线表现好人物所处的方位及全身性动作。

中景画面中光线表现的重点是人物的上半身形态和动作，以及两人或多人交流时所处的相互位置。此时背景空间的具体景物光线已不再是主要的了。

近景和特写景别中光线表现的重点是人物的头部轮廓和面部层次以及其它主要细部的结构和质感。尽管近景和特写画面景别较小，背景空间已不明显甚至消失，但在镜头的组接中，它仍是现场环境中的一部分，其光线特点应尽量与现场总体光调气氛一致，给人一种光线和色调连贯统一的感觉。如果全景光线确定后，在拍摄人物近景和特写时，该光线对人物面部的形象表现不利，出现光影缺陷，可以采用移动灯位或再加一盏灯等方法给予人物面部以适当的修饰，保证人物面部有一个较好的造型效果。一般来讲，全景要通过光线表现出特定的环境和气氛,近景和特写要通过光线表现好人物的形象和细部质感。

3．动态人物照明

电视画面表现的人物时常处在运动中,处在运动状态的人物照明与静态人物照明相比要复杂一些。在进行动态人物照明时根据不同情况及造型要求可运用下列几种方法:

(1)连续区域照明:当人物的活动范围较大时,布光时就需考虑用几盏灯在一个大范围内共同起着一种光线的照明作用,以保持同一的光线效果,例如:人物沿着一条直线从远处走过来,用三四盏灯作主光,在人物行走的一侧用一种角度形成一种同一的照明光线,使人物在这段区域中始终是一侧照明的效果。如果在这条直线空间中只用一盏灯作主光,当人物一走出光区,身上的主光光线即会"中断"、"消失",容易使观众产生该人物进入了另一个空间的感觉。

连续区域照明的主光是这样,如果需用辅助光或轮廓光时也是这样。需要注意的是当用几盏灯共同起着一种光线的照明效果时,几盏灯之间的光区要衔接上,布光的角度、照明的方向、光线的强度应大体上一致,造成一种统一而连贯的光效。

(2)重点区域照明:当人物的活动区域是规则的,或者运动过程中有动有停形成若干个区域时,对于人物的布光照明可抓住重点活动区域实行重点照明。在人物非主要活动区域可按一般环境光效果布光。例如:人物开始在写字台前写文章,尔后站起身走到门旁的书架前查找资料,形成了写字台与书架两个主要活动区域,布光时首先分别将这两个区域的光线布置好,而对这两区域之间的空间可采用从简的方法布光,或打一层底子光(保证画面有一定亮度的光线),或利用两个区域的散射出来的光线照明,而不再加用其它光线。

(3) 移动灯位照明:如果人物活动范围较大、较复杂,人物在整个活动过程中均比较重要,并且运用移动摄像拍摄时,即可以采用移动灯位的照明方法。

移动灯位的照明有多种形式:①将主光或辅助光由照明人员手举着随机位的运动而运动;②采用将小型电瓶灯具安装在摄像机上随着拍摄方向进行照明;③采用将灯光架在移动车上随机位一起移动进行照明。

移动灯位的照明方法的优点是:①可以用一盏灯代替几盏灯,节省照明灯具;②被摄人物无论怎样运动,均能得到亮度较为稳定的照明。它的缺点是灯位的移动极易产生光影的移动,如果摄像机与灯光移动配合不好,会使画面出现光影混乱。

五、室外夜景拍摄

室外夜景条件下由于没有阳光照明,人工光成了主要的照明光源。由于夜景特殊的光线条件,夜景画面具有下列特征:

(1) 画面以大面积的暗色调为主,背景为深灰色或深蓝色,整个画面呈现低调效果。

(2) 画面中同时具有高亮度部分和低亮度部分,画面亮度反差大于昼景。

(3) 天空色调偏蓝呈深蓝色调，并与地面有一定的亮度间距。画面中最黑最暗的部分不是天空，而是地面上未受光线照明的景物。

(4) 室内夜景的灯光照明下色调大多偏暖，室外夜景即使在灯光照明下色调大多偏青灰色或深蓝色。

室外夜景布光应注意防止两种倾向：一是整个画面亮度过高，如同白昼，无夜景气氛；二是整个画面亮度过低，一片灰暗，无明亮光线或物体。

为了避免以上两种倾向出现，布光时应注意：

(1) 拉开光比，拉开画面亮度反差。画面中一定要有最暗的部分。亮的部分占的面积要小，暗的部分占的面积要大。

(2) 多用逆光、侧逆光，少用或不用顺光。除了人物在灯光下这种特殊情景外，正面光最好用散射光照明，并且亮度一定不能超过轮廓光（逆光）。

(3) 充分调动室外发光体入画，例如：路灯、车灯、信号灯、照明灯等创造空间感，加强夜景气氛。

(4) 当实际场景中灯光为低色温时，调整白平衡时按偏暖调（橙黄色）处理。当实际场景中灯光为高色温时，调整白平衡时按偏蓝色处理。适当夸张现场光线的色彩因素，烘托环境气氛。

(5) 从室外拍摄楼房夜景是需用低色温灯光（3200K）适当提高室内亮度的，因为一般摄像机很难在几十瓦灯光照明下记录表现出一种灯光通明的效果。

室外夜景的拍摄有许多值得总结的经验，下面这三点是初学者尤其需要注意的：

（1）拍摄夜景的最好时机不是在天黑以后，而是在太阳刚刚落山后不久，天空还有一定的亮度，地面绝大多数景物还有一定的亮度时。尽管这时用肉眼看它一点也不像夜景，但用摄像机拍摄时，画面中天空和地面景物的亮度要比肉眼观看时要低得多，十分接近夜景时人眼的视觉印象。特别是拍摄大场面画面，傍晚时刻的天空余亮使画面中天空不是一片死黑，地面大多数景物还有一定层次，呈现一种既有较大亮度反差又有一定影调层次的理想画面。

（2）拍摄夜景时，如果画面内有强光光源，应避免镜头急速的运动，特别是横向运动，以防止彗尾现象，破坏画面美感。

（3）逆光拍摄时要注意强光直接射入镜头而造成的“嗤光”现象。嗤光会使画面出现大范围光晕和光斑，降低整个画面的亮度反差，影响画面的造型效果。

由于夜景拍摄在技术上、照明上、调度上等各方面都有很多不利因素，因此在影视中表现夜景气氛的画面造型，有很多是运用人工手段在“非夜景”条件下拍摄的。这也就是“假夜景”的拍摄，即在白昼用某种拍摄技巧在画面中表现出一种夜景气氛。优秀电视剧《南行记》中的大多夜景镜头都是这种“假夜景”，但由于编摄人员的精心控制，取得了很好的艺术效果。具体说来，假夜景的拍摄主要有以下三种处理方法：

①选择晴朗天气中午的顶光光线。在摄像机镜头前应加用深蓝色滤色镜，并选择大面积的暗背景以及亮度反差大的物体，用手动光圈控制曝光量，使画面中天空变成深蓝色，

景物绝大多数曝光不足呈深灰色、灰蓝色，与天空相比形成一种剪影效果，仅在顶光光线直接照明的局部地方出现较明亮部分。这种方法的优点是简便易行，夜景效果明显，不足是整个画面偏色（偏蓝），其它色调的景物和光线难以很好表现。

②选择亮度间距极大的景物，用手动光圈减少曝光量，使画面曝光不足，天空由亮变成灰色，地面景物大多无亮度并成剪影效果。用聚光灯从一定距离上直接对准摄像机镜头照明，形成一种高光点（模拟路灯、屋内灯光），构成一种有高亮度（灯光）、中间亮度（天空）、低亮度（地面景物）的影调较为丰富的夜景效果。这种方法与第一种相比要复杂些，但能表现出其它彩色。它不是一种偏色效果，而是一种曝光不足的效果。

③在表现无月光的夜景时，可在阴天光线条件下拍摄。阴天的天空散射光均匀地普照景物，景物亮度范围较小，缺乏高光部分。用曝光不足的办法压暗了景物，那么画面灰暗一片，并非完全是夜景的光调。因此，必须用低色温大功率的灯光打向所拍环境，以形成高光部分，加大景物反差，保证画面不是一片死灰。此外，还可以有意识地选择一些反光率较高的河水、镜面等反射天光，在画面中形成亮斑。拍摄时应根据画面中的高光部分进行曝光。

第四节　色彩的感情倾向

现实生活是五颜六色的，荧屏世界也是绚烂多彩的。当我们拿起摄像机面对这多姿多彩的大千世界的时候，我们发现色彩所渲染的美丽和神奇是如此令人着迷，色彩所塑造的形象和画面是那样引人注目。

色彩作为一种基本的画面造型手段，在电视节目的构思、拍摄及编辑等各个环节中发挥着重要的作用。诸如怎样获取完美的画面色彩构图，如何利用节目的色彩基调来烘托气氛、突出主题，以及怎样运用色彩的感情倾向来更好地塑造人物形象、传达思想感情等问题，是我们研究电视摄像技术和电视摄像艺术的过程中不能不涉及的课题。

那么，怎样才能更好地让蕴涵丰富感情色彩的色彩为我们的画面造型服务呢？我们认为，要想正确地选择、提炼和运用色彩，首先应该正确、科学而深刻地认识色彩、理解色彩。下面，就让我们来揭开色彩王国那神秘而美丽的面纱。

一、色彩概说

我们在生活中无时无刻不与色彩发生着密切的联系，色彩的自然属性成为生活中客观对象的表象和标记之一。比如我们的头发是黑色的、皮肤是黄色的、树叶是绿的、天空是蓝的，等等。当色彩进入到人类社会还被打上了时代、阶级、宗教、伦理等烙印，产生一种约定俗成的社会力量。比如说中国封建社会中明黄色是帝王的"专用色"。平民百姓只能"望而生畏"，就是十分生动的例证。

特别是人类在漫长的生产实践和社会生活中，对色彩积累了某种相应的印象，产生了一定的感情，诸如火红的篝火带来了光明和温暖，让人舒适、振奋；而蓝天下广漠的积雪却意味着寒冷和严冬的降临。久而久之，依附于客观事物之上的色彩不仅吸引了人们生理上的注意和反应，而且还形成了人们心理上惯性联想和感情倾向。在复杂的世界和纷繁的色彩中，人们逐渐产生了对色彩刺激的生理及心理感觉关系和较为稳定的情绪反馈机制。而这正是我们在电视画面造型中调动和运用色彩的关键和门径。简而言之，也就是要在画面造型中利用人们对色彩的感情倾向实现对色彩的感情运用。

在人们对色彩的认识和感觉中，很基本的一点就是"冷"、"暖"的色彩感觉。红、绿、蓝三原色在人的视觉反应和心理联想上分别诱发了暖调、中间调、冷调的感觉。形象地说，红色总是与人们印象中的朝阳、火焰、热血等相联，它是温暖的；蓝色常会令人联想到月夜、寒天、冰湖等，它是清冷的；而绿色是生命之色，它是协调的，既不偏暖的也非偏冷的。从表6-3中我们可以了解到色彩冷暖感觉差异的基本情况。

表 6-3

颜色	红	橙	黄	粉红	绿	草绿	翠绿	青	蓝	紫
冷暖感觉	基本暖色	暖色	暖色	偏冷的暖色	中间色	偏暖的中间色	偏冷的中间色	冷色	基本冷色	偏暖的冷色

利用人们普遍的色彩冷暖感觉以提炼环境色彩、设计服装色彩、构建色彩基调等，可以说不仅是非常有效的，而且也是十分必要的。根据主题和内容的需要来选择有不同色彩

感觉的色彩,并通过这些不同色彩的关系与组合寻求色彩感情表达上的规律,决非摄制人员的"份外事"。

闻一多先生曾在一首名为《色彩》的白话诗中这样写道:"……绿给了我以发展/红给了我以热情/黄教我以忠义/蓝教我以高洁/粉红赐我以希望/灰白赠我以悲哀/再完成这帧彩图/黑还要加我以死/从此以后,我便溺爱于我的生命/因为我爱它的色彩。"诗人以丰富的联想形象地总结出颜色的感情色彩,但对于摄像人员来说,这还不够,因为他们还要用摄像机把这种感情色彩在画面中提炼和表现出来。

二、色彩的感情倾向

色彩和情绪不可分割地联结在一起,人们会在接触具体的色彩时产生一定的情感反应,一旦这种情感反应与典型人物和典型环境相联系,就更其如此。

色彩所激发的联想、想象和情绪,本不是颜色本身的含义,而是人们主观上积极、能动地进行审美活动的产物,它是向更高级的感情和更深入的想象跃进的触媒。而这一点,正是摄制人员创造性地运用色彩的"契机",是进入色彩造型天地的大门钥匙。让我们概要地看看几种主要色彩的"感情色彩"(见表6-4)。

表6-4

色彩	形象联想	感情特征
红	阳光、火焰、热血等	热情、兴奋、权势、力量、愤怒、色情等
绿	春天、树叶、草坪等	生机盎然、恬静、宁谧、生命、和平等

(续表)

色彩	形象联想	感情特征
蓝	苍穹、大海、夜色等	冷漠、深刻、抑郁、平静、无限的空间等
黄	土地、秋天、阳光等	欢快、光辉、成熟、稳重等
黑	夜晚、死亡、煤矿等	阴郁、悲哀、诡秘的行动、恐怖、凝重等
白	冰雪、鸽子、护士等	优雅、纯洁、和平、洁净、高尚、脆弱等

1. 红色

在各种色彩中红色的波长是最长的,因此它能给人的视觉产生强刺激。红色往往给人一种活跃的、蓬勃的生命感和热烈、奔放的温暖感。我们常说:"万绿丛中一点红",正反映出红色在画面的色彩构图中可以起到举足轻重的作用。有时候,女主人公的一条红纱巾,甚至一段红头绳,都可以引发观众的注意,成为画面的视觉重心和重要的情节因素。此外,红色常与革命联系在一起,红旗、红星、红袖标等,已成为革命的象征。在中国人的视觉习惯中,红色还是吉庆、祥瑞的标志,逢年过节贴的门联窗花,婚庆盛宴鸣放的鞭炮和红"囍"标贴等等,非常富有中华民族的民俗风情,在电视画面中往往构成具有典型意义的视觉形象。

2. 绿色

绿色总是与萌芽的生命、春天的万物等密不可分,它给人带来宁静、舒适和充满希望的视觉感受。而且绿色是最适宜于人眼的一种颜色,在伏案苦读一段时间后,眺望窗外的绿树就能使疲劳的双眼得到极好的休息。绿色是一种象征生命和希望的亮色，在画面色彩构图中，它犹如是茫茫沙漠中的"绿洲"一样，令人振奋，引人注目。我们常常以绿色的植物来营造环境、点染画面。此外，绿色还是人类和平的标识色，正如绿色的橄榄枝象征着和平一样。

3．蓝色

蓝色在众多色光中波长最短，作为冷色的基础色，它容易使人产生寒冷、凄清、冷静、辽阔、忧郁等联想。浩瀚的海洋、静谧的蓝夜，总会在视觉的色彩冲击下引发人们的情绪感应。比如我们通常以蓝调来表现夜景，原因就在于这种冷色调的感觉是符合人们与白昼相比的心理感受的。蓝色在电视画面中作为蓝天、大海等广袤景观的抽象色彩，也能使人平静下来，仿佛要进入到凝神遐思的氛围中去。在英语的词汇中，"蓝"和"忧郁"是同一个词；蓝调音乐即是一种调子缓慢沉郁的爵士乐；可见，以蓝色为主能够用以形成画面中沉静、抑郁甚或忧伤的感情基调。

4．黄色

黄色在所有的色彩中是明度最高的，因此它在交通标识中发挥了极为重要的作用。我国小学生戴的"安全帽"（穿行马路时提醒司机视觉注意用）就是黄色的。黄色是生活中的常见色，比如黄土、黄金、金黄的谷穗，等等。一方面黄色给人一种明快、轻松的视觉刺激，同时它也意味着收获、富足和成熟，给人以喜悦感和充实感。当画面中的景物是一片金黄时，观众马上就会联想到秋天和秋收。而封建社会的中国皇家则把黄色视为至尊至贵，只准贵族享用，现在平民百姓也能自由地穿黄着绿了。黄色的服装在视觉上是轻盈的、醒目的。由于中国人的肤色是属于黄种人的色泽，也许还在某种程度上加强了我们对黄色的感情，黄色不仅是明亮夺目的，而且还象征着柔和、温馨和幸福。

5. 黑色

在影视作品中，黑色往往与这样一些形象联系在一起：法西斯、阴谋家、黑手党、黑夜、葬礼、魔鬼等等。确实如此，黑色总是给人一种恐怖、不安或是悲哀、绝望之感，总能令人产生沉重感、庄严感和负重感。在电视节目的色彩设计中，以上这些感情倾向是运用黑色的基本出发点。另外，黑色在画面中会产生超越其它色彩的重量感和封闭感，比如同样大小的两个茶杯，涂成黑色的看起来比涂成白色的重一些；而身着黑衣的人往往感觉上不易交流和接近。但是，黑色还可在特定情境中表现出神秘、典雅、高贵的氛围或气质。

6. 白色

白色是原色等比相加所形成的。因此可以说白色是包容一切色彩的最丰富、最充实的颜色了。当我们看到白色时，会感到平静、安稳和满足，无怪乎世界上大多数房屋的室内墙壁要涂成白色。从视觉直感来说，白色是纯洁无瑕的；由此所引发的感情倾向最明显的是纯洁、神圣和高尚等。在生活中，提起白色我们很快就能联想到"白衣天使"，说到某人心地淳善也往往形容为"就像白纸一张"，等等，从中对白色的一般感情色彩可窥一斑。当然，在特定的情境之下，白色也能使人产生冷漠、苍白、哀悼等特殊感受，比如说中国人过去披麻带孝就是一身白色。

但是，需要指出的是，我们上面所提到的色情感情倾向，并非像数学原理或代数公式那样精密严整、一成不变，这些理论的总结和归纳只是建立在最普遍、最一般的视觉规律之上，具有方法论上的意义。当我们用摄像机进行画面的色彩构图时，还必须结合具体的生活场景、表现对象及主题内容来区别对待、随机应变。比如说，黑色是死亡之色、恐怖之色，但是，在另一些场合下，它也可能显示出庄重、高雅和脱俗之感。再比如，纯正、明艳的红色能够表现出激情、热烈和活跃，但晦暗和深调的红色也能使人产生压抑、悲愁之情。电影《大红灯笼高高挂》中的"红"是一种运用，而《红高粱》中的"红"则另有一番意蕴。色彩的感情运用，还必须与时代特征、民族习惯、特定环境和典型物象等结合起来，才能够达到预期的目的。对色彩的感情倾向而言，抽象的、理性的规范并无什么实际意义，倒是那些在画面中"负载"不同色彩的人物、景物更有现实的价值。总之，当我们对所拍摄的内容和对象进行色彩设计，或是在生活实景中选择、提炼和表现色彩时，不可死板地套用某种规律和格式，而应该根据主题和内容的需要选择感情特征明确、相互关系鲜明的色彩，进行恰当、灵活、巧妙地匹配、组合和运用。

第五节 色彩的画面表现

大到一个电视节目，小至某个电视画面，色彩的选择、提炼、组合与配置都是至关重要的。对于电视节目而言，形象和色彩总是密不可分的，虽然线条、形状等组成了画面形象的造型构架，产生了丰富多变的构图样式和视觉形象，但是色彩却牢牢地附着于这些构架、样式和形象之上，在画面的情感表达上显示出快捷强烈的冲击力和影响力。

无论是拍摄新闻纪实性节目还是拍摄艺术表现性画面，我们都必须要有一种色彩构成意识和色彩表现意识。因为在有限的电视框架平面之中，所能容纳的形象和色彩必须加以选择、调整和组合才会形成和谐的色彩美感，才能产生电视画面的色彩美。否则，姹紫嫣红的大千世界很可能变成画面形象的杂乱无章，眼花缭乱的多彩生活很可能令摄制人员茫然无措。

因此，在下面的内容中我们将讨论色彩的画面表现问题，看看如何在画面框架中建立起色彩表现的新秩序，怎样在色彩的组合及相互关系中实现色彩的感情运用等。

一、色彩基调的形成

当我们创作一部影视作品，诸如电视剧、纪录片、专题片、音乐电视等都有一个与主题相对应的情绪基调或情感倾向，如浪漫的、欢快的、沉闷的、忧郁的等等。而表现在具体的画面内容当中，很关键的一点就是要把情绪基调和情感倾向落实到色彩基调上，要使色彩的运用与作品的主题、情境及氛围等结合起来，通过一定的色彩组合来强化基调、塑造形象、烘托主体，给观众以鲜明的视觉印象和强烈的感染力。

所谓色彩基调，即指在电视节目中或在一个段落中，一种占主导地位的色彩。色彩基调是表现主题情绪的色彩手段和色彩倾向，当五颜六色的不同色彩在画面中构成统一、和谐的色彩倾向并统一于某一种色彩之下，那么这种颜色便是画面的色彩基调，简称色调。比方说，电影《红高粱》是血红的，《大红灯笼高高挂》是深红的，《大阅兵》是草绿的，《黄土地》是土黄的。

色彩基调的形成主要包括两个因素，一是色彩在整体节目中的时间长度，二是该色彩在单一画面中的空间面积。作为色彩基调的色彩，必须在时间长度和空间面积上都占据主导地位，这二者缺一不可，否则"基调"也就无从谈起了。比如拍摄江南"早春二月，草长莺飞"的风光，"嫩绿"自然是当之无愧的色彩基调，不论是"春风又绿江南岸"的河湖景色，抑或是"草色遥看近却无"的淡淡绿意，都应该在全片中把"嫩绿"的色彩断续往复地贯穿起来。这样一来，色彩基调的明快清新就能给人以春的气息和春的美感。

从某种程度上说，色调即情调，在一定的色彩基调的统筹之下，观众能够更好地感受到作品主题的情绪特征和基调氛围。比如说，我们前面提到的色彩的感情色彩，像蓝色的平静、深远，红色的温暖、热情，黄色的明快、沉稳，黑色的凝重、阴郁等，都可以通过在画面色彩构成中的设计和组合表现出某种富有寓意的色彩倾向和感情倾向。电视连续剧《潮起潮落》是一部内容跨越几十年时空的长剧，讲述了几个海军官兵和他们的亲人悲欢离合的动人故事。该剧选择了蓝色作为贯穿全片的色彩基调，观众不仅看到那蓝蓝的海天、蓝蓝的军舰、蓝的海岛，更能从流动的蓝调中品味出剧中人蓝蓝的忧思、蓝蓝的情感，仿佛从一个蓝色的故事中了解到主人公们如蓝色的海洋般博大宽广的胸怀。可以说，这种蓝色基调的设计和表现是非常准确和成功的，与剧作主题的总体情绪十分吻合。而获国际大奖的电视纪录片《山洞里的村庄》则笼罩在一种"古铜色"的色彩基调之中，画面的光影色调看起来仿佛有一种农民饱经风吹日晒的褐黄皮肤的质感，使得环境与人融合为一种和谐的极富特色的地域色彩。当然，这种色调的形成在很大程度上得益于岩洞自身褐黄的环境反射光。但是，如果摄制者缺乏构思设计，不能调动角度、光线、镜头等各种手段的表现力，那么即便身处岩洞之中，也不会使自己的纪录片获取如此成功的色彩基调和画面效果。

　　色彩基调的形成，通常分为两种方法：一种是内部设色法，另一种是外部罩色法。内部设色法就是在拍摄时有意识地选择、配置色彩向基调色靠拢，比如让背景环境色、人物服装色、道具色等成为基调色或其邻近色。电视连续剧《孔子》作为一部历史正剧，选择了棕黄色为色彩基调，于是剧中人物的服饰、室内装饰和建筑涂色都趋向于棕黄色调，使得全剧犹如一幅古老陈旧而又装帧严谨的历史画卷，凸显出《孔子》一剧的肃穆、正统和博大深淳。外部罩色法则是指通过光学手段或色光照明等方法在画面的所有景物上都蒙上一层色彩基调，比如，在调整白平衡的时候，有意识地使红、绿、蓝不平衡以形成"偏色"，这样拍出来的画面就笼罩在这种"偏色"即色调之中了。此外，采用色光照明也能形成一种罩色效果。比如拍摄结婚的宴客场面，打上均匀的红光，使得该场景仿佛沉浸在红红的喜庆之中。而舞台照明中的色光照明更是经常运用。但是，外部罩色法的色调是"不分青红皂白"地笼罩在画面上的是一种偏色效果，如果处理不当则容易给人做作、虚假的不真实感。

二、画面的色彩构图

画面色彩构图是指根据主题和表现内容的需要，对画面内的可视对象进行恰当的配置和布局，以使各种色彩形成一种既有对比变化，又是统一协调的整体关系。

画面的色彩构图是在色彩基调的统筹之下，对那些各具特征的色彩进行选择、提炼及组合的过程。有一点是非常重要的，那就是色彩的美感和意蕴并不在于某种单色自身，而要依靠不同色彩的相互关系才能得以表现。举个简单的例子，当一个女主人公身穿一件红色连衣裙时，如果让她站在一面刷成红色的墙壁之前进行表演，那么她在画面中的形象就不能令人满意，她身着的美丽衣裙也被红色的环境（墙壁）所"吞没"了。而倘若我们换个背景，让她站在一堵刷成白色或淡米黄色的墙壁之前，那么，在画面中这个女主人公就非常突出和醒目，她的红裙也在浅背景色的映衬下显得分外明艳和悦目了。

进行画面的色彩构图，要善于调动和运用各种色彩的感情特征，并巧妙灵活地利用拍摄角度、光线、镜头等多种造型手段，以形成画面框架内各种色彩的和谐配置。特别要善于在多姿多彩的自然世界和社会生活中提炼和发现色彩的美感，并通过画面中色块的面积差别，主体色和背景色的关系、色别间的明度与饱和度对比等重新组合建立起色彩构图的规律和秩序。

1. 色彩的选择

在前面的内容中我们已经提到，电视画面构图必须处理好主体与陪体、前景与背景的关系，画面色彩构图也同样需要建立在相应的基础之上，画面色彩的选择也应从处理好主体、陪体及背景的色彩关系着手。根本的一点，就是要形成主体色与陪体色及背景色的映衬对比关系，主次之间有了对比呼应，画面的色彩构图和造型表现才有视觉冲击力和艺术表现力。

主体色与陪体色及背景色的对比关系可分为强对比关系和弱对比关系。强对比关系主要是指各原色间的对比，或者互补色间的对比等。这种对比关系有强烈的视觉力度和对比效果。互补色是指两种相加后产生白光的色光互为补色，如蓝光加黄光后形成白光，蓝、黄两色即互为补色（见表6-5）。蓝和黄的对比，就是一种强对比关系，再如三原色中的红与绿、蓝与绿的对比也是强对比关系。

表 6-5 　　　　常见色彩间的互补关系

色彩（互补色）	黄	橙	红	粉	品色	紫
互补色（色彩）	蓝	天蓝	青	翠绿	绿	草绿

弱对比关系则主要是指色谱上相邻色之间的对比，以及彩色与黑、灰、白的对比等，这种对比关系比较含蓄淡雅，

视觉感受不像强对比关系那样强烈。比如说，在红、橙、黄、绿、青、蓝、紫的连续色谱上，任何两种邻近的颜色的对比都属于弱对比关系，如红与橙、青和蓝的对比等。而黑、白、灰均属消色，与各种彩色的对比都是弱对比关系，不同的是，白与彩色的对比显得活泼轻盈，黑与彩色的对比则显得端庄凝重，灰则界于黑、白之间。

在画面的色彩选择上应根据主题需要和现实的可能性，尽量通过主体色与陪体色、背景色形成某种对比关系（强、弱视具体情况而定）。举例来说，记者要拍摄一个主持人出镜采访某领导人的场面，地点是在被采访者的办公室里。显然，这个场面中的主体是接受采访的领导人，陪体则是出镜记者。如果受访者穿一身深蓝色西装，那么主持人最好穿着与深蓝构成对比关系的别色服装。比如浅灰、棕黄等。背景可以是办公室的白色墙壁，也可以是漆成米黄色的高大书橱。这样在所拍摄的画面中，深蓝（主体色）与棕黄（陪体色）及白或米黄（背景色）之间就构成了比较和谐的对比关系，色彩选择基本上做到了既烘托主体又有统一的环境色彩。试想如果受访者身着深蓝西装，主持人也穿上蓝色西装，选择的背景是蔚蓝色的落地窗纱，那么拍出来的画面就会蓝成一片，致使色彩单调，主次不分，不能令人满意。

当然，这里所说的色彩选择的对比关系只是比较抽象的理论概括，在现实生活中五颜六色的实景中进行拍摄时，会有千差万别的色彩和多种多样的对比关系等着我们去提炼和选择、去组配和表现，诸如蓝天白云、黄土碧树、青山绿水等，无一不展示着自然造化的神妙，构成了电视画面色彩表现的天然宝库；只有经过大量色彩构图的选择和锻炼，才能不断提高我们的色彩构成意识和色彩表现能力，成为善于观察、发现和提取色彩的行家里手。

2. 色彩的布局

画面色彩的布局是指根据表现的内容、画面形象的主次关系及情绪氛围等需要，把选择入画的色彩分配以适当的面积，排放在合理的位置上，发挥出特征与性能不同的色彩组合起来后在塑造形象、烘托主体、渲染气氛等方面的作用。

就像写文章时要考虑谋篇布局一样，进行画面的色彩构图时也应该对色彩加以谋篇布局，从而形成和谐统一而又蕴涵对比变化的整体关系和构图安排。总的原则是各种色彩的搭配安排应保证主体突出、对比鲜明、画面均衡、结构严谨。尽管色彩布局涉及方方面面的问题，但作为摄像入门教材，本书将在这里删繁就简、提纲挈领地讨论其核心环节，以避免繁冗的阐述。

色彩布局的关键就是如何处理整体与局部的关系。一般来说，在画面的整体色彩构图中还必须有重点色彩、基底色彩和过渡色彩，做到整体中包蕴局部，局部里容纳细节。重点色彩即是主体形象的色彩、重要情节因素的色彩等，是画面的色彩"重音"和视觉中心。基底色彩是指背景色、环境色等，起到"衬底"的作用。而过渡色彩是指重点色彩和基底色彩之间的联结、过渡的成分，主要由陪体来体现。比如说，在一幅远景画面中表现大草原上的牧羊人，蔚蓝的天空和绿色的草场提供了大色块的基底色彩，暗褐色的蒙古包和雪白色的羊群构成了画面中的过渡色彩,而画面的主体——牧羊人——是色彩构图的重点色彩和视觉中心。

现实生活中的色彩是千变万化的,但我们拍摄或设计某个画面的时候,却不能无所不包,在用色上一定要力求简洁明快。画面的色彩布局首先要保证重点色彩在位置和面积上的核心地位,同时,为了使重点色彩得到更为突出、鲜明地表现,应配置一些基底色彩,通过重点色彩和基底色彩的对比来强化、映衬重点色彩;此外,要保证整个画面色彩的统一与和谐,还需适当的过渡色彩使画面的色彩构图浑然一体。

当然,用摄像机拍摄电视画面时,不可能真正像画家那样,用各种颜料画笔和调色板在画纸上随心所欲地挥洒和涂改。我们经营画面框架内的色彩构图时,或多或少要受到被摄对象的固有色彩及色彩关系的约束和限制。但是,这丝毫也不能成为摄像人员忽视色彩构成意识和色彩表现技巧的理由。也许,在拍摄现场中,只需稍稍改变一下摄像机的拍摄角度,就能获取更为理想的色彩布局和画面效果。摄像人员必须牢牢树立起电视画面造型的色彩表现观念,在允许对被摄对象进行人为色彩设计时(如拍摄电视剧、音乐电视等),要运用所学知识创造出最能反映内容和主题的色彩构图形式,通过画面形象的色彩构成和色彩关系更好地表述主题、传递思想感情;当对被摄对象的色彩设计受到了限定时(如拍摄电视新闻、纪录片等),也应该调动造型表现的一切积极因素(如拍摄角度、景别、镜头、运动等),提炼、组配和表现出符合观众视觉规律和节目内容要求的色彩新秩序和色彩新关系,并将其渗透到画面形象和构图形式中去,从一个很重要的方面提高我们的造型表现水平和画面构图质量。

本章思考与练习题

1. 如何理解电视用光的动态性?
2. 根据光线方向可将光线分为哪几类?各自有何优势与不足?
3. 造型光分为哪几类?各自的作用如何?
4. 什么叫色温?请例举几种常见光源的色温值(10种以上)。
5. 自然光有哪三种具体形态?自然光对画面造型的影响主要表现在哪几个方面?
6. 人工光在使用上有哪些优越性?有哪些弱点?
7. 请说说以下几种色彩的感情倾向:红色、黄色、绿色、蓝色。
8. 请谈谈你对画面色彩构图的认识和理解。

第七章 电视场面调度

本章内容提要

★电视场面调度是在戏剧场面调度和电影场面调度的基础上发展和完善起来的,是电视编摄人员反映现实生活、突出主题思想、完善画面造型的一个强有力的手段。

★电视场面调度与电影场面调度相比而言,既有一定的联系,同时也有很大的区别。电影场面调度是以演员调度为核心的,但对电视节目特别是新闻纪实性节目、实况直播性节目来说,镜头调度是重点和关键,我们往往要以镜头调度的灵活性、动态性去弥补人物调度的不便、不足或具体调度上的困难。

★电视场面调度特别是镜头调度必须考虑镜头相互匹配的问题。在实际拍摄过程中,对前期拍摄(如机位设置、镜头运动等)和后期编辑(如镜头组接、方向性的统一等)都将产生重要影响的两个问题是:轴线关系和如何运用三角形原理。

场面调度,原是一个戏剧艺术的专业术语,自从电影和电视将场面调度引入到影视艺术领域中来,一方面吸取、借鉴了戏剧场面调度的经验和做法;另一方面,也依据影视艺术的优势和特点将其不断丰富和发展，使其在内容上、形式上都与原有的戏剧场面调度有了很多不同之处。

　　作为一名拍摄电视画面、创作电视节目的专业人员，摄像师应该运用所掌握的一切造型表现技巧，积极恰当地进行场面调度，将其作为反映现实生活、突出主题思想、完善画面造型的一个强有力的手段。

第一节　场面调度的源流

　　场面调度一词出自法文（Mise-en-scene），其法文原意是"摆在适当的位置"或"放在场景中"。场面调度用于舞台剧中，有"人在舞台上的位置"之意，指导演依照剧本的情节和剧中人物的性格、情绪，对一个场景内演员的行动路线、站位、姿态手势、上场下场等表演活动所进行的艺术处理。比如，演员是站在舞台中央，还是走到前台边缘，是站着表演，还是坐着表演，等等，这些舞台表演动作的总和即为戏剧艺术中的场面调度。

　　而影视艺术中的场面调度则在舞台戏剧的基础上得到了广泛而深入地补充和发展。就电影艺术而言，电影场面调度是指演员的位置、动作、行动路线及摄影机的机位、拍摄角度、拍摄距离和运动方式，包括演员调度和镜头（摄影机）调度两个方面。电影场面调度的方法多种多样，常见的比如纵深场面调度、重复性场面调度、对比性场面调度、象征性场面调度等，形成了电影画面的不同造型、不同景别，揭示出剧中人物关系及其情绪变化，获得不同的银幕效果。电影场面调度的内容和范围已远远超越了舞台场面调度的局限。电影场面调度的核心是演员调度,但它又是通过镜头调度来体现的,目的是以画面中的人物表演表现一场戏的内容和主题。

电视艺术自诞生伊始,就继承和发扬了戏剧舞台场面调度和电影场面调度的优良传统,并在实践中逐渐形成了适合自身特点的操作方式。总体而言,电视节目中除了电视剧等与电影有较强的共性以外,占有相当比例的新闻纪实类节目、现场直播节目等则与电影相比有明显不同的性质和特点,在场面调度上也产生了一些区别。我们不能因为影视场面调度的一些共同特点而忽略了这些区别,盲目搬用电影故事片的调度方法,对生活中的事物大加摆布,搞违背生活真实的"导演"和"调度"。

电视场面调度包括人物调度和镜头调度两个方面,借助于摄像机镜头所包涵的画面范围、摄像机的机位、角度和运动方式等,对画框内所要表现的对象加以调度和拍摄。比如,当我们拍摄一条生产新闻时,虽然不能像拍电影那样随意挑选和安排工厂的实景和生产状况,但是却可以通过摄像机拍摄角度和拍摄对象的精心选择来获取最富典型性和表现力的画面形象,即通过对镜头的有效"调度"获取最佳的"场面"。再比如,当我们在演播室里拍摄座台嘉宾和主持人的对话交流的内容时,如何安排出镜人物的座位、朝向、距离,怎样设置摄像机和设置多少台摄像机去拍摄所需画面,等等,都是场面调度的具体内容。就电视节目的整体内容来说,电视场面调度往往更注重于通过积极主动的镜头调度,去弥补人物调度的不便、不足或具体调度上的困难。特别是在电视新闻、纪录片等节目中，对所拍对象的人为导演和有意摆布是与真实性原则格格不入的，自然不能划入所谓"电视场面调度"的范畴。

此外，电视场面调度与画面构图也不能等而论之。应当说，场面调度是对拍摄现场中的人物（如果可能调度的话）和镜头（如机位、角度、景别等）的总体设计和安排；而画面构图则总是在拍摄现场确定的，是在已确定后的场面调度基础上产生的，是对调度停当后的被摄对象的视觉表现形式。可以说构图要最终体现和反映场面调度的结果，场面调度最终会落实到视觉形象的构图安排中。虽然，并不排除在拍摄现场的构图过程中对场面调度的即兴改动，以及对某些突发情况的紧急应变，但我们应明确电视场面调度是包括人物调度和镜头调度两个层面的，与拍摄时的构图环节不应混淆，这两者之间是既相区别又有联系的。

第二节 电视场面调度

电视摄像在造型表现上的功能和作用，要借助于摄像人员对这些特点和表现手段的合理而充分地运用，这样才能在画面中把被摄对象表现得简洁明快而又鲜明突出，也才有可能把主题思想和创作意图加以可视化的表现和延伸。

电视场面调度可以按照电视摄制人员的意图，调动有利于内容和主题表现的各种积极因素（人物、镜头），简练而突出地表现出人物和事件相互联系的时间和空间，创造出典型化、富有概括力和表现力的视觉形象，并且能够使这种画面表现形式更加真实自然、富有创意，从而活跃并推动观众的联想和想象，满足观众的审美享受和欣赏要求。有人说，电影场面调度是导演和摄影师"对画框内事物的安排"。从某种程度上说，电视场面调度也是对可能或已经进入画面框架内的被摄对象的"安排"。当然，这种安排在很多情况下是要求摄像人员对自己（实质是镜头）的拍摄角度和拍摄方式进行选择和"调度"（如新闻、纪录片、体育比赛现场直播等），比如，调整机位以从不同侧面拍摄画面主体，采用运动摄像以表现被摄对象的运动，等等。可以说，电视场面调度是一个对画框内的画面形象和视觉效果进行安排和统筹调度的系统工程。场面调度得好，画面主体的表现就可能更突出，画面信息的传递就可能更充分，主题思想和创作意图的表达就可能更为鲜明而深刻。场面调度得不好，就可能妨碍了观众对画面内容的欣赏和理解，甚至在后期编辑时，可能出现诸如镜头轴线关系混乱等问题而导致画面无法组接成片。

我们说电视场面调度包括人物调度和镜头调度两个层面的内容。在电视节目的拍摄过程中，除电视剧、音乐电视、电视歌舞节目、电视小品等艺术表现性节目中的人物调度与电影的演员调度有很多共性因素，也强调通过人物的位置安排、运动设计、相互交流时的动态与静态的变化等造成不同的画面造型之外；在大量的再现纪实性节目中更多地是以镜头调度的灵活性、动态性去弥补人物调度的不足，特别是在新闻节目中不能为了某些人为原因进行所谓的人物"表演"而违背了真实性原则。即便是电视节目制作中经常碰到的主持人的站位、行走路线的设计，出镜记者在拍摄现场的选位、采访路线的安排等，也与带有表演性、假定性的电影演员调度有很大的不同。应该说，电视场面调度中的镜头调度才是重点和关键，也是电视摄像人员应当钻研和总结的难点和要点。镜头调度是指摄制者运用不同的拍摄方向如正、侧、斜侧、后侧等，不同的拍摄角度如平、斜、俯、仰等，不同的拍摄景别如远、全、中、近、特等，不同的镜头运动如推、拉、摇、移、跟、升、降等（固定镜头亦算），获得不同视角、不同视距、不同视域的画面，表现所拍的内容和作者的意图。以镜头调度为基础，结合特定范围内的人物调度，使得摄像机和被摄对象可以同时处于运动状态，使得被拍摄的时、空客体得以连续不间断地表现，从而构成了电视的场面调度。本书是以电视摄像为主要内容的基础性教材，因此讨论的主要篇幅也将放在镜头调度上，在第三节中还将针对实践中一些经常遇到的场面调度问题详加举例说明。

与戏剧艺术的场面调度相比而言，电视场面调度具有以下一些特点：

（1）电视场面调度克服了舞台调度视点固定、视距不变的局限，可以引导观众从不同距离、不同角度和不同视野去观看画面中的形象和内容。舞台场面调度有这样一个前提：即针对剧场中坐在固定位置上的观众的观赏而设计，观众只能从某一视点上看到舞台上的演员表演。而电视的场面调度将凭借摄像机镜头的运动变化而改变画面框架中被摄对象的大小、方位、面积、角度等，这实质上也就改变了观众的固定视点。

（2）舞台场面调度仅限于舞台空间，电视场面调度则是面向广阔的现实生活。戏剧观众被当作是舞台的"第四面墙",所以实质上舞台调度的空间只有三面。而电视场面调度的空间则是全方位、多角度、立体化的,不受"第四面墙"的局限。

(3) 与舞台调度相比,电视场面调度丰富了人物调度的内容,增加了镜头调度。特别是变焦距镜头和运动摄像方式的普遍使用,各种升降、遥控等辅助拍摄装置的日益成熟,使得电视场面调度呈现出令人眼花缭乱的局面,具有舞台调度难以比拟的复杂性、多变性。舞台场面调度只能限于台上有限的空间内,即便现代化的多变灯光装置、道具、转台等也无法突破这一限制。然而摄像机的介入从根本上改变了舞台调度的时空局限,观众可以在屏幕时空中多视点地观赏同一对象,还能够获取平常生活中无法实现的视觉感受。比如说在足球比赛的现场直播过程中,有的摄像机镜头吊挂在守门员身后的球门四角,使得观众能够从一个极具冲击力的视角反复欣赏皮球入网的决定性瞬间。近些年来,电视屏幕上出现了日益复杂多变的画面造型效果和新的景别样式,再加上景别的两极拓展,电视场面调度真可谓能够做到"上天入地"、"观察入微"了。比如,显微摄像早已进入到肉眼凡胎"视而不见"的微生物世界,航摄镜头令观众眼界大开,等等。

(4) 与舞台调度的观赏时的选择性相比,电视场面调度具有很大程度上的强制性。戏剧导演所进行的场面调度是想方设法让观众去关注舞台上的某些表演,但是观众也有比较充分的自由,他可能注意主角的表演,也可以观赏配角的演出,甚至还可能盯看某件布景或道具。而电视场面调度必须以镜头画面作为基本表意工具,摄像师在镜头中选择什么景别,观众就只能收看到什么画面,比如拍摄了演讲者的面部特写,你就无法从画面中看到其手部动作。摄像师拍什么,观众才能看什么;摄像师怎样去拍,观众也就只能看到怎样的画面形象,观众的选择自由实质上已被场面调度所取代。因此,这就要求摄制人员在拍摄现场处理场面调度时具备积极的敬业态度和高超的艺术水平,想观众之所想,拍观众之所欲看,能够以精确、到位的场面调度和画面语言表现好内容和主题。而不能消极被动,拍到什么算什么,拍成啥样是啥样,并以此作为自己表现乏力、缺少热情的藉口。

场面调度是摄像师塑造画面形象、进行画面空间造型的重要手段之一,是摄像师的一种有力的造型语言。无论是拍摄电视剧,还是担任大型晚会的直播摄像,无论是拍摄一部电视纪录片,还是拍摄几分钟的电视新闻,场面调度都是影响到镜头组接、内容表达、形象塑造等的重要因素。我们说电视场面调度的作用主要表现在以下一些方面:

(1)丰富画面语言和造型形式,增强电视画面的概括力和艺术表现力。

电视场面调度的镜头调度是画面造型的重要环节之一,通过摄制者有意识、有目的的镜头调度,能够极大地丰富画面形象的表现形式。有人说,1000个读者就会产生1000个哈姆雷特。同样,对同一个内容和主题,由于摄像师的水平和能力的不同,也可能产生不同的场面调度,拍摄到不同的电视画面。比如说,拍摄同一个军乐队的表演方阵,摄像师不同,镜头的调度也可能不一样:有的可能从某一个军乐手拉出成整个乐队的全景画面,有的则从乐队全景推成某个乐手的中景画面，或许有的会拍摄一个从方阵一侧到另一侧的摇镜头，或许还有的摄像师跑到附近的高楼上想方设法拍摄一个类似于航摄镜头的俯拍画面，等等。可以说，电视画面的千姿百态与场面调度的丰富多样有着直接的关系。

（2）渲染环境气氛，通过场面调度创造特定的情境和艺术效果。

电视画面是通过视觉形式来传递信息、表达情感并感染观众的，而场面调度可以运用多种造型手段和造型技巧组织画面形象，使其构成一定的情绪化效果，通过镜头运动和画面形象来外化和营造特定的情绪和氛围。比如说，当我们表现电视剧中某人的极度震怒时，可以将其在画面中的形象从较大的景别急推成面部震惊神态的特写画面，这种镜头急推运动的调度是与人物在特定情境中的情绪变化相吻合的。再比如，我们常以远景、全景景别的画面来交待客观环境、渲染环境氛围，像远山小村、晨曦中苏醒的都市、沸腾火热的施工现场等。除镜头调度因素外，对情绪或情感的负载物的调度也能够用以营造一定的画面效果，比如雨水常常用以营造缠绵、哀怨等意境，舞台上的纱巾、彩绸也常被调度到画面中充当视觉抒情元素等。在纪录片《龙脊》中雨景的场面调度和画面拍摄是非常成功的，摄制者通过大量雨中景物如屋檐滴水、梯田积水、雨中山村等在视觉上强化和表现了骤降的大雨和雨中的龙脊，使得整段画面仿佛都被雨水"泡"过一般变得"湿漉漉"的，与片中的山村孩子求学求知的举步维艰的情绪非常贴切，环境氛围在这里通过画面形象得到了很好地渲染和传达。

（3）场面调度可以通过一系列不同角度、不同景别的画面，作为蒙太奇镜头表现被摄人物活动的情景和局部细节，并经由这些画面的组接形成人物活动及事件过程的完整印象。

作为电视画面语言的基本单位，不同的画面可以表现不同的内容，传递特定的信息，并通过一组画面的相加（组接）产生"1+1＞2"的意义。以拍摄电视新闻为例，当我们拍摄一则会议新闻时，一般都会通过镜头调度拍取这样一些画面：会场的大全景画面，会标的特写画面，主席台上的领导的全景画面和个人小景别画面，与会者的画面（如群体镜头、个人笔记会议内容的镜头等），主席台上领导发言的中小景别画面等。经过将这些画面有意识的组接，辅以解说词和同期声等就能够向观众传达一则新闻：什么单位，什么级别的什么人在何时何地开了一个什么主题的会，在会上有什么领导做了什么内容的发言。当我们用电视镜头去记录生活、表现生活时，所谓"纯客观"的自然主义的"有闻必录"是不现实的，也是完全不可能和不必要的。我们可以通过一定的场面调度组织好用以表现被摄人物和活动的镜头语言，既能够省略事件发展的繁琐、无意义的一般流程，又能够广泛而明确地表现事件发展的任何局部，因此，就能够使得与观众见面的节目内容集中、紧凑而简洁。同时，对那些意义重大、影响深远或是能够引起观众强烈兴趣的事件，还可以通过多视角、多景别的镜头调度加以全方位地再现，从某种程度上说是用组接起来的镜头画面"延伸"了事件的时间。比如奥运会体操比赛现场转播时，由于现场的机位设置合理，因此得以从不同的角度来拍摄运动员的比赛动作，景别或大或小，镜头或俯或仰，即便是现场的观众也难以像电视观众那样获取如此丰富的视觉感受。短短几十秒乃至几分钟的体操比赛仿佛在力和美的画面展示中得到了延长，而且，成绩突出的选手的比赛结束后，还可以在重放镜头中从不同视角重新欣赏那些高难动作或精彩场面。电视观众完全可以通过连续的电视画面得到现场比赛的完整、清晰甚至是拉长延伸的印象。可以说，如果缺乏高度有序的场面调度，这一切都将受到影响。

（4）有助于对节目节奏的把握，有助于形成画面的节奏变化。

通过场面调度所形成的镜头景别大小、镜头长短、镜头运动速度快慢的变化，以及对被摄对象的静态造型、动态造型及动作速度等的把握，可以实现对节目整体节奏感的轻重缓急的控制，表现出明显的节奏变化。就以中央电视台的两个栏目片头的场面调度为例。《新闻联播》的片头在雄浑铿锵的国歌声中，运用推摄、摇摄、升降摄像、航摄等多种镜头运动方式，拍摄了天安门广场上的国徽、国旗及人民大会堂等标志性建筑；各民族青年男女、蜿蜒曲折的万里长城，等等。画面形象和镜头运动的速度、方式不仅与内容相呼应，而且其节奏感也与国歌的旋律节奏相契合，与《新闻联播》栏目定位的庄重严肃相适应，可以说其节奏和变化是中速的、匀速的。而面向老年人的专门性栏目《夕阳红》的片头则显然有所不同：画面中是秋阳中悠闲地打着太极拳的老者、与孙子静静地下着围棋尽享天伦之乐的老者、与老伴惬意地跋山涉水携手旅游的老者，等等。我们仿佛觉得整个片头的节奏要比正常情况"慢了半拍",镜头调度和人物调度都显得舒缓平和,其节奏感是慢速的、匀速的,这也与老年人生活意境的安详稳健相吻合。从对比可以看到,《新闻联播》的片头与《夕阳红》的片头,内容不同、节奏各异,能够从编摄者有意识、有目的的场面调度中反映出来。而在一些体育性栏目、青年性栏目的片头中,常常会通过镜头运动和后期编辑形成快速度、强冲击的节奏感,这种处理也体现出了栏目定位和内容特点。此外,创作者通过镜头运动由快到慢或由慢到快的变化,镜头焦点由虚到实或由实到虚的变化,画面景别由大到小或由小到大的变化等,可以在一个节目整体中实现不同段落的不同节奏变化。

(5) 场面调度有助于刻画人物性格,揭示人物的内心活动。

在电影场面调度中,场面调度担负着传达剧情、刻画人物、揭示其内心活动的任务,虽然这一切都建立在演员表演的基础之上。同样地,在电视剧、电视小品等节目中,场面调度同样能够很好地为表现人物性格特点、凸显人物心理活动服务。比如在国产优秀电视连续剧《凤凰琴》中,创作者注意吸取电影纵深场面调度的经验,多次让主要演员处在室内的前景位置上,然后再将其他演员和山村学童安排在门外、窗外的表演区中;前景的演员并无台词,而是观察甚或探听窗外他人的言行,观众通过前景演员的表情神态和举止动作,完全可以想象和猜测出"他"此时此刻的内心活动,这样的人物调度不仅丰富了画面造型语言,而且比我们常常能在劣质电视剧中见到的主人公动辄"喃喃自语"以抒胸臆的手法高明得多。其实,不单是在电视剧中,即便是在电视纪录片中，依靠合理到位的镜头调度，也能以造型语言传达出人物的心理反应，起到一般语言文字无法替代的作用。比如在大型多集农村纪实性专题节目《收获》中，有一集反映某深山密林中的小村人家开山凿路的"现代愚公故事"，当记者采访村党支部书记问到原村长和原村赤脚医生在开山时因公殉职的情况时，老支书睹物思人激动得流下热泪，竟至哽噎难言，摄像师这时退远了距离，拍摄下这样的画面：老支书蹲在尚未凿完的山壁下面抽着闷烟，前方是百丈深渊，上方是一角青天，老支书佝偻的身影仿佛沉浸在浓得化不开的悲思之中。这里的镜头调度自然而和谐，给出了观众去体味和感受老支书沉痛心情的想象空间，可谓收到了"此时无声胜有声"的画面效果。

（6）通过运动摄像的场面调度方法，有助于形成长镜头纪实性拍摄。

对电视场面调度的不同情况，有人将其分为固定拍摄角度的场面调度和运动摄像场面调度两类。前一种情况是指摄像机用一系列固定角度、不同景别的画面来表现被摄对象。而运动摄像的场面调度方法则依靠摄像机的运动来展现事件的情节和人物的活动，能够广阔地表现时间和空间的关系，使画面内容显得生动自然而真实。这种调度方法可以补救人物调度的不足或调度上的困难，是在新闻纪实性节目中表现人物活动的积极有效的办法之一。比如说，中央电视台《东方时空》中的《生活空间》栏目，为了凝练集中而又真实自然地表现"老百姓的故事"，常常运用运动摄像跟拍被摄人物的生活场景、工作情况和业余活动等，有不少都形成了连续不断的具有蒙太奇意义的长镜头。长镜头的成功运用，在较大程度上依靠摄像师积极主动的镜头运动去记录和反映生活，较少人为导演摆布的"嫌疑"，能令观众感受到更强的客观真实性。此外，在新闻中使用类似长镜头原理去拍摄，也有人将其称为"无剪辑拍摄"，因为它不用后期编辑画面。

（7）在现代的大型运动会、综艺晚会及演播室节目等的转播制作过程中，统筹有序的场面调度是极其重要的工作环节之一。

从现实情况来看，电视节目的内容越来越向多元化的方向发展，特别是一些直播性节目的大量出台，将电视这一传播媒介的优势和特长发挥得淋漓尽致。就拿近几届夏季奥运会来说，赛会筹办者一笔主要的经费就是电视转播权卖出后的巨额收入。随着电视的介入，电视观众越来越多的是坐在家里观看奥运会、世界杯足球赛的赛场风云，欣赏歌舞明星的精彩演出，与此同时也对电视转播的水平提出了更高的要求。要想让观众欣赏到更满意的画面，除了大量艰苦细致的工作要深入开展之外，其中一项很重要的环节就是竭尽所能地搞好节目转播现场的场面调度工作。电视场面调度得怎样，将会直接影响到各种开幕式、晚会等的"屏幕形象"。因此，当今电视场面调度的内容和形式也变得愈益丰富和复杂。比如说，在美国职业篮球联赛（NBA）的总决赛中，单场比赛的转播摄像机数多达24台以至更多，为了让电视观众看到他所想看到的一切，电视转播工作者对镜头的调度简直到了挖空心思、不遗余力的程度，包括越来越多地运用了遥控吊杆式摄像机等高科技装备，难怪人们说NBA的篮球水平举世无双，NBA 比赛的转播水平更是全球一流。因为电视观众终究是要靠电视画面来了解现场实况的，只有通过最有效的场面调度拍摄到最佳的现场画面，才能给观众带来更为接近实况的视听冲击和美感享受。以我国电视观众老幼皆知的"中央电视台春节联欢晚会"为例，抛开导演对舞台布景、灯光、演员走台、晚会节奏等的精心设计不谈，我们只要看看晚会结束后职员表上那一串长长的摄像人员名单，就能够对除夕之夜"电视晚宴"的镜头调度的工作分量略窥一斑。

总而言之，就像修屋筑厦必须先设计好建筑图纸一样，电视节目的拍摄也应该建立在积极有效的场面调度的基础之上。电视场面调度就如同是节目摄制的指挥图，以最大限度地调动拍摄现场允许调动的人、机因素，通过更典型、更理想的画面形象表现内容和主题。电视剧类场面调度和新闻纪实类场面调度是比较常见的两种类型，前者可以导演、安排，对调度本身进行重复和改动；后者强调选择和抓取，只能在现场对真人真事和真实活动进行"一次性"的场面调度。作为一名优秀的电视工作者，既不能完全照搬电影场面调度的手法，人为摆布或表演生活事件，搞违背真实性原则的弄虚作假；也不应单纯"再现"，不讲造型、不求美感，造成画面表现的不典型、不到位、不凝练。特别是电视摄像人员，还应认识到电视场面调度是自己优化造型语言、反映现实生活、突出主题思想的有力工具，认识到镜头调度是弥补人物调度不足之处的有效手段，在实际拍摄中加以灵活而恰当地运用。如何将各种场面调度的技巧综合起来，为我们获取内容与形式高度统一的画面形象服务，是一个值得在实践中继续认真摸索和总结的课题。

第三节 电视场面调度例说

电视画面是我们用以传情达意的基本语言单位，电视场面调度的目的也就是要通过镜头调度和人物调度获取最能突出内容和反映主题思想的电视画面。但是，电视画面的传情达意最终要由多个镜头组接成一定的段落，通过蒙太奇方法有机地结合起来传达编摄人员的创作意图。

当镜头与镜头之间要进行组接时，我们必然会经常碰到镜头相互匹配的问题。如果在电视场面调度时，尤其是进行镜头调度的过程中，对摄像机的机位设置及其变动、镜头景别的选取和变化等缺乏科学合理的统筹安排，那么，极有可能在后期编辑时发生违反镜头匹配原则的情况，出现种种视觉接受上的紊乱或造成表达内容时的歧义。这就要求电视工作者特别是电视画面的"把关人"——电视摄像师，在理论上和实践上都要加强学习、提高认识，对场面调度主要是镜头调度的原则、方法了然于胸，在拍摄过程中对摄像机的调度要符合镜头匹配的原则。否则，前期拍摄的疏忽大意就可能给后期编辑带来很大的麻烦，甚至会出现镜头无法进行组接的问题。

在这一节内容里，我们将根据摄像人员可能遇到的有关镜头调度和镜头匹配的主要课题，结合具体的事例与详实的图示加以阐释说明。

一、轴线问题

所谓轴线，是指被摄对象的视线方向、运动方向和不同对象之间的关系所形成的一条虚拟的直线（见图7-1）。

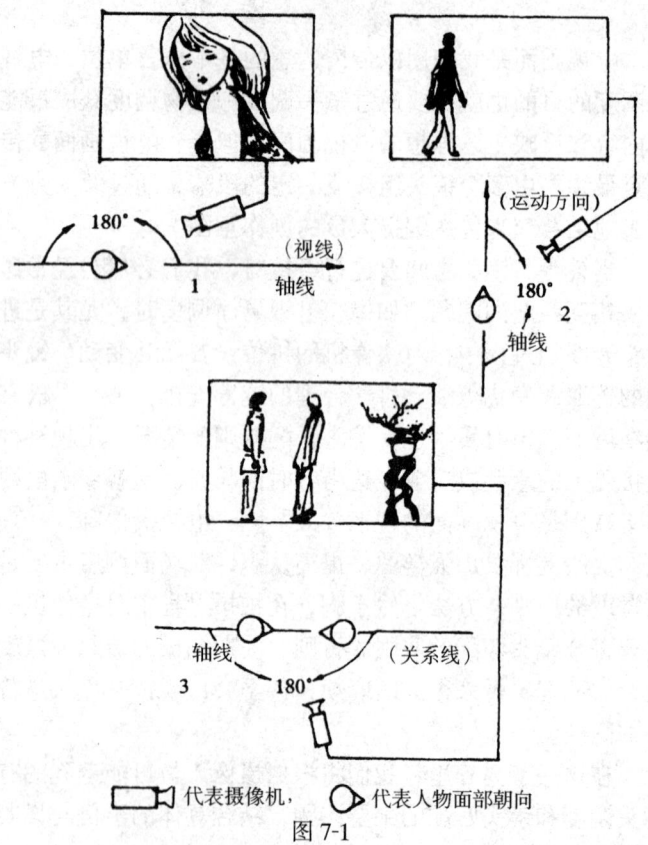

图 7-1

在实际拍摄时，编摄人员围绕被摄对象进行镜头调度时，为了保证被摄对象在电视画面空间中的正确位置和方向的统一，摄像机要在轴线一侧180°之内的区域设置机位、安排角度、调度景别，这即是摄像师处理镜头调度必须遵守的"轴线规则"。这是形成画面空间统一感，构成视觉方位系统一致性的基本条件。如果拍摄过程中摄像机的位置始终保持在轴线的同一侧，那么不论摄像机的高低俯仰如何变化，镜头的运动如何复杂，不管拍摄多少镜头，从画面来看，被摄主体的位置关系及运动方向等总是一致的。

倘若摄像机越过原先的轴线一侧，到轴线的另一侧区域去进行拍摄，即称为"越轴"。"越轴"后所拍得的画面中，被摄对象与原先所拍画面中的位置和方向是不一致的。一般来说，越轴前所拍画面与越轴后所拍画面无法进行组接。如果硬行组接的话，就将发生视觉接受上的混乱（见图7-2）。

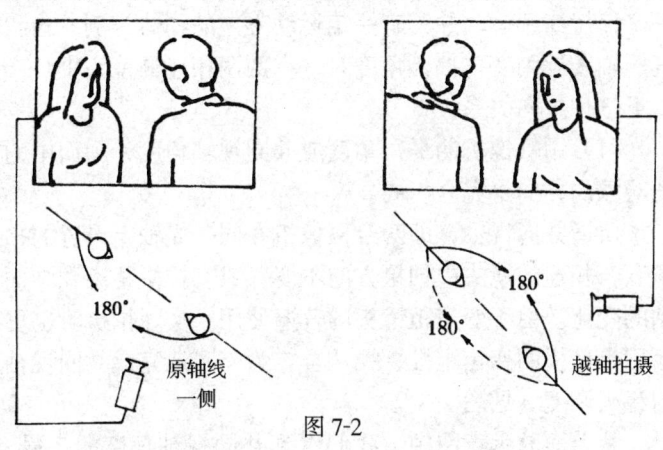

图7-2

在图 7-2 的示意图中，我们明显可以看到，越轴前的画面中正在交谈的两个对象是女左男右的；越过轴线到相对的机位上，所拍的画面中变成了女右男左。如果把这两个画面相接，观众就会莫名其妙：这两个人怎么如此神速地"交叉换位"了呢？这显然不符合观众正常的视觉习惯和思维逻辑。

在轴线的一侧所进行的镜头调度，能够保证两相组接的画面中人物视向、被摄对象的动向及空间位置上的统一定向，这就是我们在场面调度中所说的方向性。遵守轴线规则去进行镜头调度，就能保证画面间相一致的方向性。虽然电视摄像是一种立体化、多角度的平面造型艺术，但是正确表达物体的方向是实现画面空间结构和电视画面构图的一个基本的要求。否则，画平面上被摄对象之间的方位关系就要发生混乱，画面内容和主题的传达就要受到干扰乃至误解。以一个保持连续运动并具有一定运动方向的物体为例，当我们遵照轴线规则变化拍摄角度时，在两两相连的镜头中将产生以下三种方向关系：

（1）用摄像机的平行角度或共同视轴角度，画面中的运动对象的方向将完全相同。

所谓共同视轴，即两台摄像机在同一光轴上设置的拍摄角度，相连的镜头中拍摄方向不变，只有拍摄距离和画面景别的变化。由于变焦距镜头的普遍使用，实际拍摄时也可以运用摄像机的变焦距推、拉"合二为一"地完成共同视轴上的镜头调度（见图 7-3）。

从上面的示意图中，我们看到共同视轴角度的 1 号、2

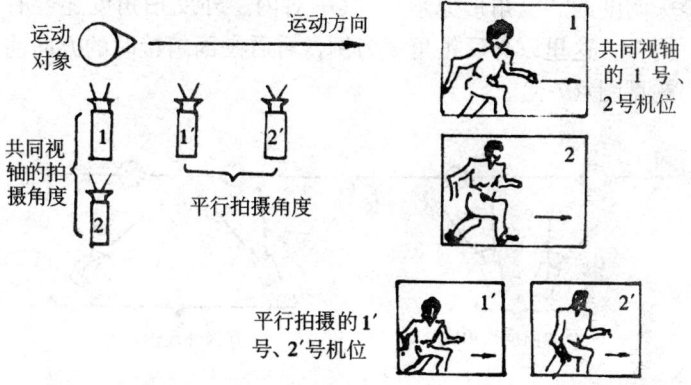

图 7-3

号机位所拍得的两帧画面中,运动方向一致(均是从左向右),只不过人物景别从小到大(由中景到全景)发生了变化。而平行角度的1′号、2′号机位所拍的画面则基本不发生明显变化,只是人物的动作、表情等可能出现前后差异。从中我们可以发现运动方向是前后统一的,也即保持了一致的方向性。

(2)在轴线一侧设置两个互为反拍的机位,画面中运动对象方向一致,但其正背、远近不同。

在电视摄像机的拍摄角度中,两相成对的反拍角度有内、外两种情况。内反拍角度是在轴线一侧两个方向相背的拍摄角度,外反拍角度则是在轴线一侧两个方向相对的拍摄角度(见图7-4)。在下面的内容中我们将会专门介绍电视镜头调度的"三角形原理",其中对内、外反拍角度还会有所阐释。这里以外反拍角度为例,看看画面组接时的方向性问题见图(7-5)。

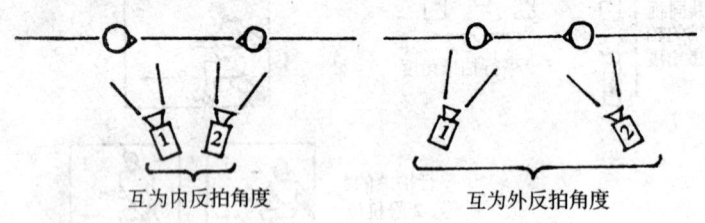

图 7-4

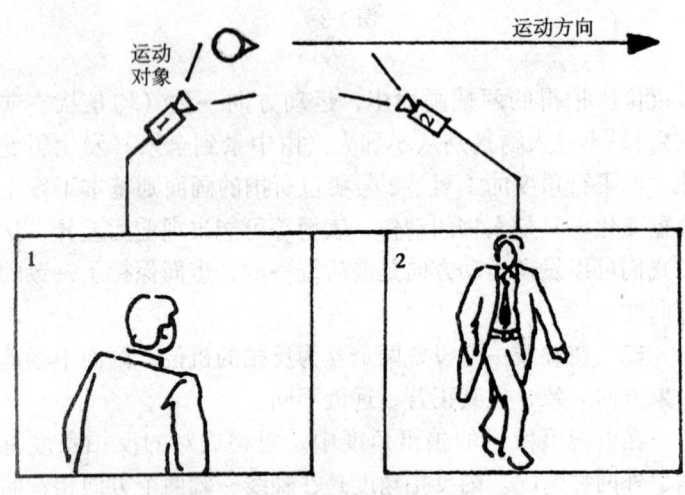

图 7-5

从图 7-5 的互为反拍的 1 号机位和 2 号机位的对比中，我们看到 1 号画面中的被摄主体是背侧面、近景，2 号画面中的被摄主体是正侧面、全景；虽然同一主体的形体正背和景别大小发生了改变，但镜头组接之后却能够保持一致的方向性，这是因为在两组画面中被摄主体的运动方向都是从左向右。如果镜头停留时间稍长，我们就能看到运动主体都是从画面的左侧入画，然后从右侧出画，在观众的视觉印象中就能产生运动方向的连贯性，因而符合正常的视觉规律。

（3）当镜头光轴与被摄对象的运动方向合一时，在画面中无左右方向的变化，只有动体沿镜头光轴的远近的变化和正背变化。

实际上，在这种情况下摄像机的光轴是与轴线重合的，即位于轴线规则下的 180°线上。由这种镜头调度所拍得的画面运动主体无明显的方向感，所以又被称为中性方向。这种镜头又称为中性镜头。中性方向的镜头也是符合轴线规则的，并被经常用以间隔分别在轴线两边拍摄的镜头，即原轴线一侧镜头与越轴后一侧镜头的组接中（见图 7-6）。

在图 7-6 中，1 号机位所拍的画面中运动主体是背面向远离摄像机的纵深方向走去，2 号机位的画面中主体是迎面向正对摄像机的方向走来。与前面已提到的第一、第二种情况不同，运动主体在画面中的运动方向已不表现为明显的从左向右或从右向左，因此，这种中性镜头又被人称为"万用镜头"，可以与轴线两侧所拍的镜头相接而不令人感到视觉上的方向紊乱。

在现实生活中，纯粹无方向的客体是极为罕见的，比如

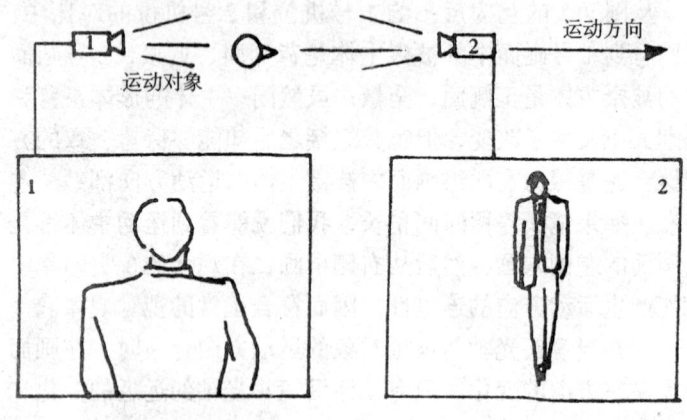

图 7-6

建筑物的坐北朝南、山脉的东西走向、人脸的正面背面等都有一定的方位关系。即便是完全圆滑对称的规则圆球,当其在光照下产生了明暗和投影,也能在视觉上产生方向感。电视画面在表现被摄对象时,不可避免地要涉及到画平面中的方向性问题。摄像人员在拍摄过程中调度摄像机镜头时,遵循了轴线规则,就容易比较便利地理顺方向性和画面形象间的方向关系。在以上所例举的三种主要的机位变化和方向变化中,方向性的统一能够为不同镜头的组接创造必要的前提条件。当然,这几种情况只是在轴线一侧所进行的最为常规的镜头调度,还有待于初学摄像者举一反三,加以正确的认识和灵活的运用。

电视镜头调度一方面有着严谨的规律性,一方面也蕴涵了极大的创造性。在运用现代高科技装备和创作者聪明才智去进行画面造型表现的过程中，为了寻求更加丰富多变的画面语言和更具表现力的电视场面调度，我们又往往要打破"轴线规则"，不把镜头局限于轴线一侧，而是以多变的视角全方位、立体化地表现客观现实时空。但是，我们已经提到"越轴"后的画面在与越轴前的画面直接进行组接时会遇到障碍，那么，通过哪些手段才能"跨越"这些障碍，进入到电视场面调度和画面造型表现的广阔天地中来呢？

这也就必须借助一些合理的因素或其他画面作为过渡，起到一种"桥梁"作用；既避免"跳轴"现象，又能够形成画面语言的多样性和丰富性。以下，我们介绍几种克服"越轴"问题的常用办法：

1. 利用被摄对象的运动变化改变原有轴线

在前一个镜头中，是按照被摄对象原先的轴线关系去拍摄的，下一个相连的镜头，则按照主体发生运动后已改变的轴线设置机位，这样一来，轴线实际上已被跨越了（见图7-7）。

如图7-7所示，在这一男一女的二人场景中，按照原先的轴线关系，1号机位和2号机位所拍的画面是不能直接组接的，因为2号机位相对于1号机位来说是越轴了。但是，我们可以在1号机位开拍之后，请这一男一女略微走动一下改变原来的站位，让女B走到B′的位置上，男A至A′的位置以示呼应。在变化后的轴线关系里，2号机位已经"越"过了原有轴线，1号机位和2号机位已处于同一轴线的相同一侧，所以，这时再将2号机位所拍的画面接在1号机位所

349

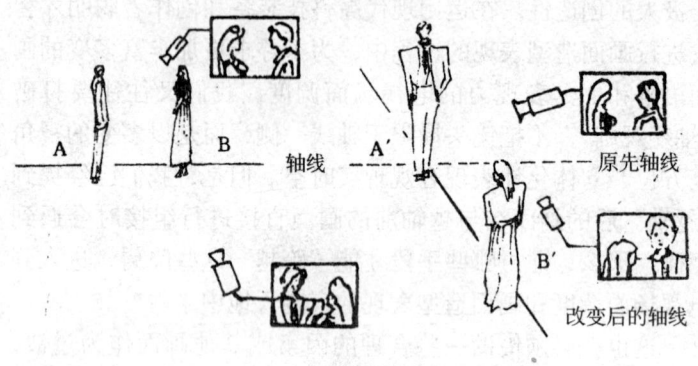

图 7-7

拍的画面之后,男 A 和女 B 的位置关系相一致了,镜头组接也就顺理成章了。

2. 利用摄像机的运动来越过原先的轴线

摄像机始终是摄像人员场面调度时最为积极主动的活跃因素之一。虽然越轴镜头不能直接组接,但是摄像机却可以通过自身的运动越过那道轴线,并通过连续不断的画面展示出这一"越轴"过程。由于观众目睹了摄像机的运动历程(从画面的变化),因此也就能清楚地了解这种由镜头调度而引起的画面对象的方位关系的变化(见图 7-8)。

在图 7-8 中,原有轴线关系下的 2 号机位作为 1 号机位的越轴镜头,不能直接进行画面组接。2 号摄像机通过移动摄像的方式运动到 3 号机位上,也就越过了轴线。虽然 2 号机位所拍的画面中 A 在右 B 在左,3 号机位所拍画面中 A 在左 B 在右,但由于连续不断地运动画面交待了 2 号摄像机

图 7-8

运动到 3 上的越轴过程，因此观众对人物位置关系的变化就能够理解了。这样一来，"2—3—1"的画面连接不仅实现了越轴拍摄，同时也不会令观众感觉到"跳轴"所带来的视觉不适。

通过摄像机的运动实现越轴拍摄，对于摄像人员来说是非常有用的。特别是在拍摄不便进行人物调度的新闻、纪录片等节目时，为了抓取最佳角度、突出主体、变化构图等，常常利用镜头的运动调度进行多侧面、多视角的画面表现。

3.利用中性镜头间隔轴线两边的镜头,缓和越轴给观众造成的视觉上的跳跃

在前面的内容中我们已经介绍过中性镜头,由于中性镜头无明确的方向性,所以能在视觉上产生一定的过渡作用。当越轴前所拍的镜头与越轴后的镜头要相组接时,中间以中性方向的镜头作为过渡,就能缓和越轴后的画面跳跃感,给观众一定的时间来认识画面形象位置关系等的变化(见图7-9)。

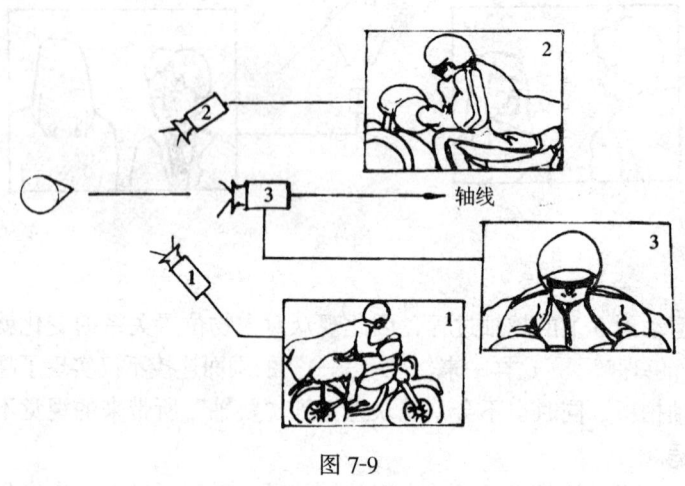

图 7-9

图 7-9 中的被摄主体是一名摩托车骑手,1 号机位和 2 号机位互为越轴镜头,如果直接将 1 号画面和 2 号画面组接起来,那么骑手从左向右的骑驶方向就陡然变成了从右向左,从视觉接受上来说显得非常突兀和不顺畅。这是硬接越

轴镜头的必然后果。而3号机位由于与运动轴线重合，拍到的画面是车手骑车向镜头而来的正面近景镜头，不表现出画平面左或者右的方向性。因此，把这一中性方向的镜头置于1号画面与2号画面之间，就如同起到撑竿跳选手所用的撑竿的作用，将镜头从轴线的一侧过渡到另外一侧，并使得视觉上的跳跃感和方向上的变化感显得不是那么强烈。也就是说，通过中性方向的3号镜头的轻轻一"撑"，我们就越过了轴线，连接结起轴线两边的镜头。

4．利用插入镜头改变方向，越过轴线

这种方法与上述第三种方法相似，区别在于插入镜头的内容和景别有所不同。一般来说，用于越轴拍摄的插入镜头都是特写镜头。我们可以以两种不同情况来举例说明。第一种情况是相同空间的相同场景中，插入一些方向性不明确的被摄对象的局部特写画面，使得镜头在轴线两侧所拍的画面能够组接起采。比如上面所举的摩托车骑手的例子，当1号画面和2号画面两组相接时，我们还可以在中间插入一些特写镜头作为过渡，如摩托骑手的衣襟，摩托骑手的眼部特写等。第二种情况是插入一些环境空间中的实物特写作为过渡镜头。

比如在图7-10中，在碧波之上划船嬉戏的一对情侣，1号画面中是男右女左并向左划去的，而在越轴的2号镜头中是男左女右并向右划去的，如果在两者之间借用水鸟双飞的3号特写画面作过渡，不仅能给画面语言赋予某种情境，同时也将越轴拍摄的镜头连接起来。之所以安排一些插入镜头能够帮助我们实现越轴拍摄，主要是在视觉上产生了缓冲作

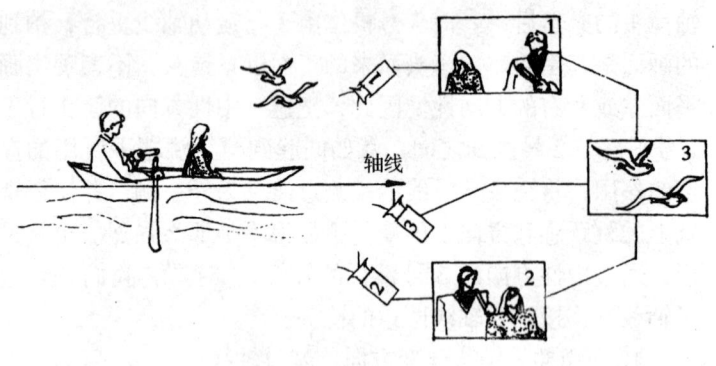

图 7-10

用,准备和积累了一小段时间,让观众对插入镜头之后的越轴画面有了适应和"喘息"的机会,而不致于被接踵而至的轴线关系和方向关系的变化搞昏了头。这也是影视工作者在长期的实践中总结和摸索出的经验和办法。

5. 利用双轴线,越过一个轴线,由另一个轴线去完成画面空间的统一

在某些特定的场景中,如果既存在关系轴线,同时也存在运动轴线,我们通常选择关系轴线,越过运动轴线去进行镜头调度(见图 7-11)。

从图 7-11 可以看出,由于骑摩托车的一男一女同向骑行,两人之间产生了运动轴线和关系轴线两条轴线。以关系轴线而言,1 号机位和 2 号机位同在一侧;以运动轴线而言,1 号机位和 2 号机位互为越轴关系。这时我们越过了运动轴线,选择两人的关系轴线作为主导轴线,完成镜头的调

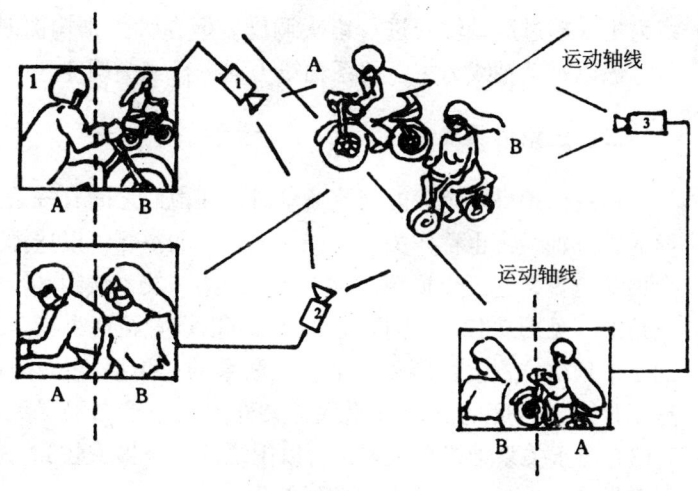

图 7-11

度和画面空间的统一。可以看到，虽然因不遵循运动轴线而产生了 1、2 两个画面中运动方向的不一致，即画面 1 中是从左向右，而画面 2 中是从右往左；但是却保证了两个机位下所拍得的画面中男 A 和女 B 的位置关系相统一，即均是男 A 在画面左侧而女 B 在画面右侧。如果我们越过关系轴线，遵循运动轴线去调度镜头，即如 2 号机位和 3 号机位所拍画面所示，两个画面中男 A 和女 B 均是从右向左骑行，但男 A 和女 B 在画面中的位置却发生了对换，即画面 2 中是 A 左 B 右，而画面 3 中是 A 右 B 左。相比之下，前一种情形即遵循关系轴线所拍得的画面，要比按照运动轴线处理给观众带来的视觉跳跃感小。所以，为了保持画面中运动主体位置关系不变，在小景别构图时，我们一般都要以关系轴线为主,越过运动轴线进行镜头调度。但在大景别构图时,要考虑以运动轴线为主,关系轴线为辅进行镜头调度。

二、三角形原理

当我们拍摄两个人的交流场景时,在他们之间有一条无形的关系轴线,也称作关系线。在关系线的一侧可以选择三个顶端位置,这三个顶端构成了一个底边与关系线相平行的三角形(见图7-12)。摄像机的机位可以设置在这个三角形的三个顶端位置上,形成一个相互联系的三角形机位布局,这就是镜头调度的三角形原理,又称为三角形布局(见图7-13)。由于关系轴线有两侧,所以围绕两个被摄人物和一条关系轴线,能够形成两个三角形布局。

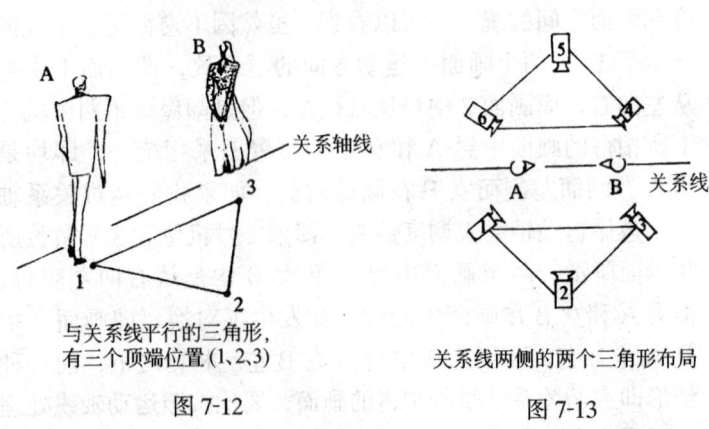

与关系线平行的三角形,
有三个顶端位置(1、2、3)

图 7-12

关系线两侧的两个三角形布局

图 7-13

但是,正像我们已经在轴线问题中所讨论过的,关系轴线两侧的这两个三角形布局中的机位互为越轴关系（1、2、3 与 4、5、6），当我们进行镜头调度和画面组接时同样必须遵守轴线规则，不能从一个三角形机位切换到另一个三角形布局。比如不能直接将镜头 1 与镜头 6 相接，镜头 2 只能与镜头 1、3 切换而不能直接跟镜头 4、5、6 组接。否则，就会让观众出现视觉接受上的困难，产生越轴的问题和人物位置方向上的混乱。

　　如果遵循了轴线原则，机位三角形布局最突出的优点就是在所拍摄的画面中，这两个被摄人物各自处于画面固定的一侧，便于观众对方向性的统一认识。以图 7-13 中下端的三角形为例，在 1、2、3 机位拍得的画面中均是男 A 在左而女 B 在右（见图 7-14）。

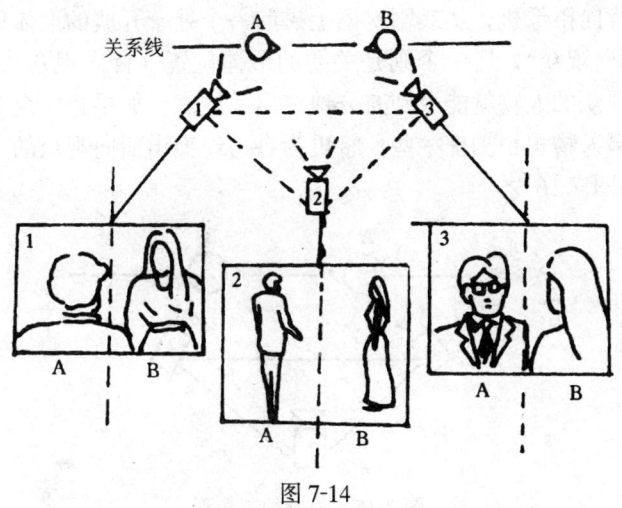

图 7-14

有人说，三角形机位布局原理的首要规则，是选择关系线的一侧并始终保持在那一侧。在关系线的一侧，三角形底边的那两个顶端位置上，摄像机可以在各自的光轴上转动，得到三个不同的拍摄角度，产生三角形原理的三种基本变化。

第一种情况，是位于三角形底边上的两台摄像机分别处于两个被摄人物的背后，靠近关系线，向里把两人拍入画面（见图7-15）。这也就是外反拍三角形布局。

外反拍三角形机位布局具有两个优点：其一是底边上的两个机位所拍得的画面中，两个人物可以互为前景和后景，一个靠近摄像机，另一个稍远离摄像机，使得构图具有明显的透视效果。其二，两个被摄人物一个面向摄像机，另一个则背向摄像机，从戏剧术语上讲前一个处于开放的形体位置（面向观众），后一个则是关闭的形体位置（背向观众），面向观众的人物就能受到充分地突出和注意。如果背向观众的被摄人物稍稍拍虚一些，将更为有力地突出面向观众的人物（见图7-16）。

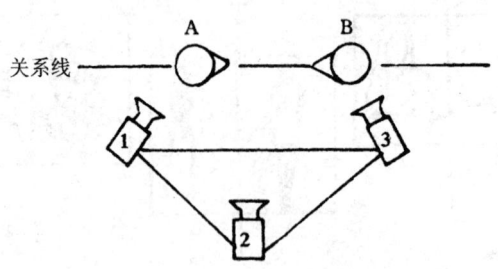

图 7-15　外反拍三角形

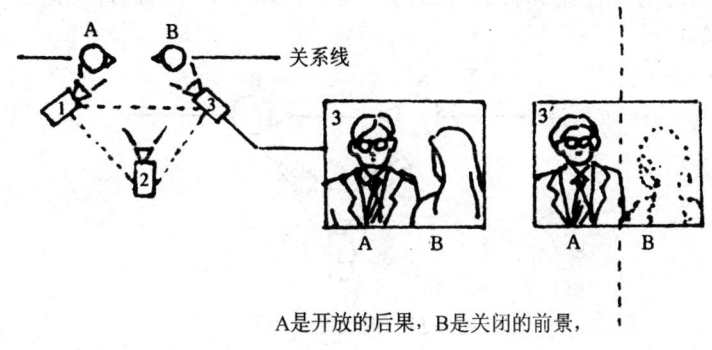

A是开放的后果，B是关闭的前景，
倘若将B拍虚，更能突出A

图 7-16

外反拍三角形布局的底边顶端上的两个机位（1号机位与3号机位），是一种客观性拍摄角度。当我们拍摄主持人或出镜记者采访某人时，经常运用这种客观性的外反拍拍摄角度，这也就是通常所讲的过肩镜头。因为从画面上直观，摄像机是在记者的身后越过其肩头拍摄接受采访的人。有一点需要指出的是，拍摄过肩镜头时，背向观众的人在画面中所展现出的脸部侧影，一般应以不露出鼻尖为宜。

第二种情况，是三角形底边上的两台摄像机处在两个被摄人物之间，靠近关系线向外拍摄（见图7-17）。这种方案是内反拍三角形布局。

内反拍三角形机位布局可以利用位于底边上的两个顶端位置的机位，分别表现两个人物（见图7-18）。

由于被摄人物分别在画面中出现，所以观众能够予以较为充分地注意，我们可以用以集中表现一个人物的神态语气等。

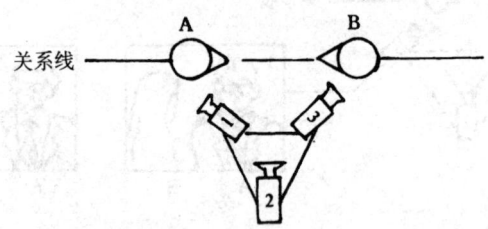

图 7-17 内反拍三角形

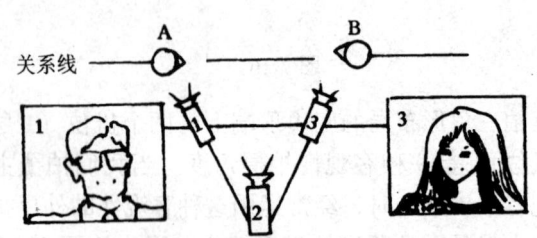

图 7-18 1 号机位和 3 号机位分别表现 A 和 B

当三角形的底边与关系线重合，底边上的两台摄像机背对背地设置时，所拍摄的画面表现了画面以外的那个人物的视点，这也即通常所说的主观拍摄角度（见图 7-19）。这种镜头调度是一种较为特殊的拍摄方式，出现在画面中的人物是正面对着摄像机镜头的。内反拍三角形底边上的两个机位所拍得的画面中，人物并不是正面对着摄像机的，虽然看起来十分接近。

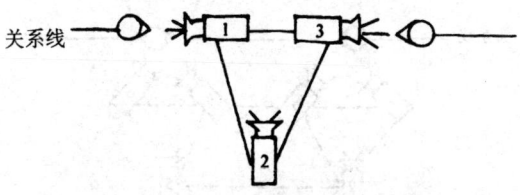

图 7-19 主观拍摄角度（机位 1、2）

第三种情况，位于三角形底边上的两台摄像机的视轴相互平行，即平行三角形布局（见图 7-20）。

平行三角形机位布局常用于并列表现同等地位的不同对象，比如拍摄两个人的对话，或两个人并肩跑步等。平行三角形底边上的两个机位各自拍摄一个人物，它带有客观的同等评价、等量齐观的含义。

上面我们所谈及的外反拍三角形布局、内反拍三角形布局和平行三角形布局，可以组合成一个多样的大三角形布局（见图 7-21）。一个大三角形内，包含有 7 个摄像机视点，除内反拍和平行位置外（如 1 与 2，4 与 5），所有的机位均可成对组合，用以拍摄两个人物。

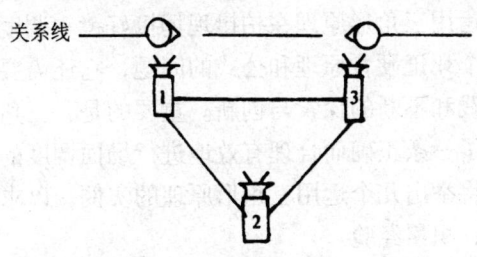

图 7-20 平行三角形

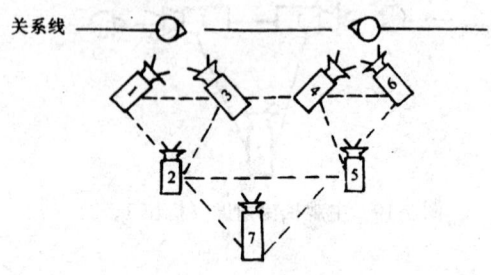

图 7-21 大三角形布局

当我们拍摄一个场景时，至少要从两个摄像机视点来拍，而且必须在某一视点上拍下整个场面，这样，后期编辑时就能通过不同视点所拍画面的组接得出整个场面的视觉印象，镜头调度的三角形原理能够比较经济而实用地达到这一要求，因此在实际拍摄时经常得到摄像人员的运用。在上面提到的三角形原理的三种基本变化，以及大三角形机位布局，不仅适用于表现两个或多人的静态对话，而且还能够表现他们在画面中的运动。

如何运用三角形原理在拍摄现场搞好镜头调度工作，不仅仅是一个死记硬背原理和公式的问题，它还需要摄像人员积极的实践和不断的探索与创新。重要的是，三角形原理给我们提供了一条正确而合理有效地进行场面调度的捷径。下面，我们将举出几个运用三角形原理的实例，以求帮助大家开拓思路，积累经验。

(1) 在电视访谈节目中，主持人与被采访者"面对面"

地交谈。

处理面对面的二人谈话场面,最简单的方法是用一组外反拍角度。在外反拍三角形底边上的两个机位所拍的画面中,主持人和受访者互为前景和后景,构图比较富有纵深感,这在前面的内容中已有论述。这种处理方法受到了全世界电视节目摄制者的喜爱。

但是,如果想要突出被采访者,想让他成为画面的中心和观众注目的焦点,该怎么办呢?我们可以根据大三角形布局的机位设置,将一个内反拍镜头与一个外反拍镜头结合使用,从而使受访者处于画面的显著位置(见图 7-22)。

从图 7-22 可以看到,1 号机位是一个外反拍角度,画面效果相当于以受访者为前景的过肩镜头;2 号机位是一个内反拍角度,画面单独表现了受访者。在这两个镜头中,主持人处于相对次要的位置,接受采访的人处在比较突出的中心地位。

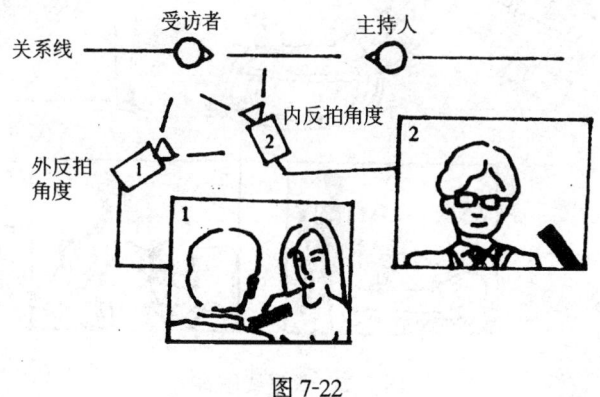

图 7-22

（2）当关系线是倾斜的或垂直的，摄像机布局的三角形同样适用。

前面我们所例举的三角形布局原理的应用情况，基本上都以关系线是水平的作为前提。但是电视节目五花八门，拍摄对象千变万化，关系线并非永远是水平线一根，它可能发生倾斜而与水平线产生一定的夹角，还可能发生机位在高度上的不同变化等，尽管如此，三角形原理不仅都是适用的，而且随着情况的变化还不断得到扩展。

我们先举一个关系线倾斜的例子（见图7-23）。

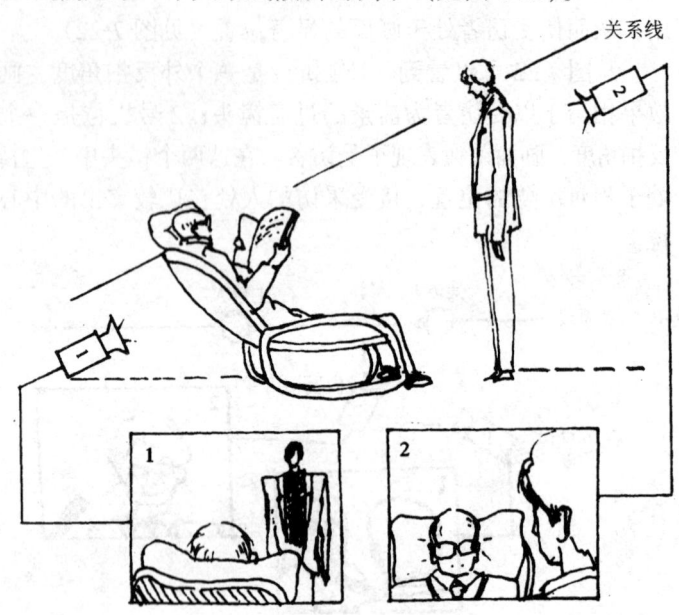

图7-23 关系线倾斜

图中的关系线因人物头部高度差别较大而发生了倾斜，这时候我们就要改变三角形底边上两台摄像机的高度。如图所示，仰角拍摄的 1 号机位和俯角拍摄的 2 号机位实际上是一对随关系线倾斜的外反拍镜头。

下面我们再举一个关系线垂直的例子（见图 7-24）。

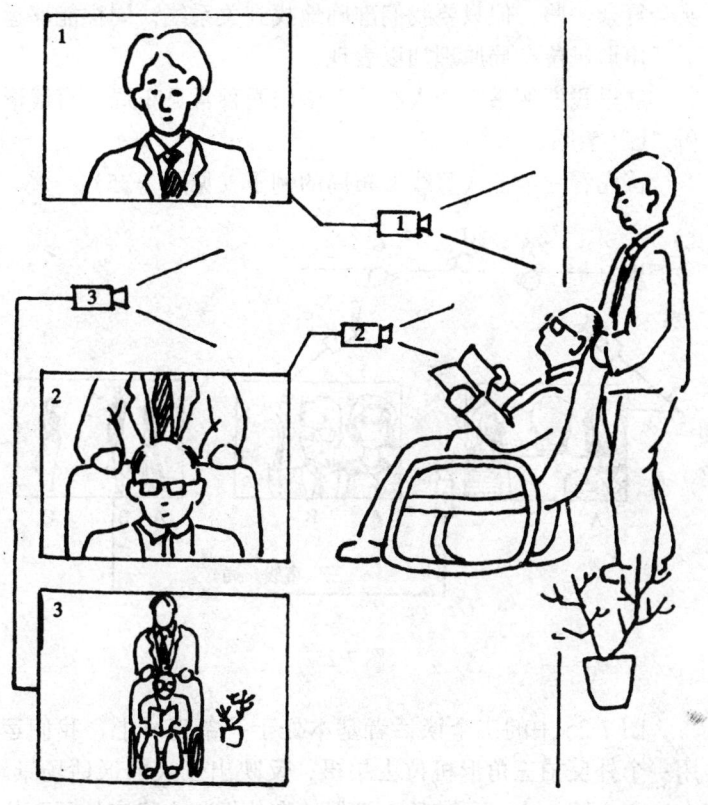

图 7-24　关系线垂直

图中的关系线因人物头部基本是一上一下而处于垂直状态，我们可以用平行三角形机位布局来处理镜头调度。

(3) 当被摄人物是三个人时，三角形原理同样可以加以运用。

如果被摄人物是两人以上，那么他们的站（座）位关系就会复杂一些，但只要我们准确地找到关系线，同样能够运用三角形机位布局原理加以表现。

这里我们例举三个人在画面中的两种常见布局：直线形和"L"字形。

首先看一个三人直线形布局的例子（见图7-25）。

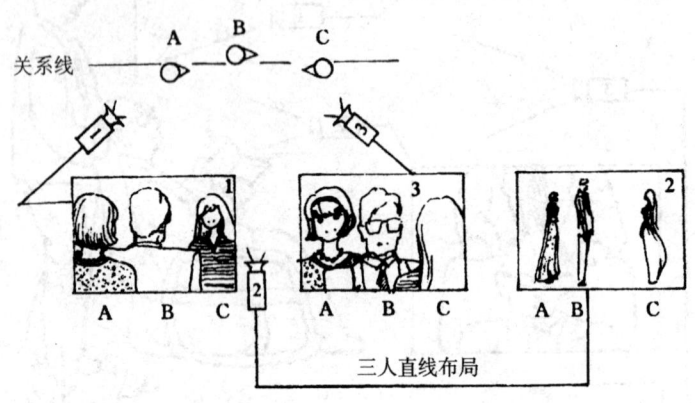

图 7-25

图7-25中的三个谈话者基本处于一条直线上，我们运用一个外反拍三角形机位去拍摄，反映出三人的谈话场景。在这三个镜头中，所有的人都保持在他们基本稳定的画面位

置上（A左B中C右）。

再来看一个三人"L"字形布局的例子（见图7-26）。

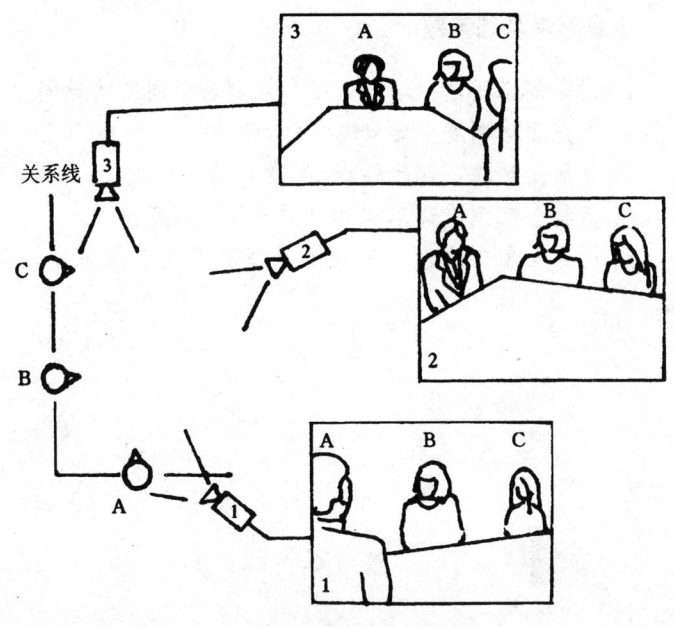

图7-26 三人"L"字形布局

图7-26中的三个人围坐在一张方桌旁，从俯角看关系线呈"L"字形。我们也以外反拍三角形布局安排机位，通过1、2、3号画面表现出三人的对话场面。在所有的镜头中这三个人都保持了同样的画面位置（A左B中C右）。

至于三人以上更为复杂的对话场面，表现两人对话场面的三角形原理也是同样适用的。只要我们熟练掌握了镜头调度的三角形机位布局的基本技巧，就能够以不变应万变。

本章思考与练习题

1. 请举例说明电视场面调度和戏剧场面调度的异同。
2. 电视场面调度主要有哪些作用？
3. 什么是轴线？何为轴线规则？
4. 请结合实例谈谈怎样克服"越轴"问题？
5. 何为三角形原理？三角形原理有哪几个基本变化形式？

第八章　电视摄像师的基本素质要求

本章内容提要

★电视节目多种多样，其拍摄方式也不尽相同，对摄像人员的具体工作要求也不一样。由电视节目内容及性质的不同，可将电视摄像工作分为纪实类和艺术类。由节目拍摄现场的不同特点，可将电视拍摄工作分为演播室类和外景类。

★电视摄像师的素质要求涉及到诸多方面，本章主要强调了以下几点：过硬的政治素质和高度的敬业精神，扎实的技术功底和全面的艺术素养，现场应变能力和即兴创作能力，能动的编导思维和超前的剪辑观念。

在本书前七章的内容中，我们主要是向大家介绍了电视摄像在技术上的基本知识。在这一章中，我们将谈谈对摄像师的基本素质要求。

第一节　电视摄像的不同类型

电视摄像师的首要任务是拍摄电视画面。通过对摄像人员拍得的电视画面进行编辑（或直播现场切换）形成电视节目，经电视台播出与观众见面。电视节目多种多样，其拍摄方式也不尽相同，对电视摄像人员的具体工作提出的要求也不一样。

我们可以对电视节目略作区分，从而对电视摄像工作的不同类型及特点有所了解。

一、纪实类摄像与艺术类摄像

按照所拍节目内容及性质的不同，可将电视节目概分为纪实类和艺术类。纪实类节目包括电视新闻、电视纪录片、纪实性专栏节目等，以客观真实性为原则，比如中央电视台的《新闻联播》、《焦点访谈》、纪录片《毛泽东》、改版后的《东方时空》等，艺术类节目包括电视剧、音乐电视、电视歌舞节目、电视广告等，强调创作人员的主观表现和艺术处理，可以进行导演和人物表演，比如电视连续剧《三国演义》、中央电视台《音乐电视60分》播出的MTV、中央电视台的"广而告之"等。

拍摄纪实类节目的纪实类摄像与拍摄艺术类节目的艺术类摄像，主要的区别在于画面所记录的对象的不同，以及画面记录方式的不同。纪实类摄像所拍摄的对象是现实生活中的人物和事件，具有真实性；而艺术类摄像所拍摄的对象是创作表演中的人物和事件，具有假定性。举例来说，在中央电视台《新闻联播》中播出的系列报道《领导干部的楷模——孔繁森》就是纪实类节目，而同在中央电视台黄金时段播出的电视连续剧《孔繁森》则属艺术类节目了。

对摄像师而言，纪实类摄像与艺术类摄像的关键区别在于记录方式的不同。可以说，纪实类摄像具不可重复性，艺术类摄像有可重复性。艺术类电视节目在拍摄过程中可以重拍，对不满意之处可以加以修改；而纪实类电视节目往往是"一锤子买卖"，被摄人物和事件具有时空上的不可逆性，不能像"演戏"那样重来一遍、重拍一次。以拍摄电视新闻为例，摄像人员只能在拍摄现场"一次性"地拍取真实事件和真实人物活动，如果由于调焦不实、白平衡失调等技术原因导致拍摄失败，就很难进行令人满意的补救了。

需要指出的是，纪实中的艺术性表现与这里所说的艺术类摄像是不能混淆的，艺术类摄像中的纪实性表现也不能与纪实类摄像画等号。无论是纪实过程中的艺术性表现，还是艺术表现中的纪实性处理，都只是表现策略和表现手法的一种，并不能改变其拍摄方式、记录对象的性质和区别。我们强调表现手法和表现形式上的艺术性，并不能因此就改变了纪实类拍摄的真实性原则和不可重复性，更不能对所拍人物和事件进行所谓"艺术化的处理"，搞人为导演和主观摆布。同样，不管艺术类节目的纪实性特点多么鲜明和强烈，仍然是在假定性和可重复拍摄的前提下创作的。这正像《九·一八大案纪实》虽然带有浓郁的纪实色彩"甚至由公安干警本人扮演剧中角色"，但我们仍把它归入电视连续剧之列，而不能因其纪实性风格将其归为纪录片。

二、演播室类摄像与外景类摄像

按照节目拍摄现场的不同特点，可将电视摄像工作分为演播室类和外景类两种。演播室类电视摄像是在专业化的电视演播工作室内进行的，通常摄像师都要佩戴与现场切换台的编导直接联系的耳机，服从编导对全局的拍摄要求和场面调度，比如中央电视台的《正大综艺》、《实话实说》、《综艺大观》的演播室现场节目等，都主要是由在演播室摄像人员拍摄完成的。外景类电视摄像则是在专业演播室以外的生活实景中进行的，比如中央电视台《焦点访谈》栏目的外景采访部分、《新闻联播》中除播音员口播新闻以外的图像新闻等，都是在生活实景中拍摄完成的。

演播室类电视摄像和外景类电视摄像的主要区别在于拍摄时光线条件的不同。在演播室拍摄时，由于有良好的人工照明设备，还有齐全的音响系统、布景、道具等，往往又是由多台摄像机同时拍摄，且对人物的基本活动情况有预先的了解，所以便于在制作上精雕细琢。一般来说，在演播室拍摄时摄像人员在稳定的人工光照明下，调好光圈就无需再行改动，而且活动范围相对较小，摄像人员更主要的是按照导播的意图和调度各司其职，协同作战，以完成拍摄任务。而外景类拍摄任务则要复杂得多、困难得多。走出人工光线照明的演播室，到自然光条件中去拍摄，摄像人员只能根据现场的实际光照情况调整曝光，根据所拍事件和人物的活动决定拍摄方式。不论是在阴暗潮湿的矿井坑道中，还是在烈日似火的茫茫沙漠里；不论是在南国多雨的热带森林里，还是在北方冰封雪飘的黑土地上，只要哪里有拍摄任务，摄像师就必须责无旁贷地出现在那里的镜头后面，运用自己的智慧和技艺在多变难测的光线条件下拍到令观众满意的电视画面、应当说外景类拍摄对摄像人员的单兵作战能力提出了较高的要求。

以上，我们对电视节目和电视摄像的不同类型及特点所作的探讨，其目的不是拿出像数学公式那样的理论条框。电视摄像工作的分野并非是泾渭分明的，在不同的工作岗位上，虽然工作特点和拍摄方式各有侧重，但是对电视画面语言和造型表现的高标准、严要求都是一致的。我们只是为了大家求同存异，认清自己的优势和责任，把各自可能从事的不同岗位的工作做得更好，从宏观上做了一定的比较和鉴别。有人说，摄像有法，法无定法，最终目的是要拍到符合内容和主题需求的高质量的电视画面。同样，摄像有别，并无本质区别，不论你即将担任一部40集电视连续剧的总摄像，还是在电视台新闻部日复一日地拍摄长不过3分钟、短不过20秒的电视新闻，我们认为对优秀摄像师的基本素质要求都是共通的，甚至是共同的，这也正是下面即将讨论的内容。

第二节　电视摄像师的基本素质要求

通常，我们将电视节目的制作流程划分为前期策划、中期拍摄和后期编辑三个阶段。电视摄像师担负着中期拍摄的重要责任，他的工作是联系前期策划准备和后期编辑成片的纽带和桥梁。

因此，有人说没有电视摄像这一工作环节的成功，前期的准备工作犹如是纸上谈兵，后期的编辑工作也只能是无源之水。而要让电视制作流程产生出合格的"产品"——电视节目,就离不开操持摄像机拍摄电视画面的人——电视摄像师,就离不开他们高质高效和高产出的摄像工作。

电视摄像工作不仅是一项技术性的工作,它也需要融合进艺术性的思维和创作。电视摄像工作不单是对摄像师才情智慧的考核,它甚至还是对摄像师体能、意志、素质的综合检验。虽然,电视观众在电视屏幕上只能看到摄像机镜头前面的大千世界,而难以见到镜头后的摄像师。但是,通过画面形象的新颖、优美和富有创意,或者是呆板、单调、蹩脚而乏味,观众也会像"见文如见人"那样对摄像师"如见其人",对他所拍的节目发出由衷的褒奖或是严苛的指斥。可以说,只有那些纯熟地掌握了电视画面造型语言的、具有了综合高素质的摄像师,才能拍出高水平的电视画面和电视节目;反之,高质量的电视画面和电视节目正是摄像师高素质、高水平的一个最好反映。

我们认为,一名合格的电视摄像师至少应该具备以下这些基本素质,才能在电视的旋转舞台上不断学习,积极创新,立于不败之地。

1. 过硬的政治素质和高度的敬业精神

在社会主义的中国,电视事业作为蓬勃发展的大众传媒,是舆论宣传的重要阵地,是党、国家和人民的耳目喉舌。电视摄像师不仅是广大新闻工作者和艺术工作者的一分子,同时也是社会主义舆论宣传工作和社会主义精神文明建设的排头兵,他们担负着用画面反映社会生活和人民精神面貌、树立党和政府的形象与威望并向世界展示中国等重大责任。通过电视传出的声音、播出的画面，无时无刻都有可能产生极为广泛而深远的国际、国内影响。

电视摄像师是用画面讲话、用画面说理的，拍摄什么画面及采用何种态度和方式去拍，将直接决定和影响最终的画面效果和观众的收视反应。如果没有过硬的政治素质和理论水平，就可能在实际工作中出现"走样"和"变音"的情况，或是损害了党和国家的形象，或是歪曲了事件本身的真相，或是在立场、观点上发生了误导，等等。人们常说"眼见为实"，电视画面恰恰能够满足这种愿望和要求。因此，作为电视画面的造型家、拍摄者和把关人，电视摄像师在拍摄电视节目，特别是拍摄新闻、时事性专题节目等时，必须紧紧抓住国内外的政治、经济大气候和小气候，配合党和政府的中心工作，宣传党和国家的方针、政策，用符合时代精神和人民需要的合格的特殊精神文明"产品"——电视节目——教育、引导和感染观众。我们必须对党、国家和人民负责，可以说，首先要在政治上过硬，才能在艺术上真正合格。

电视摄像师的职业可能是令人羡慕的，但它同时也是充满艰辛的。电视摄像师的工作，用一句话概括，可谓是用电视画面反映生活。而生活的画卷是浩繁广博的，你所要反映的生活可能是雪域高原上的藏族同胞，也可能是塔克拉玛干大沙漠里的石油工人；可能是像《龙脊》那样的希望小学，也可能是如《丝绸之路》那样的寂寞古道；……你所要前往拍摄的画面，可能发生在月冷星稀的凌晨三点，也可能发生在流弹横飞的波黑战场；可能需要数月离家难与亲人相见，也可能要在穷山恶水间时刻与死神相伴；……对一个摄像师来说，餐风饮露可说是家常便饭，抛妻别子说不上什么新鲜。难怪有些退休之后的老摄像师说，干摄像这一行，是最无情又是最有情的，是最舒服又是最辛苦的。无情者，是接到紧急任务后欠下家人的亲情；有情者，是对电视观众的热情和对电视事业的衷情。舒服，是你只需把摄像机架于三角架上眯眼看寻像器就能完成任务的时候；辛苦，是你经常要肩扛几十斤的机器拍摄数十分钟而腰酸腿痛的时候。美国著名记者索尔兹伯里说过："我的责任是探索、挖掘世界发生的重要事实，报道通过观察后猎取的事实。我一生都在这样做，所有这一切构成了我生命的全部。"要想真正投身于电视摄像工作，就必须具备高度的敬业精神，因为你的一生不仅要"探索"、"挖掘"、"报道"那些"重要事实"，还必须拍摄到能够反映这些事实的画面，不论何时何地，不论多么困难。

2．扎实的技术功底和全面的艺术素养

广义而言，我们可以把对电视摄像师的基本素质剖分为两大块：即技术的一块和艺术的一块。从技术的角度来看，电视摄像师必须是个熟谙摄像技术的专门人员，他要对电视摄像机这一现代高科技的产物运用自如，对各种电子、电器和光学设备了然于胸，对取景构图、运动摄像等多个环节应对无误。但是，光有这些技术素质还很不够，还应该具备较强的艺术素质，具备较强的画面美学意识和视觉表现能力，也就是要能够艺术地运用我们所掌握的电视摄像装备和电视摄像技术，更好地为内容和主题服务。电视摄像师必须处身于技术和艺术的汇合地，在处理画面造型、塑造视觉形象、完善画面构图的过程中寓艺术的表现于技术基础之上，扬技术的优势于艺术表现之中。比如说技术上要求调焦清晰准确，主体形象鲜明真切，但在某些情况下，我们也可能从画面氛围、内容基调、艺术美感等角度出发，运用虚焦画面及焦点的虚实、实虚转换等传达特定的内容，收到艺术的效果。再比如，对初次上手干摄像的新手，教科书或是老摄像都要告诉他调节白平衡的重要性。但是，有些时候为了在艺术上取得令人满意的画面效果，将要有意识地使摄像机的白平衡失调。如拍摄夕阳时有意识地使白平衡偏红，这样就能拍到落日熔金的辉煌画面了。而拍摄夜景或夜景昼拍时，又可能使白平衡偏蓝，以艺术地表现冷偏蓝的夜景气氛。

必须强调的是，任何艺术性的创造，都必须而且只能建立在坚实深厚的技术功底上。诸如有些人将东摇西晃地拍摄纪录片当成是追求纪实表现的艺术性的错误认识，应该在我们初学摄像时就得到观念上的彻底清算。很难想象，一个连摄像机的推、拉、摇、移都不知为何物的人，能够拍出什么新颖独特的运动画面来。同样，在电视摄像技术上未能过关，在电视画面的艺术表现上也必然是"先天不足"和"后劲不足"的。

此外，我们还应该从多种人类艺术中吸取有益的养分，不断扩大自己的知识面，以开放的思维方式和累积的艺术修养为自己摄像水平的全面提高助一臂之力，补不足之处。比如，如果我们能在音乐的熏陶下加深对韵律感、节奏感的认识，那么对控制运动摄像的节奏和变化就能有所帮助，甚至在拍摄音乐会的新闻或担任音乐会的直播摄像时,能够根据音乐本身更好地加以画面处理。再比如,倘若摄像人员对国粹——京剧艺术的表演程式和各派风格有所认识,在直播京剧演出时就能够避免出现"外行'拍'热闹"的情况,诸如该推成演员翻飞的水袖特写而推出演员的脸部特写,人物的出场"亮相"镜头本是宜静不宜动而推来拉去,等等。

3. 现场应变能力和即兴创作能力

现场,对摄像人员是一个极有意味的字眼。不论是拍摄直播节目,还是拍摄录播节目,电视摄像师的工作前提就是必须身在现场,在现场捕捉典型人物和典型事件,在现场进行取景构图,在现场调节白平衡、调整焦点和控制曝光,在现场采录同期声,等等。如果隔离了拍摄现场,摄像师恐怕就无异于闭门造车了。所以,有人提出电视工作者尤其是从事现场取材报道的记者应具有"我在场"意识,这种宝贵的意识对电视摄像师同样重要。

电视记者在复杂多样的拍摄现场所应表现的应变能力和创作能力,曾被总结为极富代表性的三字经验:挑、等、抢。在本书谈到对摄像师的基本素质要求时,有必要对挑、等、抢做一个粗浅的介绍。可以这样说,电视摄像师都应树立这样一种信念:既然"我在场",我就一定要竭尽全力、千方百计地挑到、等到、抢到最能反映所拍内容和主题思想的最佳画面。否则,即便是"我在场",未能拍到令人满意的电视画面,一切都等于零,我的工作将变得毫无意义。

所谓挑,是指电视摄像师通过镜头挑选、发现和捕捉画面形象的能力。摄像师面对纷繁复杂的现象,必须精心选择最能反映本质内容的事物,选择人物最富个性的动作、表情,选择最佳的光线效果和拍摄角度等。如果缺乏这种挑选的判断力,对摄像师而言无疑是个致命的弱点。摄像师既然以拍摄画面为己任,那么被摄内容的典型环境、典型事件、典型人物、典型动态等"典型形象",就应该成为他挑选和拍摄的目标。一些富有经验的拍摄纪实性节目的摄像师,往往善于事先估计事态的发生和变化,以挑选自己的拍摄时机和拍摄机位,提前做好准备,伺机捕捉那最富戏剧性的瞬间。对一个经常在事件现场进行随机性画面取材的摄像师来说,善于"挑选"的眼光显得格外重要。正像美国新闻电影工作者萨缪尔森所说的那样:"能否装好胶片,在适当的时间和适当的地点,对准适当的方向举起摄影机,这是新闻摄影师能否成功的先决条件。难以重演的新闻是没有机会第二次拍摄的。"同样,能否挑选"适当的"时间、地点和方向举起电视摄像机,也是衡量摄像师基本素质的重要方面之一。

所谓等,就是等待。摄像师在拍摄现场,必须善于等待,要等到最富有表现力的时机,要等关键人物的活动,要等待某个精彩场景的出现;甚至,还包括要等待被采访者同意接受采访,等等。也许你"挑"好了一个拍摄内容,但如果不能等待时机,等待最能表现主题和创作意图的画面形象的出现,就很可能是事倍功半,得不到你所需要的画面素材。有的时候,你为了完成拍摄任务,就不得不在拍摄现场开始"漫长的等待",或许还会经历许多次的无功而返才能有所收获,感谢"功夫不负有心人"。比如1996年中美知识产权北京回合的谈判，双方代表唇枪舌剑，直谈到凌晨一点方达成谅解协议。许多中外电视台的摄像师就只能在谈判现场默默地等待，直至中方代表外经贸部吴仪部长和美方谈判代表满面春风地步出会场，哪怕自己满眼睡意，也必须打起精神开机拍摄下这一极具影响力的谈判结果。因为，类似这样的事件，谈判成功是重大新闻，谈判破裂同样也是重大新闻，摄像师只有以等待为代价，才能记录下这"成亦新闻，败也新闻"的历史性瞬间。当然，等，绝非消极被动地等，也不是无目的地等，而应是以挑选的眼光，主动积极地、有预见有准备地等。等，不是守株待兔，而是摄像师随时随地保持人、机"高度戒备状态"，以等待被摄对象具备了在电视屏幕上最富视觉表现力时刻的到来。

　　所谓抢，就是要求摄像师身手灵敏，当机立断地抓拍。那些经过仔细的前期准备和挑选的被摄对象，又终于等到了最佳的拍摄时机，对摄像师而言，这时候必须"抢"字当先，凭借自己的技术功底和艺术直觉，抢拍下稍纵即逝的精彩画面。因为摄像师是没有机会后悔的，有些镜头一旦错过就可能成为永久的遗憾。比如在1996年夏季的亚特兰大奥运会上，女子5000米跑的决赛中，当临近终点时中国选手王军霞奋力超过了一直在她之前的某国选手，直至最终冲刺夺魁。然而，担任现场直播任务的美国电视同行却令人遗憾地漏拍了那个激动人心的场面——王军霞赶超争先的"黄金一刻"，观众只能从解说员的现场解说中去"想象"了。这无疑是电视摄像师的一个耻辱，是再也无法弥补的失败。可以说，谁都知道，"没抢拍到"将对于电视摄像师、对于电视台、对于电视观众意味着什么。抢拍除了要求摄像师有敏锐犀利的眼力和熟练的摄像技艺，还要有果断灵活的判断能力和随机应变的反应能力。否则，你按下开拍键钮的时刻，总要错过事态高潮的瞬间，你总要感叹与最具价值的画面擦肩而过。交通标语中常说：宁让三分，不抢一秒；可是摄像师恰恰要反其道而行之：宁抢三分，不让一秒。还是以拍摄新闻为例，美国全国广播公司曼谷分社前社长尼尔·戴维斯在1985年9月9号殉职于泰国未遂政变的流弹，他对自己毕生身体力行的抢拍曾这样评价："作为一个新闻摄影师，在采访现场不管发生什么事情，都要设法去抢拍，要始终保持你手中的摄像机不停地转动，那才能算是一个称职的摄像师。"虽然并未见得人人都一定要血洒"现场"才算是克尽职守，但电视抢拍的功夫只能在实践中锻炼和培养起来。

挑、等、抢三者之间并不是孤立独存的，它们是相辅相成、紧密关联的，不可割裂开来。比如说，当你挑好了内容，到了拍摄现场有时就要等，等到满意的就必须抢。一旦没抢下来，有可能弥补的话，还得继续等或重新挑。可以说挑、等、抢的功夫是难能可贵的，以此为基础的现场应变能力和随机创作能力，是电视编摄人员实现创作意图的重要基础。

4．能动的编导思维和超前的剪辑观念

在电视这一行业里，电视摄像工作常常会受到有意无意的轻视，虽然摄像师拍摄的是电视画面，但常年累月却难得在镜头前"露露脸"，远不如主持人、记者和编辑、导演那么"风光"。因此，有人把电视摄像师称作电视台里的"体力劳动者"，戏称他们的工作是干"力气活"，认为摄像师好当，只要按照编导的想法"依葫芦画瓢"就行了，编导叫拍什么就拍什么。而且，有不少摄像师也受到这种错误认识的影响，主观上产生了创作的惰性，不思进取，实质上只是起到了惯于操作摄像机的"熟练工"的作用。

在本书即将收篇的时候，我们要提请诸位将要扛起摄像机描绘事业和人生的年轻人注意，这种错误的看法不仅在观念上有害无益，而且在实践中也很不利于我国电视摄像水平和电视艺术水平的整体提高。我们要说的是，电视摄像师作为电视画面的主要创作者之一，应该携电视摄像技术和电视摄像艺术的合力，走出电视摄像"有技无艺"的误区，推动目前我们的电视屏幕在内容上、形式上的双向进步。

在实际拍摄中，编导的构思、设想、创意等必须而且只能建立在电视画面的基础上，当摄像师去选取和拍摄负载这些构思、设想和创意的画面时，实际上面临着为内容和主题匹配形式的课题。那么，摄像师能否对所要表现的内容和主题真正领悟，能否对编导的创作意图加以贯彻，就不单只是个操作摄像机有多熟练的问题，它还必须要求摄像师进行艺术的再创作。否则，再好的想法，再深的主题，得不到电视化、艺术化的画面表现，终究是竹篮打水一场空，得不到电视观众的理解和认可。甚至可能因为摄像师在画面造型表现上的不足、不当或不利，影响了内容和主题的表达。

因此，我们说摄像师决不能做一个单纯摆弄摄像机的人，而应该让冷冰冰的摄像机变得有生命，能够让镜头画面成为自己塑造形象、传递信息、表达思想感情的有力武器。

我们强调电视摄像师除了要在电视摄像技术的各个环节上逐一过关之外，还应该在实际拍摄中培养一种能动的、积极的编导思维和超前的剪辑观念。也就是说，明确了拍摄对象、表现内容和创作主题之后，摄像师并不是机械地执行编导的拍摄思路，而应该深入领会编导的意图并将其与拍摄现场的实际情况结合起来，时刻保持一种编导的整体的、开放的思维方式和创作心态来进行画面取材。进入摄像机镜头的不应是编导耳提面命的拍摄内容的机械照搬，而是要经过摄像师对拍摄意图视觉化的构思和创作后的画面形象。比如说，为了表现不同的情绪氛围，镜头是推还是拉效果可能大不相同；因为假如你一旦把画面推了上去，就等于是限定了观众的观看范围，强化了某些重要内容，这时你实际上直接起着"编导"的作用，只不过是通过画面而不是详细的编导稿本。所以说，强调摄像师创作过程中保持积极主动的编导意识，正是基于对摄像环节必须投入摄像师个性化的创作这一认识，也是因为摄像师的创作素质将直接决定编导意图能在观众那里产生多大程度的反响。

我们不赞成将摄像工作和编导工作截然分开的观点，也不主张仅把摄像师的工作性质定位在原始单纯的"你说我拍"的层次上。在具体节目的拍摄过程中，往往要依靠编导和摄像的共同智慧才能更好地实现创作意图。摄像师的基本素质的提高不应仅着眼于技术水平的提高，还应该包括认识能力、思维水平的提高，这样才能将技术和艺术上的更高层次的创作能力"反馈"到画面拍摄中去。此外，在摄像师的创作过程中，不仅要专注于现场的情况，还应该考虑到后期的编辑问题,诸如镜头的匹配和组接的问题,涉及到轴线关系、景别的衔接、角度的择取等多方面内容。倘若前期拍摄不经推究,未加注意,那么回到剪辑台上很可能出现镜头紊乱而无法组接成片,辛苦拍得的素材等于"报废"的结果。这种着眼于后期编辑效果的超前一步的剪辑观念,不仅是对摄像师业务素质的要求,它也是电视节目制作特点和生产流程的必然要求。尽管在很多情况下摄像师可以和编导主创人员共同"把关",但这种剪辑观念更应变成摄像师的"潜意识"和"下意识",从而能够在各种拍摄任务中避免后期编辑时不必要的麻烦。很多老摄像师都自觉地积累这方面的经验和教训,常常能预见到现场前期拍摄的后期画面效果,做到择善而从。比如说,有经验的摄像师常常会对同一对象多拍一些不同角度、不同景别的画面,以便于后期编辑时镜头的组接。这些宝贵经验来自于对摄像师基本素质的要求,得自于摄像人员在长期的拍摄实践中的有心积累。

就在结束了对电视摄像师基本素质的有关讨论的同时,我们也将要结束这本《电视摄像》基础教材。美国著名电视节目主持人丹·拉瑟曾写过一本有关电视工作的书,书名叫《摄像机从来不眨眼》。摄像机从来不眨眼,这确实是个极富想象力的说法。电视摄像师虽然只是站在这个从来不眨眼的冷冰冰的铁家伙的背后,默默无言地工作着,但是,摄像师的优劣成败却时时刻刻通过摄像机镜头一览无余地展现出来,从来不眨眼的摄像机可能使你一夜成名,也可能让你的点滴失误成为电视屏幕上无法抹掉的永久遗憾。在这个科技发展一日千里的现代社会,在这个千变万化的电视旋转舞台上,唯有不断地学习、创新和超越,才能跟上潮流,不落人后。让我们记住这句话:摄像机从来不眨眼,摄像艺术永远无止境。

本章思考与练习题

1. 从一般意义上讲,电视摄像可作如何划分?各自的特点是什么?

2. 纪实过程中的艺术性表现与艺术类摄像是一回事吗?并请说明"是"或"不是"的理由。

3. 请谈谈你对电视摄像师基本素质要求的认识和理解。

参考书目

1. 《电视摄影造型》,任金州著,北京广播学院出版社。
2. 《中国应用电视学》,北京广播学院电视系学术委员会、中国应用电视学编辑委员会编著,北京师范大学出版社。
3. 《电视报道艺术》王纪言著,北京广播学院出版社。
4. 《电视画面美学》朱羽君著,北京广播学院出版社。
5. 《渴望成功——你怎样学习当电视记者》,王纪言主编,春风文艺出版社。
6. 《摄影艺术构图》,马棣麟著,复旦大学出版社。
7. 《电视创作技巧论》,叶子、刘实著,湖北教育出版社。
8. 《电影艺术词典》,许南明等著,中国电影出版社。
9. 《电影语言的语法》,(乌拉圭)丹尼艾尔·阿里洪著,中国电影出版社。
10. 《电视和电影照明技术》,(美国)古拉德·杰勒森著,中国电影出版社。

观摩资料片(节目)参考目录

1. 历届中国电视新闻奖获奖节目。
2. 历届中国音乐电视大赛获奖作品。
3. 纪录片《沙与海》。
4. 纪录片《深山船家》。
5. 纪录片《龙脊》。
6. 纪录片《最后的山神》。
7. 纪录片《山洞里的村庄》。
8. 纪录片《远在北京的家》。
9. 纪录片《望子五岁》。
10. 电视片《足坛大赛群星谱》。
11. 大型系列片《望长城》。
12. 大型纪录片《毛泽东》。
13. 大型系列片《中华之剑》。
14. 大型系列片《收获》。
15. 大型文献片《邓小平》。
16. 中央电视台《东方时空》、《焦点访谈》、《新闻调查》的优秀节目。